绩效考核与薪酬激励

精细化设计必备全书

陈 浩◎编著

世界500强企业HR体系设计师

中国华侨出版社

图书在版编目（CIP）数据

绩效考核与薪酬激励精细化设计必备全书/陈浩编著. — 北京：中国华侨出版社，2014.5

ISBN 978-7-5113-4619-3

I.①绩… II.①陈… III.①企业管理－人力资源管理②企业管理－工资管理 IV.①F272.92

中国版本图书馆CIP数据核字（2014）第107852号

● **绩效考核与薪酬激励精细化设计必备全书**

编　著 / 陈　浩

责任编辑 / 高福庆

责任校对 / 孙　丽

经　销 / 新华书店

开　本 / 787毫米×1092毫米　　1/16　　　印张 / 27　　字数 / 350千

印　刷 / 众鑫旺（天津）印务有限公司

版　次 / 2014年8月第1版　　2021年9月第9次印刷

书　号 / ISBN 978-7-5113-4619-3

定　价 / 62.00元

中国华侨出版社　　北京市朝阳区西坝河东里77号楼底商5号 邮 编：100028

法律顾问：陈鹰律师事务所

编辑部：（010）64443056　　传真：（010）64439708

发行部：（010）64443051

网　址：www.oveaschin.com

E-mail：oveaschin@sina.com

企业的价值管理有三个环节，即价值创造、价值评判、价值分配，其中绩效管理承担了价值评判的重任，薪酬管理承担了价值分配的重任，没有合理的一套价值评判与价值分配体系，企业很难将优秀的人才纳入帐下，从而企业的经营目标也会落空。鉴于此，本公司重点策划了《绩效考核与薪酬激励精细化设计必备全书》一书。

《绩效考核与薪酬激励精细化设计必备全书》一书根据企业内部不同岗位人员的特点设计出适合他们的绩效指标体系及薪酬激励体系，并给出了相应的实例，为企业的绩效与薪酬工作提供了一整套完善的管理方案，是一部使企业的绩效与薪酬精细化管理得以有效落实的工具书。

工欲善其事，必先利其器。工作中要运用一定的方法和工具，这样才会收到事半功倍的效果。《绩效考核与薪酬激励精细化设计必备全书》给出了采购、生产、技术研发、销售、市场、客户服务、工程项目行政、人力资源等10类人员、99个岗位的绩效考核量表、51项考核制度、60套薪酬激励方案，是一本全面而实用的必备工具书。

本书具有如下三个特点：

1. 给出了大量的管理工具与模板

《绩效考核与薪酬激励精细化设计必备全书》系统地梳理了绩效考核与薪酬的关系，并提供了全面、科学、规范、实用的管理工具与模板，内容涉及5大行业、10类人员。企业管理者可结合企业实际加以修改套用，以帮助员工提高工作效率。

2.　提供了切实可行的解决方案

本书围绕"绩效考核考什么、如何进行绩效考核、如何实施绩效激励"这三个问题，分别针对企业中10类人员的绩效与薪酬管理工作，给出了切实可行的解决方案。

3.　列举了多家知名企业的实践案例

他山之石，可以攻玉。在如今竞争日益激烈的市场环境下，充分地借鉴外部优秀企业的管理模式与经验，可以加快企业发展的步伐。对此，本书提供了微软、苹果、摩托罗拉等众多知名企业在绩效与薪酬管理中的实践案例，以供企业管理者从中寻找一些可供借鉴的实践经验。

本书做到了理论与实际相结合，方案与案例相贯通，是企业管理人员进行绩效与薪酬管理所需的一部大且全的工具书。

由于作者水平有限，加之时间仓促，书中疏漏错误之处在所难免，希望广大读者不吝赐教，多多批评指正，以期共同进步。

目录
CONTENTS

第3章 采购管理人员绩效考核与薪酬激励

第4章 生产人员绩效考核与薪酬激励

第5章　技术研发人员绩效考核与薪酬激励

第6章 销售人员绩效考核与薪酬激励

第**9**章 工程项目人员绩效考核与薪酬激励

第10章　财务人员绩效考核与薪酬激励

第11章 行政人事人员绩效考核与薪酬激励

第12章 不同行业绩效考核与薪酬激励管理

第13章　绩效考核与薪酬管理实践

第*1*章
绩效考核与薪酬管理

1.1 绩效考核体系设计

作为人力资源管理的关键业务活动，绩效考核在整个人力资源管理体系中是居于核心地位的。从理论上讲，绩效考核的有效实施能促进员工个人的绩效提升，并最终实现企业整体绩效的提升。正因为如此，绩效考核受到了企业越来越多的重视，很多企业都将这一机制引入到了自己的管理实践中以期实现对人力资源的充分开发和利用，但是在具体的实施过程中，相当一部分企业的实施效果却不是很理想，并没有达到预期的效果，究其原因主要是这些企业绩效考核体系的设计存在种种偏差。

那么为了保证绩效考核实施的效果，企业应当如何来设计绩效考核体系呢？一般来说绩效考核体系的设计主要包括绩效考核周期、绩效考核内容、绩效考核者和绩效被考核者等方面的内容。

1.1.1 绩效考核指标设计

人力资源管理事务中，绩效管理被认为是人力资源管理的重点和难点，在绩效管理实施中，绩效指标体系的建立是绩效管理的重点和难点之一。

▶ 绩效考核指标设计的依据与原则

绩效考核的指标从哪里来呢？指标提取的依据主要有以下三个来源，具体内容见下图。

绩效考核指标设计的依据

 1 企业发展战略以及相应的战略目标
绩效考核不坚持战略导向，就很难保证绩效考核能有效支持企业战略。企业战略规划的实施实际上就是通过战略导向的绩效指标的设计来实现的。

 2 工作分析
工作分析是设计绩效考核指标的基础依据。根据考核目的，对被考核者的岗位的工作内容、性质以及完成这些工作所具备的条件等进行研究和分析，以确定指标的各项要素。

3 企业业务流程
绩效考核指标必须从业务流程中去把握。根据被考核者在流程中扮演的角色、责任以及同上游、下游之间的关系，来确定其衡量工作成效的绩效指标。

为设计出科学合理的绩效考核指标，应遵循相应的原则，具体内容见下表。

绩效考核指标设计的原则

原则	相关说明
客观性原则	即所提取的指标应以岗位特征为依据，不能用一把尺子量所有的岗位
明确性原则	即对工作数量和质量的要求、责任的轻重、业绩的高低做出明确的界定和具体的要求
细分化原则	指标是对工作目标的分解过程，要使指标有较高的清晰度，必须对考核内容细分，直到指标可以直接评定为止
可操作性原则	指标不宜定得过高，应最大限度地符合实际工作要求
界定清楚原则	每项指标内涵和外延都应界定清楚，避免产生歧义
可比性原则	对同一层级、同一职务或同一工作性质岗位的指标必须在横向上保持一致
少而精原则	指标应能够反映出工作的主要要求，应当简单明了，容易被执行、被接受和被理解
相对稳定性原则	指标选择后，要保持相对的稳定，不能随意更改，至少在一段时间内需保持稳定

▶ 绩效考核指标的类别

依据不同的划分标准，绩效考核指标可以划分为不同的类别，具体内容见下表。

绩效考核指标的类别

划分依据	指标类别	指标说明
根据绩效考核的内容	工作业绩考核指标	绩效考核中所设立的质量指标、数量指标、成本费用指标、工作效率指标等都属于工作业绩考核指标
	工作能力考核指标	如专业技能、沟通能力、协调能力等考核指标
	工作态度考核指标	如工作主动性、工作积极性、责任感等
根据考核依据的主客观性	定量指标	指以统计数据为基础，将统计数据作为考核的主要依据，并以数量表示考核结果的考核指标
	定性指标	指无法直接通过数据计算分析评价内容，需对评价对象进行客观描述和分析来反映评价结果的指标
根据指标值变动与公司期望之间的关系	正向指标	指标数值越高，则表明员工的绩效表现与公司期望的方向越一致，相应的考核评分就越高
	负向指标	指标数值越低，则表明员工的绩效表现与公司期望方向越一致，相应的考核评分就越高

▶ KPI指标设计

企业管理人员应该意识到这样一点，即绩效考核指标并不是越多越好。我们说企业管理人员需将精力放在关键的指标和关键的过程上，抓住了20%的关键指标，就抓住了考核的主体。关键绩效指标（key Performance Indicator，简称KPI）是通过对组织内部某一流程的输入端、输出端的关键参数进行设置、取样、计算、分析，衡量流程绩效的一种目标式量化管理指标，是把企业的战略目标分解为可运作的愿景目标的工具。它具有如下图所示的4个特点。

KPI（关键绩效指标）的特点

1 KPI来自对于公司战略目标的分解

2 KPI是对绩效构成中可控部分的衡量

3 KPI是对重点经营活动的衡量，而不是对所有操作过程的反映

4 KPI是企业上下认同的

下文介绍了两种KPI指标设计的方法。

（1）鱼骨图分析法

鱼骨图是用鱼形骨刺图形的形式分析特定问题或状况以及它产生的可能性原因，把它们按照一定的逻辑层次表示出来的一种管理工具。

在运用这种工具时，通常将问题的现象或结果列在右边，产生问题的可能原因分别列在鱼骨刺上。

具体到绩效指标设计工作中，企业管理人员可通过对组织业务流程的梳理，准确地找到各个部门在企业价值创造过程中所处的位置，发挥的作用，自然也就找到了部门的关键业绩领域（Key Result Area，简称KRA）。它下面又可以分解出若干个KPI指标，整个过程如下图所示。

鱼骨图分析法

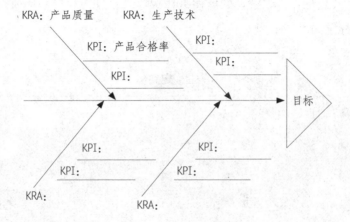

（2）关键成功因素法

运用该方法建立KPI，首先要分析达成该目标有哪些影响因素，然后选出其中最关键的若干因素，再针对这些影响因素的衡量指标确定KPI。如某企业的战略目标是跨入同行业的前列，其中很重要的一个衡量因素就是企业利润的增长，现就该因素设计其关键绩效指标，见下图。

关键绩效指标分解实例

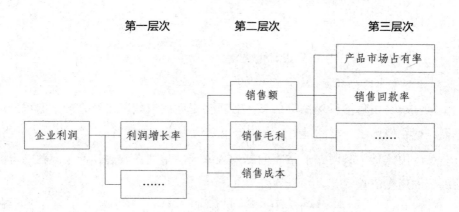

KPI指标的制定过程是一个上下级不断反复沟通的过程，在KPI制定完成之后，应对其进行检验，并对不符合以上原则的KPI重新进行修正。检验内容可围绕指标的名称是什么、指标的准确定义是什么、设立指标的直接目的何在、围绕着这个绩效考核指标有哪些相关的说明、所需要的数据从何而来、计算数据的主要数学公式是什么、统计的周期是什么等内容进行。对上述内容的归纳成一张KPI指标定义表，示例见下表。

KPI指标定义表

1.指标名称	销售毛利率
2.指标定义	销售毛利同销售收入的比率
3.设立目的	用于反映公司的获利能力
4.计算公式	$\dfrac{销售收入-销售成本}{销售收入} \times 100\%$

续表

5. 数据来源	销售部、财务部提供的相关销售数据
6. 统计周期	月度/季度/半年度/年度
7. 计量单位	＿＿＿＿%

▶ 绩效考核指标的权重如何赋值

在确定绩效考核指标以后，接下来的工作就是明确指标之间孰重孰轻。即权重赋值。其实，考核权重的设计关系到工作行为的导向问题，对某一个指标过分看重或者过分轻视，都会带来不良后果。假设一个部门有"服务质量"和"销售额度"两个指标，究竟是赋予哪个指标较高的权重，这对员工的行为会产生很大影响。

关于权重系数的精确测度主要有"专家咨询法（Delphi）、层次分析法（Analytical Hierarchy Process，简称AHP）、二项系数加权法、环比评分法"等。其中比较有代表性的、较成功的主要有Delphi和AHP。

指标权重分配后，在后期考核中可以不断根据考核情况进行修正，或者根据被考核者工作重心的调整而进行相应的调整。完善的考核体系应当是不断修正，不断完善的，而不是一成不变的。

▶ 考核指标与标准的设计

一旦某项目标被确定用于绩效考核，就需要设计出相应的考核指标与考核标准。若对员工的考核缺乏明确具体并且可操作的标准，执行起来难免流于形式，失去了绩效考核的意义。

因此，企业绩效管理人员在制定考核标准时，需要尽可能做到量化、过程化、细化。对于能够量化的指标，应该尽可能量化；对于不能量化的指标，应将这个工作内容过程化、行为化，对工作过程进行控制并考核；对于不能量化，也不能过程化的指标进行细化。

定量指标与定性指标在绩效考核中不可偏废，企业绩效管理人员应统筹兼顾，灵活运用，以此对员工的绩效作出全面客观的评价。

（1）定量指标评价标准的确定方法

下面介绍两种定量指标评价标准的确定方法。

① 加减分法

加减分法的评价标准通常适用于目标任务比较明确，任务完成比较稳定，同时鼓励员工在一定范围内做出更多贡献的情况。使用加减分法计算得分时，一般情况下最大值不能超过权重规定数值，最小值不应出现负数。

现以"生产计划完成率"这项指标为例进行说明。在制定考核标准时，我们可以这样设计：生产计划完成率达100%，本项得满分；每少＿＿＿个百分点，扣＿＿＿分；低于＿＿＿%时，本项考核得分为0。

② 规定范围法

规定范围法是经过数据分析和测算后，评估双方就标准达成的范围进行评估得分。其示例如下表所示。

定量指标评价标准示例

考核指标	指标达成情况	考核得分
销售计划完成率	90%≤完成率≤100%	＿＿＿~＿＿＿分
	80%≤完成率＜90%	＿＿＿~＿＿＿分
	70%≤完成率＜80%	＿＿＿~＿＿＿分
	60%≤完成率＜70%	＿＿＿~＿＿＿分

（2）定性指标考核标准的确定方法

实际工作中，岗位工作的性质使得管理人员对该岗位工作人员的考核不可避免地需要设置部分定性指标。定性指标的考核成为管理者绕不开的问题。

由于定性指标无法像定量指标那样精确地加以衡量和考核，导致考核结果出现偏差，不能真实反映被考核者的实际业绩情况，从而引起一系列的问题。

下面介绍三种定性考核标准的制定方法：等级描述法、预期描述法和关键事件法。通过这3种方法的应用，来尽量规避对定性指标考核时的一种笼统和模糊的状态。

定性指标考核标准制订的方法

方法	方法介绍	应用示例
等级描述法	对工作成果或工作履行情况进行分级，并对各级别用数据或事实进行具体和清晰的界定，据此对被考核者的实际工作完成情况进行评价的方法	如对"计划制定的完备性"考核 合格标准：按公司规定的要求编制完成；内容比较全面和规范；经过2次以内的修改，最终获得公司领导的认可；____分 良好标准：编制完成的计划完全符合公司的要求；内容严谨细致、可操作性强，无修改；____分
预期描述法	考核双方对工作要达到的预期标准进行界定，然后根据被考核者的实际完成情况同预期标准的比较，来评价被考核者业绩的方法	如对"××制度实施情况"考核 低于预期：____分以下。发生严重违反规章制度事件…… 达到预期：____～____分……
关键事件法	针对工作中的关键事件，制定相应的扣分和加分标准，来对被考核者的业绩进行评价的方法	如对"安全生产管理"考核。每出现一次一般性安全生产事故，扣____分；出现一次重大安全事故，该项指标不得分，并根据公司相关规定另行处理

▶ 考核评分标准的赋值

下文列举了两种考核评分标准的赋值的方法，具体内容见下表。

考核评分标准的赋值

方法	方法说明	示例
加减赋值法	采用加减赋值法首先要设定一个标准分值，这个标准分值可以是最高分值，也可以是及格分值。如果标准分值是最高分值，则考核指标赋值用"减法"，若标准分值为及格分值，则超过部分赋值用"加法"，不合格部分赋值用"减法"	如对"员工的纪律性"这一指标进行考核，可以这样设置考核评价标准：出现一次不服从正当管理的情形，减____分
相对赋值法	即它不以考核的客观标准来赋值，而是根据企业中全体考核对象的实际情况来赋值	如对"销售计划完成率"这一指标的考核，设置的考核评价标准如下：100%以上，5分；91%～100%，4分；81%～90%，3分；71%～80%，2分；60%～70%，1分；60%以下，0分

▶ 审核绩效考核指标

在设定了绩效考核指标之后，还需对考核指标进行审核。其审核的目的是确认所设计的考核指标是否能够全面、客观地反映被考核对象的工作绩效，是否适合于考核操作。

对考核指标进行审核，可以从下表所示的四个方面来进行。

绩效考核指标的审核

审核的内容	相关说明
这些指标的总和是否可以涵盖被考核者80%的工作目标	审核设计出的考核指标是否能覆盖被考核者工作目标的主要方面
指标是否可以被观察到	如果企业内部人员缺乏足够的信息来对该项指标作出评价，也不能联系到合适的外部人员进行评价，则该指标将变成不可观察的空洞指标
考核指标是否具有可操作性	可从指标定义、评价标准、考核结果、考核导向等方面来判断所设计出的绩效考核指标是否具有可操作性
多个评估主体对同一个绩效指标进行评估，其结果能否取得一致	有了清晰明确的评估标准，不同的评估者对同一绩效指标进行评估时便有了客观的依据，这样才能提高考核的信度和效度

▶ 不断完善绩效考核指标

绩效考核是一个管理的过程，而不是终点。为了使绩效考核指标体系更趋合理，还应不断对其进行修订完善。

（1）考核前修订。通过专家咨询法，将所确定的指标提交领导、学术权威或专家进行审议，征求意见，修改、补充、完善绩效考核指标体系。

（2）考核后修订。根据考核结果应用之后的效果等情况进行修订，使考核指标内容更加合理和完善。

1.1.2 绩效考核者的选择

绩效考核者是指由谁负责进行绩效考核。一般来说，考核主体主要有下表所示的5类人员，具体内容如下。

绩效考核主体

考核主体	考核相关说明
上级考评	上级考评的实施者一般为被考评者的直接上级，也是绩效考核中最主要的考评者
同级考评	同级考评者，一般为与被考评者工作联系较为密切的人员，他们对被考评者的工作技能、工作态度、工作表现等较为熟悉
下级考评	下级对上级进行考评，对企业民主作风的培养、企业员工之间凝聚力的提高等方面起着重要的作用
自我考评	自我考评是被考评者本人对自己的工作表现进行评价的一种活动，它一方面有助于员工提高自我管理能力；另一方面可以取得员工对绩效考核工作的支持
客户考评	对于那些经常与客户打交道的员工来说，客户满意度是衡量其工作绩效的重要标准

▶ 考核主体的选择

考核主体的选择要根据考核的内容而定。一般来说，对员工关键业绩的考核一般采用自上而下考核法，而满意度测评、能力素质考核一般可以采用360°考核法。总体来说，一名合格的考核者应当满足如下条件：

（1）熟悉被考核者的工作表现。

（2）了解被考核者的工作内容和工作性质。

（3）能将对被考核者的观察结果转化为有用的评价信息。

（4）客观公正地提供评价结果。

▶ 考核主体权重的设置

若有多个考核主体时，企业管理人员还需依据不同考核主体对同一考核对象的不同管理程度，确定其在指标体系中所占的比重，以保证考核体系的科学合理性。

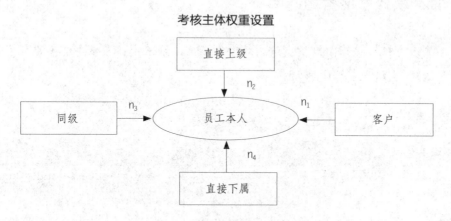

考核主体权重设置

注：n_1、n_2、n_3、n_4、分别代表权重，其权重设置的一般原则是：$n_1 > n_2 > n_3 > n_4$

1.1.3 绩效考核周期的确定

绩效考核周期，也可以叫作绩效考核期限，是指多长时间对员工进行一次绩效考核。由于绩效考核需要耗费一定的人力、物力，因此考核周期过短，会增加企业管理成本的开支；考核周期过长，又会降低绩效考核的准确性，不利于员工工作绩效的改进，从而影响到绩效管理的效果。绩效考核周期的确定，要考虑到以下几个因素。

▶ 职位的性质

不同的职位，工作的内容是不同的，因此绩效考核的周期也应当不同。一般来说，若职位的工作绩效比较容易考核，考核周期相对就会短一些，例如，工人的考核周期相对就应当比管理人员的要短。其次，职位的工作绩效对企业整体绩效的影响比较大的，考核周期相对也会短一些，这样有助于及时发现问题并进行改进，例如，销售职位的绩效考核周期相对就应当比后勤职位的要短。

▶ 指标的性质

不同的绩效指标，其性质是不同的，考核的周期也应当不同。一般来说，性质稳定的指标，考核周期相对要长一些；相反，考核周期相对就要短一些。例如，员工的工作能力比工作态度相对要稳定一些，因此能力指标的考核周期相对比态度指标就要长一些。

▶ 绩效考核标准的可达性

在确定考核周期时，还应当考虑到绩效目标实现的难易程度，也就是说考核周期的时间应当保证员工经过努力能够实现这些标准。如"销售额为20万"这一标准，按照经验需要2周左右的时间才能完成，如果将考核周期定为1周，员工根本就无法完成；如果定为4周，又非常容易实现，在这两种情况下，对员工的绩效进行考核都是没有意义的。

▶ 考核结果的用途

考核结果可为员工奖金的分配、职务晋升等人事决策提供依据。而考核结果的用途不同，其考核周期也有所不同。如将考核结果用来为员工奖金的分配提供客观的依据，在考核周期的设置上，实行月度、季度或年度考核都行。若考核结果主要用于职务晋升，则通常会选择年度考核的频率。

1.1.4 绩效考核方法的选择

在建立了绩效考核指标体系之后，该如何对员工实施考核呢？这就涉及选择考核方法的问题。虽然绩效考核的方法有很多，但采取哪种绩效考核方法实施考核，则会直接影响绩效管理的实施效果。

▶ 常见的绩效考核方法

要选择适用的考核方法，首先需要了解目前常见的考核方法有哪些，然后根据企业的发展战略和实际情况选择合适的方法。

目前比较常见的绩效考核方法主要包括以下7种，具体内容见下表。

常见的绩效考核方法

考核方法	方法介绍
序列比较法	对按员工工作业绩的好坏进行排序考核的一种方法。其通常的做法是：将相同职务的所有员工在同一考评模块中进行比较，根据他们的工作状况排列顺序，较好的排名在前，较差的排名在后
关键事件法	部门主管在日常管理工作中，注意记录影响绩效的关键事件，并据此评价员工的工作绩效的一种方法
强制分布法	指根据被考核者的工作业绩，将被考核者按一定的比例强制分为几类（最好、较好、中等、较差、最差）进行考核的方法。这种方法根据统计学正态分布原理进行，其特点是两边的最高分、最低分者很少，处于中间者居多
目标管理法	根据被考评人完成工作目标的情况来进行考核。在工作起步之前，考评人与被考评人应对需要完成的工作内容、时间期限、考评标准达成一致；限期结束时，考评人根据被考评人工作状况及原先议定的考评标准来进行考评
360° 考核法	又称全视角考核法，即上级、同事、下属、自己和客户对被考核者进行考核的一种考核方法。通过这种多维度的评价，综合不同评价者的意见，则可以得出一个较为全面、公正的评价
KPI关键绩效指标法	以企业年度目标为依据，通过对员工工作绩效特征的分析，据此确定反映企业、部门和员工一定期限内综合业绩的关键性量化指标，并以此为基础进行绩效考核
平衡记分卡考核法	从企业的财务、顾客、内部业务流程、员工学习和成长四个角度进行评价，并根据战略要求给予各指标不同的权重，实现对企业的综合测评，从而使得管理者能整体把握和控制企业，最终实现企业的战略目标

下文对其中的三种方法的运用做出一些简单的介绍。

（1）目标管理法

目标管理法（Management by Objectives，简称MBO）是企业中比较通行的一种考核方法。它由美国著名管理学大师彼得·德鲁克提出。目标管理是管理者与下属双向互动的过程，也是自上而下进行总目标的分解和责任落实的过程。

① 确定总体目标和执行各层的具体目标

无论总体目标还是具体目标，必须明确、具体，可以计量。每一层次的每一个员工，都要在组织总体目标的背景下，形成各自具体的目标。

制定目标看似一件简单的事情，但如果上升到技术层面，目标制定人员必须学习并掌握SMART原则。具体内容见下图。

目标制订的SMART原则

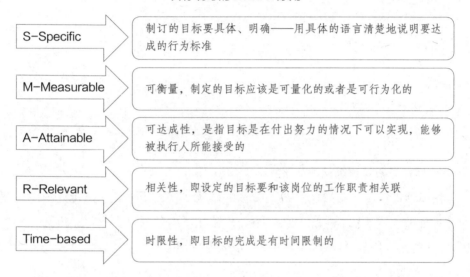

S-Specific	制订的目标要具体、明确——用具体的语言清楚地说明要达成的行为标准
M-Measurable	可衡量，制定的目标应该是可量化的或者是可行为化的
A-Attainable	可达成性，是指目标是在付出努力的情况下可以实现，能够被执行人所能接受的
R-Relevant	相关性，即设定的目标要和该岗位的工作职责相关联
Time-based	时限性，即目标的完成是有时间限制的

目标分解的方法有两种，具体内容见下图。

目标分解的方法

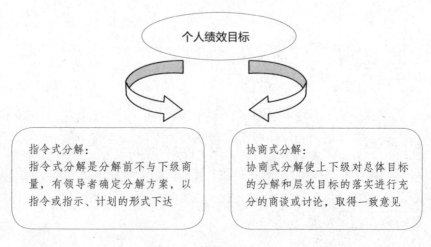

个人绩效目标

指令式分解：
指令式分解是分解前不与下级商量，有领导者确定分解方案，以指令或指示、计划的形式下达

协商式分解：
协商式分解使上下级对总体目标的分解和层次目标的落实进行充分的商谈或讨论，取得一致意见

下图更形象地说明了目标分解的这一过程。

目标分解示意图

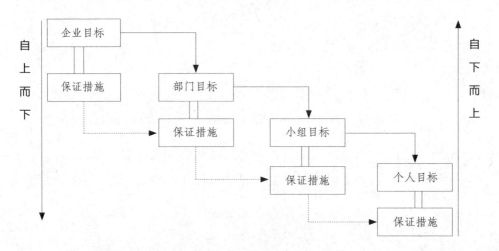

② 制定计划和业绩评价标准

目标确定以后，就要制订达到目标的具体计划，同时制订执行计划中的业绩评价标准。换句话说，就是要执行、实施相应的计划来实现上述目标，并且要就其中各个过程、步骤的实施情况作出必要的评价。

员工工作计划表

姓名		岗位		所属部门	
实施时间	_____年___月___日～_____年___月___日				
工作目标		权重	考核标准		

③ 业绩评价

在目标管理的过程中，对照设定的目标和业绩评价标准，对员工完成目标的情况做出具体的评价。这类业绩评价一般在目标管理过程中就开始进行，在员工期末评价中正式完成。

④ 检查调整

通过业绩评价，员工找出了自己实际工作业绩与预定目标之间的距离，接着就必须分析这些差距的原因，并且通过调整自己的工作方法等手段，致力于缩小乃至消除上述差距，努力达到自己的目标。

（2）360° **考核法**

企业在运用360°考核法对员工实施考核时，需注意如下两个方面的事项。

① 确定合适的考核人选

360°考核的实施主体一般由多人组成，一般为：被评估者的上级领导、同事、下级、被评估者本人及其他工作关系密切的人员，但并不是所有的上级、同事、下级及其他相关人员都是被评估者的考核人选，而是其中那些与被评估者在工作上接触较多，比较了解其工作表现的人才能作为考评者的人选。

另外，也并不是所有的考评者对被考评者的所有考核内容进行评估，例如：评价被评估者的服务意识，选择由其服务的对象来评估则更为合适。

② 设计调查工具

360°考核的重要工具之一是调查问卷。企业在设计考核问卷的过程中，需要注意如下两个方面的问题。

鉴于不同的工作岗位，其工作内容、工作职责、工作技能要求等各方面是不一样的，这就要求在设计问卷时，针对不同的考评者，在考评指标和考评内容上是应当有所差别的其范例见下表。

员工考核表（直接主管填写）

被考核者姓名		部门		职位	
考核日期					
评价标准	5→优秀　　4→良好　　3→好　　2→一般　　1→有待提高				
考核项目	**考核内容**				**考核得分**
工作质量和效率	能正确理解工作内容，并制订出合理的工作计划				
	工作成绩达到预期目标或计划要求				
	工作方法正确，时间和费用使用合理有效				

续表

专业技能	业务熟练，能完全胜任本职工作	
	对工作中的问题能及时予以处理	
	工作中能主动创新	
工作态度	热爱自己的工作，并以高标准的要求来要求自己	
	自觉遵守和维护公司各项规章制度	
	工作勤奋努力、态度端正	
	积极主动配合其他岗位的工作	
	主动发现工作中的问题，并积极寻找解决办法	
考核得分总计		

员工自我评估表

姓名		部门		职位	
1. 工作状况整体评估 2. 最欣赏和认可自己哪些方面 3. 认为自己需要改进的地方 4. 下一步的工作目标 5. 希望公司给予哪些方面的支持					

另外，当职位对岗位任职者的某一项或几项素质有特殊的要求时，可以给每个考核指标赋予一定的权重，以示其重要性的区别。例如：行政经理这一岗位，对岗位任职者的人际沟通能力、组织协调能力等方面要求较高，需超出一般的水平，因此，在进行问卷设计时，可赋予这几项指标较高的权重。

（3）平衡记分卡考核法

平衡记分卡的特点是始终把组织战略和愿景放在其变化和管理过程中的核心地位。构建"以战略为核心的开放型闭环组织结构"，使财务、客户、内部流程和学习与成长四因素互动互联，浑然一体。其基本格式如下图所示。

平衡计分卡基本框架

财务类
我们向股东展示什么

目标	指标	指标值	行动计划

客户类
顾客怎样看待我们

目标	指标	指标值	行动计划

远景与战略

内部运营类
我们必须擅长什么

目标	指标	指标值	行动计划

学习与发展类
我们能否继续创造更多的价值

目标	指标	指标值	行动计划

平衡计分卡考核的实施主要可分为制定企业远景目标与发展战略、把组织经营战略转化为一系列的衡量指标、将战略与企业、部门、个人的短期目标挂钩、战略的具体实施、反馈和中期调整、修正、建立健全的考核体系，根据平衡计分卡的完成情况进行奖惩等步骤，具体内容如下图所示。

平衡计分卡考核实施步骤

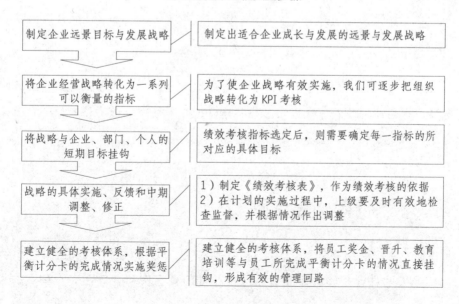

制定企业远景目标与发展战略 —— 制定出适合企业成长与发展的远景与发展战略

将企业经营战略转化为一系列可以衡量的指标 —— 为了使企业战略有效实施，我们可逐步把组织战略转化为 KPI 考核

将战略与企业、部门、个人的短期目标挂钩 —— 绩效考核指标选定后，则需要确定每一指标的所对应的具体目标

战略的具体实施、反馈和中期调整、修正 —— 1）制定《绩效考核表》，作为绩效考核的依据
2）在计划的实施过程中，上级要及时有效地检查监督，并根据情况作出调整

建立健全的考核体系，根据平衡计分卡的完成情况实施奖惩 —— 建立健全的考核体系，将员工奖金、晋升、教育培训等与员工所完成平衡计分卡的情况直接挂钩，形成有效的管理回路

▶ **考核方法的选择**

在绩效管理中，在选择绩效管理方法时，下表提供了相关的建议，具体内容如下。

绩效考核方法的选择

依据绩效考核指标特点选择	比如：一些行为态度的考核指标，或者说是一些不能量化的指标，在实施绩效考核时，我们就可以采用关键事件法等方法，在我们对绩效考核结果总体评价时，有时候强制分布法是最好的方法
依据不同岗位的特征选择	通常来说，基层工作岗位的工作内容比较稳定，工作职责比较简单，绩效标准比较清晰，宜采用目标管理法或者强制分布法来考核；对主管人员的考核，选用360°考核的方式则能从多面让我们了解主管的工作概况
依据企业特点选择	KPI与平衡计分卡都强调绩效考核的战略导向，并以此将企业战略发展内化为员工的具体行动，适应了一些比较大的企业或比较成熟的企业更重视战略管理的需要；成长期的企业可能更重视市场的开发，而目标管理模式通过目标的层层传递，有效地将公司的目标分解到每一位员工身上，进而确保企业经营目标的实现
依据绩效考核方法本身的特点选择	任何一种考核方法都有它自身的特点、优点、缺点和适用范围。在我们绩效管理的实施过程中，不可能只采用一种方法，也不可能只用一种方法来满足我们绩效管理的需要，大多数是几种方法的有机结合和应用，达到我们绩效管理的目的

总之，现有的绩效考核方法都有各自的优缺点，企业应该根据自身的实际情况来选择合适的绩效考核方法。只有这样，才能达到绩效考核的目的，全面提高企业的绩效水平，促进企业的健康发展。

1.1.5 考核数据的收集方法

当绩效管理指标设定之后，我们下一步就是绩效考核，在绩效考核中，我们遇到最大的难点是如何保证绩效考核数据的真实性和有效性。管理实践表明，收集上来的数据与实际工作中反映出来真实情况有较大的差距，不同部门统计的数据却不相同，有些差异较大。遇到这种情况，我们应该怎么办？

某企业在对生产部实施绩效考核时，其中有一个指标是工时利用率，可提交上来的结果却不一样：生产部统计上来的数据与公司厂部统计上来的数据不一致。生产部门认为自己部门的数据较真实，但是，通过调查发现，两个部门统计的数据来源、统计口径以及统计的方法都不一样。生产部统计有效工时是指在实际生产线上的所用工时，而厂部统计的有效工时是指在该部门实际上班的人数的工时；还有，在生产部统计工时扣除了停工待料的工时，而厂部却没有。另外，计算的标准也不一样……

采用的标准不一，就导致了统计结果不同。从以上案例可以发现，我们在对数据收集时，要求有明确的标准和数据来源，按照公司规定的流程和制度来收集数据，不要只凭部门的主观判断来收集和提供数据。必须保证数据的收集和统计的口径、标准以及计算方法等的一致性。

另外，企业管理人员也需意识到，并非所有的信息都需要收集和分析，也并非收集的信息越多越好。主要是收集那些与员工绩效有关的信息。考核信息收集的方法包括观察法、工作记录法、他人反馈法等。

▶ 观察法

观察法是指主管人员直接观察员工在工作中的表现，并对员工的表现进行记录的一种方法。

▶ 工作记录法

工作记录法是指通过工作记录的方式将员工工作表现和工作结果记录下来的一种方法。

企业绩效考核方案执行过程中，主管在与员工保持绩效沟通和辅导的同时，还有一项重要的工作就是进行数据的收集和记录，为下一阶段公正地评价员工的绩效水平提供依据。其主要目的有如下三点。

（1）数据可以提供绩效考核评价的事实依据。绩效评价结果的判定需要明确的事实依据作为支持，尽管期初确定的工作目标或任务可以反映一些问题，但也不足以完全证明员工按照规程、制度进行了操作。通过过程收集或记录的数据，就可以作为对员工绩效诊断和绩效评价的重要依据。

（2）提供改进绩效的有力依据。收集数据和观察员工绩效的目的是为了解决问题，提高绩效。但要解决问题必须要知道两件事，即存在什么问题和是什么原因引起了这个问题。如果笼统地对员工讲，你"沟通能力欠缺，需要改进"，员工可能不会在意，更不清楚应如何改进。

（3）有助于诊断员工的绩效。对绩效信息的记录与收集可以使我们积累一定的关键事件。通过这些信息或关键事件，我们可以利用"知识、技能、态度和外部障碍"四因素法诊断员工的绩效，找出潜在问题，以便帮助员工改进。

▶ 他人反馈法

管理人员通过他人对被考核员工工作情况的汇报、反映来了解员工的工作绩效情况。

检查收集的绩效考核数据，各部门的统计的口径、标准、方法以及数据来源等是否保持了一致性。

总之，我们在实施绩效考核时，对于绩效考核数据的收集，一定保证其真实性、有效性和实效性，满足我们绩效考核的要求，能够对部门和员工有一个真实的评价，使绩效管理能正确和有效地实施。

1.1.6 绩效考核结果的应用

绩效考核结果是否有效地应用到人力资源管理的其他领域，是影响绩效管理成功与否的一个至关重要的因素。下文就其在人力资源管理决策中的其中三个领域进行了简要的说明，具体内容如下。

绩效考核结果的应用

考核结果运用	相关说明
薪资调整	考核结果用于员工年度薪资的调整：对绩效较差的员工，下调其下年度的工资，如工资下调1个等级；另外，根据考核结果作为奖金分配与员工绩效薪资计发的依据
培训与开发	通过分析考核结果，发现员工群体或个体与组织要求的差距，从而有针对性地提供培训，以达到提升员工工作绩效的目的
岗位调配与晋升	通过分析考核结果，发现员工工作表现与其职位的不适应问题，查找原因并及时进行职位置换。如果绩效考核的结果说明员工无法胜任现有的岗位，则需查明原因并进行职位的调换；通过绩效评价发现优秀的、有潜力的员工，可以考虑予以晋升、轮岗等

1.2 薪酬体系设计

马季先生有个相声段子，其大意是这样的：说有个技术人员科研项目获了奖，于是准备买些好吃的东西，回家犒劳犒劳自己。这时眼睛、鼻子、耳朵、脑袋不乐意了，纷纷指责这个技术人员太偏心，有了成绩只顾着给嘴吃东西而忘记其他器官的重要性了。

眼睛说："我是最重要的，没有我你什么都看不见，少了我你能搞科研吗？能获奖吗？"耳朵说："我才是最重要的，没有我你什么都听不见，听都听不见，你还能干什么？"鼻子也跳出来说自己是最重要的……它们都说自己重要，那么究竟谁更重要一些呢？

企业管理中也存在这个问题，企业内部有多个岗位，包括总经理、副总经理、生产部经理、采购部经理、技术部经理、财务部经理、人力资源部经理之类的管理人员，还有技术员、一线的生产工人、检验员……所有这些岗位，哪个岗位相对来说更为重要、谁的工资应该高一些？我们该如何来解决这一问题呢？这就涉及一个非常核心的问题——薪酬的分配问题。

而企业管理者只有做到薪酬的公平分配，才能更好地激励员工为企业的发展献计献策。纵观企业管理实践，目前薪酬分配的价值基础有三种：基于职位、基于能力、基于绩效。有鉴于此，也就形成了如下三种不同的薪酬体系：即基于职位的薪酬体系、基于能力的薪酬体系、基于绩效的薪酬体系。

随着社会的发展，在上述三种薪酬体系的基础上，在管理实践中也衍生出多种新型的薪酬体系，宽带薪酬便是其中的一种。

1.2.1 基于职位的薪酬体系设计

所谓职位薪酬体系，是对职位的价值作出客观的评价，然后再根据这种评价的结果来赋予承担这一职位工作的人与该职位价值相当的薪酬的一种基本的薪酬决定制度。

设计一套基于职位的薪酬体系，可按照如下图所示的6个步骤进行。

基于职位的薪酬体系设计流程

```
                    ┌─────────┐
                    │   开始   │
                    └────┬────┘
                         ↓
┌──────────────┐   ┌──────────────┐   ┌──────────────┐
│  确定薪酬策略  │ → │   工作分析    │ → │   工作评价    │
└──────────────┘   └──────────────┘   └──────┬───────┘
                                             ↓
                                      ┌──────────────┐
                                      │   薪酬调查    │
                                      └──────┬───────┘
                                             ↓
                                      ┌──────────────┐
                                      │ 确定薪酬结构与水平│
                                      └──────┬───────┘
                                             ↓
                                      ┌──────────────┐
                                      │ 薪酬体系的实施与修改│
                                      └──────┬───────┘
                                             ↓
                                      ┌─────────┐
                                      │   结束   │
                                      └─────────┘
```

▶ 确定薪酬策略

企业的发展战略决定了其薪酬策略。不同的发展战略决定了其薪酬政策、薪酬水平、薪酬结构、薪酬制度的不同。如处于发展阶段的企业，其经营战略是追求快速成长，它采取的薪酬策略可能是企业与员工共担风险，在薪酬结构上采取降低固定薪酬的比例、提高浮动薪酬的比例的方式。若企业处于成熟阶段，企业的经营战略是追求稳健的发展，则采取的薪酬策略可能是给予员工较高的薪酬水准，提高员工固定薪酬的比例。

▶ 工作分析

工作分析是人力资源管理的一项基础性的工作。通过工作分析，有助于明确企业各岗位的工作性质、所承担责任的大小、劳动强度的轻重、工作环境的好坏及岗位任职资格等。它为岗位评价及其薪酬水平的制定提供了客观的依据。

在进行工作分析时，收集工作分析信息的方法很多，每种方法都有自己的优缺点。任何一种方法都不能提供所需要的足够完整的信息，因此必须交错使用这些方法。下表列举了几种常见的方法。

方法	方法介绍
问卷调查法	根据工作分析的目的、内容等事先设计一套调查问卷，由被调查者填写，并对所获得的信息进行汇总和整理的一种工作分析的方法
观察法	工作人员在不影响被观察人员正常工作的条件下，通过观察将有关的工作内容、方法、程序、设备、工作环境等信息记录下来，最后将取得的信息归纳整理为适合使用的结果的一种工作分析的方法
访谈法	访谈人员就某一岗位与访谈对象，按事先拟定好的访谈提纲进行交流和讨论一种工作分析的方法。访谈对象包括：该职位的任职者、对工作较为熟悉的直接主管人员、与该职位工作联系比较密切的工作人员、任职者的下属
工作日志法	任职者按照时间顺序详细记录下来自己的工作内容和工作过程，然后经过工作分析人员的归纳、提炼，获取所需工作信息的一种工作分析方法
工作实践法	工作分析员亲自从事所需要研究的工作，从而获取有关工作信息的第一手资料的一种工作分析的方法
典型事件法	在劳动过程中，会出现对岗位工作造成较大影响（如任务完成与否、产量增加或减少等）的事件，通过对本岗位或与本岗位有关的员工的劳动过程中的各类行为的充分记录，获取足够信息以后，归纳岗位的特征以及对员工的要求的一种工作分析的方法

▶ 工作评价

工作评价是在工作分析的基础上，按照一定的衡量标准，对各职位的工作任务、难易程度、责任大小、所需任职资格条件等方面进行系统的评价，以确定不同职位在企业中的相对价值的活动。

工作评价是保证薪酬体系内部公平性的重要手段之一。工作评价的方法有很多，在此，主要介绍其中的五种：排列法、分类法、要素比较法、要素计点法和海氏分析法。具体内容如下表所示。

工作评价的方法

定性方法	定量方法
排列法	要素比较法
分类法	要素计点法
……	海氏分析法

（1）**排列法**

排列法又可分为如下两种。

① 定限排列法

将企业中相对价值最高与最低的工作选择出来，作为高低界限的标准。然后在此限度内，将所有的工作，按其性质难易排列，显示工作之间的差异。

② 成对排列法

将企业中所有的岗位成对地加以比较。按分数高低顺序将职务进行排列，即可划定职务等级，分数最高者即等级最高者。

成对排列法示例

岗位	A	B	C	D	分数
A	/	1	1	1	3
B	0	/	1	0	1
C	0	0	/	0	0
D	0	1	1	/	2

A与B比较，A优于B，在对应的表格里记1，B同A相比，劣于A，在相应的表格栏里记0，其余的同理可得。

（2）职级分类法

评价者预先制定出一套供参照用的职务级别标准，每一档职级对应相应的薪酬标准。然后将待定级的职务与标准进行比较分析和整体的综合性评价，并将其编入相应的职务级别中。从而确定各岗位的工资级别。

（3）要素计点法

要素计点法（point method）是我国企业运用最广泛的定量化的工作评价方法，也称因素评分法、点数法、计分法等。

选定影响所有岗位的主要因素，并采用一定点数（分值）表示各个因素，然后按预先规定的衡量标准，对现有岗位的各个因素逐一评比，求得点数，经过加权求和，得到各个岗位的总点数。

用企业现行的工资总额除以总点数，得到点的工资含量，然后用点值乘以每一岗位的总点数，就可得到每一岗位的工资率或工资标准。

（4）要素比较法

要素比较法（Factor Comparison Method），一种量化的工作评价方法。在确定关键岗位和付酬因素的基础上，运用关键岗位和付酬因素制成关键岗位排序表，然后将待评岗位就付酬因素与关键岗位进行比较，确定待评岗位的工资率。

它也是在要素相互比较的基础上完成职位评估的。与要素计点法的不同之处在于：被评价的岗位因素是与企业中作为关键职位的要素因素进行比较的。

（5）海氏工作评价系统

海氏工作评价系统由美国薪酬设计专家艾德华·海于1951年研究开发出来。它有效地解决了不同部门的不同职务之间相对价值的相互比较和量化的难题。

海氏工作评价系统将所有职务所包含的最主要的付酬因素分为三种：技能水平、解决问题的能力和责任。并按照以上三个要素及相应的标准进行评估打分，得出每个岗位评估分，即岗位评估得分=专业理论知识得分+解决问题能力得分+责任得分。其中专业理论知识得分和责任得分及最后得分都是绝对分，而解决问题的评估分是相对分（百分比）。

海氏工作评价系统其中的每一个付酬因素又细分为不同的子因素，具体内容如下表所示。

海氏工作评价系统中的付酬因素

付酬因素	因素解释	子因素
技能	工作所需的知识和技能	专业理论知识
		管理技能
		人际技巧
解决问题的能力	发现并解决工作中出现的问题的能力	环境
		难度
责任	任职者的行为给工作带来的结果	行动的自由度
		职务对结果的影响
		职务责任

海氏工作评价系统的三个因素包括数量不等的各个子因素，在此不作详细介绍。

▶ 薪酬调查

薪酬调查是通过规范和有效的方法，对调查范围内的职位、薪酬水平及结构等进行评估、统计和分析，形成客观反映薪酬现状及变化的调查结果，为薪酬设计提供依据的人力资源管理活动。它是薪酬设计中的重要组成部分，重点解决的是薪酬对外竞争力的问题。

（1）明确薪酬调查目的

一般情况下，企业进行薪酬市场调查的目的和意义体现在以下四方面。

① 调整薪酬水平的需要，以适应竞争对手薪酬水平的变化。

② 调整薪酬结构的需要，引导员工行为符合企业期望。

③ 评估自身和竞争对手的相对薪酬水平，确定在劳动力市场中的相对位置。

④ 了解其他企业薪酬管理实践的最新发展和变化趋势。

（2）调查范围的确定

薪酬调查实施流程中，将哪些企业、哪些岗位纳入到调查的范围中呢？一般来说，应基于如下标准进行选取，具体内容如下表所示。

薪酬调查范围的确定

调查范围的确定	企业的确定	职位的确定
选取标准	与本企业竞争同类产品或服务的企业	该职位内容众所周知，相对稳定，且得到从事该职位员工的广泛认可
	其他行业中有相似相近工作岗位的企业	职位的供求相对稳定
	与本企业在同一地域范围内竞争员工的企业	这些职位能代表当前所研究的完整的职位结构，包括职位结构中的最高、中等和最低等级的职位
	……	在这些职位上有相当多的劳动力被雇佣

（3）调查方法的选择

基于有效性原则，企业应针对自身条件和内外环境特点，选择合适的调查方法。下图列出了三种常用的方法，具体内容如下。

常用的薪酬调查的方法

资料分析法	针对要研究的主要问题，通过搜集、鉴别、整理相关资料，对现状和趋势进行研究和分析的一种方法
访谈法	通过访谈法与被访问者的直接接触或电话交谈，依据较完整的访谈提纲采集数据资料
问卷调查法	通过使用问卷向其了解情况或采集数据的一种调查方法

对于大量岗位的薪酬调查，大多数企业是通过正式的问卷调查来实现薪酬调查目标的。如果采取问卷调查法要提前准备好调查表，示例见下表。

薪酬市场调查问卷

卷首语（略）

姓名：_____ 年龄：_____ 性别：_____ 在本公司的任职年限：_____

所在部门：_____ 职务：_____ 学历：_____ 本专业/领域工作时间：_____

一、公司基本信息

简述公司的主要产品或服务：

企业成立时间：_____ 企业所属行业：_____ 企业员工人数：_____

企业所属性质：□国有企业 □民营企业 □股份制企业 □外商投资
　　　　　　　□其他（请注明）_____

二、职位概况

1. 您所在的职位：_____

2. 工作主要内容：_____

三、薪酬状况调查

1. 您的月薪收入总额（　　）

　　A. 2000元以下　B. 2000元～3000元　C. 3000元～5000元　D. 5000元以上

2. 您的工资由哪几部分构成，其各自所占的比例是多少（总薪酬的组成部分
　　占总薪酬的比例）？

总薪酬的组成部分	占总薪酬的比例

3. 您认为薪酬收入中浮动部分占收入的比例为多少合适（　　）

　　A. 5%～10%　　B. 11%～20%　　C. 20%～30%　　D. 30%以上

4. 以您自己的资历，您对自己的工资收入（　　）

　　A. 非常满意　B. 较满意　C. 不确定　D. 不满意　E. 非常不满意

　　如果选择D或E，请写明简要理由或感受

5. 和其他同职位的人相比，自己的工资（　　）

　　A. 非常高　　B. 较高　　C. 不确定　　D. 较低　　E. 非常低

　　如果选择D或E，请写明简要理由或感受

6. 您对自己努力付出与回报二者公平性的感受是（　　）

　　A. 完全公平　　B. 基本公平　　C. 不确定　　D. 不公平　　E. 非常不公平

如果选择D或E，请写明简要理由或感受（　　）

7. 在过去一年中，绩效工资的发放（　　）

　　A. 有科学合理的正式考核制度和考核表格作为依据

　　B. 有一些简单的考核制度和表格

　　C. 不确定

　　D. 没什么制度和依据，考核的主观性较大

8. 您享受企业提供的哪些福利（　　）

　　A. 社会保险　　　B. 住房公积金　　　C. 劳保物品

　　D. 带薪休假　　　E. 其他，请注明：＿＿＿＿＿＿＿＿＿＿＿＿

9. 您觉得公司员工的辞职（　　）

　　A. 因为薪酬的不合理而直接导致

　　B. 和薪酬有一定的关系

　　C. 不确定

　　D. 和薪酬没有什么关系

10. 除了国家规定的法定假日外，公司是否还提供其他节假日，若有，请注
　　 明：＿＿＿＿＿＿＿＿＿＿＿＿＿＿＿＿＿

11. 薪酬增长与结构调整

　　（1）在过去的一年中，企业给员工平均加薪幅度达＿＿＿＿＿＿＿％

　　（2）在过去的一年中，薪酬结构是否有所调整，若是，调整后的薪酬结构为：

　　＿＿＿＿＿＿＿＿＿＿＿＿＿＿＿＿＿＿＿

12. 您觉得您所在企业的薪酬水平在同行业处于什么水平（　　）

　　A. 偏高　　　B. 中等　　　C. 较低

13. 您赞成公司目前的薪酬制度起到了吸引、保留和激励人才的作用（　　）

　　A. 非常同意　　B. 比较同意　　C. 基本同意　　D. 不同意

14. 对于本次薪酬调查，您还有哪些意见和建议？

　　＿＿＿＿＿＿＿＿＿＿＿＿＿＿＿＿＿

（4）调查统计结果分析

薪酬调查的结果要保证其真实、准确、可靠，将这些信息或数据进行统计分析。常见的用于薪酬调查数据的统计分析方法有：数据排列法、频率分析法、回归分析法等，下文对其中的两种方法进行简要的介绍。

① 数据排列法

采用数据排列法对数据进行分析时，一般而言，有以下四个数据是值得企业研究和注意的：25P、50P、75P、90P，其含义是指，若调查了100家企业，将这100家企业的薪酬水平从低到高进行排列，它们分别代表着：第25位排名（低位值）、第50位排名（中位值）、第75位排名（较高位值）、第90位排名（高位值）。

××职位的薪酬调查数据统计结果

企业名称	月平均薪酬（元）	排列
A	××××	1
B	××××	2（90%点处～××××元）
C	××××	3
D	××××	4（75%点处～××××元）
E	××××	5
F	××××	6
G	××××	7
H	××××	8（50%点处～××××元）
I	××××	9
J	××××	10
K	××××	11
L	××××	12（25%点处～××××元）
M	××××	13
N	××××	14
O	××××	15

薪酬水平处于领先的企业，应关注75P处甚至90P处的薪酬水平；薪酬水平低的企业则应关注处于25P处的薪酬水平；薪酬水平一般的企业则关注处于50P处的薪酬水平。

② 频率分析法

如果被调查单位没有给出某类岗位完整的工资数据，只能采集到某类岗位的平均工资数据。在进行工资调整数据分析时，可以采取频率分析法，记录在各工资额度内各类企业岗位平均工资水平出现的频率，从而了解某类岗位人员工资的一般水平。

⊙ 确定薪酬结构与水平

薪酬结构设计属于薪酬体系中的一个子模块，我们可以从两个维度对其内容进行解读，具体内容见下表。

薪酬结构设计

维度	内容说明
纵向的等级关系确定	包括了薪酬等级数目、薪酬级差、薪酬等级区间的划分等内容
横向的薪酬种类组合关系确定	不同薪酬形式之间的比例关系设计。薪酬的不同组成部分起着不同的激励作用：基本薪酬和福利，主要承担适应劳动力市场外部竞争力的功能；而浮动薪酬则主要根据员工的工作业绩决定，这部分薪酬有很大的弹性（不稳定性），对员工的激励作用明显

（1）薪酬等级数目设计

企业的规模和行业特点，都会影响薪酬等级的划分，其多寡并没有绝对的标准。其示例见下表。

薪酬等级设计示例

薪酬等级	岗位类型			
	高层管理系列	中层管理系列	技术/基层管理系列	一般职能系列
12	总裁 副总裁 总监 总经理 副总经理			
11				
10			高级技术人员	
9				
8				
7		部门经理、主管		
6				
5			中级技术人员	
4				
3			初级技术员	秘书 助理 文员 生产一线员工
2				
1				

（2）薪酬级差设计

在设计薪酬等级级差前，一般要先确定最高与最低薪酬等级的中位值。在设计最高与最低薪酬等级的中位值时，除了需要参考岗位评估的结果外，常需要考虑以下几个方面，如最高与最低等级工作复杂程度的差别、当地政府规定的最低工资标准、市场上可比的薪酬水平、企业支付能力及企业的发展阶段等等。

薪酬级差可以用绝对额、级差百分比或薪酬等级系数表示。其中，级差百分比又具体可分为等比级差、累进级差、累退级差、不规则级差四种形式。

① 等比级差。即各等级工资之间以相同的级差百分比逐级递增。

② 累进级差。累进级差是指各等级工资之间以累进的百分比逐级递增。

③ 累退级差。即各工资等级之间以累退的比例逐级递增。

④ 不规则级差。即各等级工资之间按照"分段式"来确定级差百分比和级差绝对额的变化。如一些企业采用"两头小、中间大"的级差。

（3）薪酬区间的设计

通常每个薪酬等级对应的薪酬是一个区间值，每个区间值由薪酬最大值、薪酬中位值和薪酬最小值组成。

企业管理人员可通过薪酬中位值和薪酬变动比率计算出薪酬幅度。其中，薪酬变动比率的计算公式如下。

① 薪酬变动比率以最低值为基础时

$$薪酬变动比率=\frac{最高值-最低值}{最低值}\times100\%$$

② 薪酬变动比率以中值为基础时

$$上半部分变动比率=\frac{最高值-中值}{中值}\times100\%$$

$$下半部分变动比率=\frac{中值-最低值}{中值}\times100\%$$

薪酬水平是指从某个角度按某种标志考察的某一领域内员工薪酬的高低程度。它决定了企业薪酬的外部竞争力，对员工的吸引和保留产生重要的影响。在确定某一具体岗位薪酬水平时，可以根据岗位分析和岗位评价等工作事先确定不同职级职等的薪酬水平、薪酬幅度、薪酬级差，并在此基础上确定各个具体岗位的薪酬水平。

▶ 薪酬体系的实施与修改

薪酬体系设计完成后，在正式实施之前，需要事先和员工沟通，必要时还需辅以培训。同时还要考虑制订的薪酬方案是否符合企业的经济实力、价值取向等问题。

随着企业的发展，还要考虑外部环境的变化，如劳动力市场供求关系、物价水平、最低工资标准等信息，以便及时地对薪酬方案进行相应的调整。

职位薪酬体系最大的特点就是员工担任什么样的职位就得到什么样的报酬。在这种薪酬体系下，由于员工的薪酬与其所在的职位直接挂钩，因此当员工晋升无望时，工作积极性会受挫，甚至出现消极怠工或者离职的现象。如下这则寓言故事也反映了这一点。

有个牧羊人养了两只牧羊犬。平时，牧羊人将羊群和牧羊犬带到水草丰盛的地方，就离开去做别的事情，将羊群完全交给两只牧羊犬看管。牧羊人做完了事情，再回来带着羊群回去，回去后给牧羊犬食物。

起初，这两只牧羊犬都非常卖力地工作，它们因此也得到了牧羊人的奖赏。可时间一长，其中一只头脑灵活的牧羊犬发现了这位主人的规律，他每次出去大约3个钟头，于是这只聪明的牧羊犬就想到了一个办法，它在牧羊人出去的时候休息，等到快回来的时候，它就使劲地跑两圈，这样，等牧羊人回来时，这位牧羊人看到这只牧羊犬因为劳累而将舌头伸得很长。

结果，牧羊人依然给两只牧羊犬同样的奖赏，甚至对偷懒的一只更好。于是，这只勤劳的牧羊犬很不解地向它的同伴问道："老兄，这是为什么？我明明比你卖力得多，为什么主人有时候更欣赏你呢？"

懒惰的牧羊犬笑着说道："兄弟，是这样的。我发现主人每次都出去3个小时左右，因而前面的时间我就休息，只要羊群不出大问题就可以了。到了还剩半个小时的时候，我就使劲跑两圈。牧羊人判断我们是否卖力有两个标准，一个是羊不能丢失，另一个就是看我们的勤劳程度，我在他快要回来时跑两圈，每次都累得出了很多汗，舌头自然会伸出来。不像你，天天那么卖力地干活，主人来的时候却看不到。"

1.2.2 基于能力的薪酬体系设计

近年来，随着知识和能力在竞争中的地位提升，员工能力对企业业绩的影响力越来越大，企业对知识和能力的关注度日益提升。许多企业改变了原来仅凭职位决定员工薪酬的制度，引入了一种以个人技术、能力为基础的薪酬制度，它是在这样一种假设的基础上产生的：具有相应知识和技能的人会做出相应的绩效。也就是对绩效的潜在可能性支付报酬，至于是不是真的能做出这样的业绩，做出多少业绩，要通过绩效评价结果验证，进而确定员工实际取得的报酬。

在体育界，替补队员的薪酬往往低于正式队员。但对于世界著名音乐剧《猫》的演员们来说，却恰恰相反：替补队员的周薪竟然相当于正式演员的1.25倍。正式演员每周大约要出演20场，从而获得2000美元的周薪，但替补队员们只是在后台静静地坐着，就可以拿到2500美元的周薪，原因何在？

原来，替补队员们虽然不一定上台演出，但是他们通常被要求必须掌握五个不同角色的表演。一旦正式演员们身体不适或者是其他原因无法上场，替补队员就要随时救场。因此对他们支付的薪酬不是基于工作量和职位，而是基于他们能够表演五个角色的能力。

能力主要是指员工为了有效履行职责所必需的知识、经验、技能等的集合。实践中，我们可以从组织的层级上来划分能力：高层管理能力、中层管理能力和基层管理能力；这些不同组织层级的能力主要体现了组织在不同的发展周期，战略对组织能力的要求。同时，我们还可以从组织的序列上来划分能力：管理支持序列能力、营销序列能力、研发序列能力、生产序列能力和作业序列能力等。

"能力"是一个包含了技能、知识及人格特征的有层次的结构，针对不同能力层次，能力薪酬也就有着不同的体现形式，主要包括技能工资（Skill—based Pay）、知识工资（Knowledge—based Pay）、胜任力工资（Competency—based Pay）和基于任职资格的工资（Qualification—based Pay）等。这四种能力薪酬的特征和适用人群如下表所示。

能力工资的表现形式及其他相关内容

能力工资	付酬因素	能力架构	适用范围
技能工资	工作相关的技能和知识	基于技能的深度和广度的技能模块	技术工人及从事单一工作的专业技术人员

续表

知识工资	与培训密切相关，并关注培训成果	基于培训的学分体系	技术工人及专业管理、服务和研究人员
胜任力工资	与组织的使命、愿景、价值观、战略密切相关，关注员工的胜任特质和深层动机	基于企业文化和战略导向的胜任力模型	中高层管理者和知识白领
任职资格工资	与任职资格体系相关，薪酬与职业发展密切联系	基于综合的任职资格体系	专业性的管理类、技术类和服务类人员

基于能力的薪酬体系最大限度地激励了知识型员工的工作积极性，使他们发挥自身的潜力，通过提升能力素质水平使企业的核心竞争力得到提升，从而提升自身的薪酬水平。构建一套合理的能力薪酬体系，一般需要经过如下四个步骤。

▶ 构建能力素质模型

能力素质模型被定义为担任某一特定的任务角色，所需要具备的能力素质的总和。

通常员工的能力素质模型包括了三个维度：知识，能力和品格。不同的岗位对这三个维度的能力要求概不相同，同样延伸出的能力模型也不相同。另外，不同级别的员工的能力模型依然不一样。级别越高，三个维度的要求点也就越高。如普通的销售人员在能力要求上就低于销售经理。基层销售员只要掌握基本的产品和行业知识，客户的沟通能力，谈判能力和执行力等。而销售经理除了以上能力以外，还需要具备公关能力，市场的规划能力，客户的管控能力，团队的管理能力等。再次，企业在不同的发展时期，对员工的能力素质模型也不一样。企业在发展初期，营销人员的素质能力模型过多地偏向于创新能力、拓展能力、员工的忠诚度等。到了企业发展的中期，营销人员的素质能力模型就偏向于规划能力、管理能力、执行力等。到了企业发展的后期，营销人员能力素质模型就偏向于行业运作能力、成本控制能力、绩效管理能力等。

具体到能力素质模型的构建，其建模步骤大体可按下图所示的5个步骤进行。

能力素质模型构建步骤

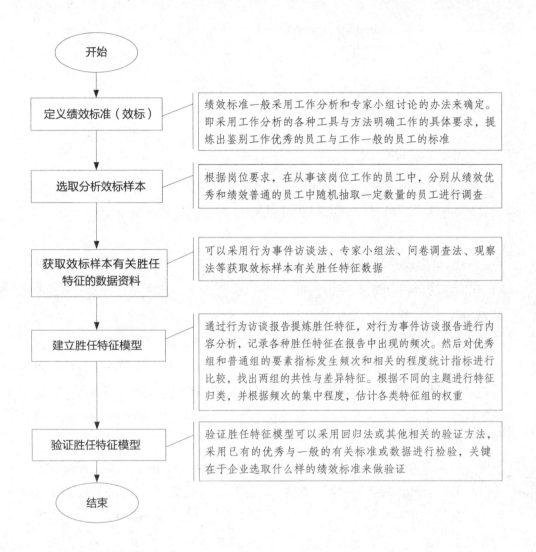

▶ 能力素质定价

建立基于能力素质的薪酬体系的关键环节是对能力素质进行科学合理的定价。能力素质定价就是对每种能力素质及其组合进行定价。定价的基本方法有两种：一种是基于市场的定价，就是根据相同素质在其他企业所能获得的报酬来确定能力素质价格；另外一种是基于绩效的定价，就是根据每项能力素质与绩效的相关性来确定能力素质的价格。

◉ 建立基于能力素质的薪酬结构

基于能力素质的薪酬结构多数采用宽带薪酬结构。建立的基本步骤如下。

（1）确定宽带个数。（2）根据每个宽带平均能力素质水平，结合能力素质定价水平，确定该宽带的中点值。（3）确定每个宽带的上限和下限。（4）确定每一水平能力素质的工资。

◉ 评估员工能力素质，确定其薪酬水平

企业可以使用评价中心或基于能力素质模型的360°评估等方式对员工的能力进行评估，以充分了解员工的能力状态，与其所任职位的能力素质等级进行相应匹配，从而可确定该员工的薪酬水平。

丰田汽车公司的能力工资制

丰田汽车公司为加强内部人才培养，提高组织运行效率，开展了以"培养能在多领域发挥创造性作用的人才"为主题的"挑战计划"活动。为了配合该计划的实施，公司引入了能力工资制。

公司引入能力工资制后，工资的构成发生了变化。公司按照人员的职务分工将他们分为事务职员和业务职员两种。前者属管理部门和间接部门，后者属生产部门和技术部门。

丰田汽车公司员工薪酬结构

能力工资制模式下的薪酬结构

事务职员（管理部门、间接部门）

业务职员（生产部门、技术部门）

基本工资（60%）

能力工资（40%）
- 创造力（20%）
- 决策贯彻能力（30%）
- 组织能力（20%）
- 人力利用能力（20%）
- 声望（10%）

基本工资（80%）

能力工资（20%）
- 50%由其专业知识与能力确定，而余下的50%与事务职员考核指标相同，只需进行等比例缩小即可

工资的构成确定之后，其实际发放由职员工作目标的完成程度来确定。其具体做法是事先由职员提出自己一年的工作目标，然后根据这个目标的完成程度确定能力工资的发放百分比。

公司确定了职员工资构成和能力工资实发百分比的考核办法之后，就形成了以能力为导向、纵（层级）横（职能部门）定位明确的能力工资体系。

1.2.3 基于绩效的薪酬体系设计

绩效薪酬体系是对员工超额工作部分或工作绩效突出部分所支付的奖励性报酬，旨在鼓励员工提高工作效率和工作质量。它是对员工过去工作行为和已取得成就的认可，通常随员工业绩的变化而调整。

绩效薪酬体系设计包括绩效薪酬体系的支付形式、配置比例、绩效等级和分配方式，以及绩效薪酬体系增长方式等内容。

▶ 绩效薪酬体系的支付形式

绩效薪酬体系的支付形式即企业以怎样的薪酬支付来建立与绩效的联系，这种联系有很多种，而且不同的企业差别很大。可能包括常见的业绩工资、业绩奖金和业绩福利，也包括股票或利益共享计划等形式。就实施绩效薪酬体系的不同层次员工来讲，也存在很大差别，企业可以支付许多不同类型的绩效薪酬体系，如员工可以因销售的增长、产量的提高、对下属的培养、成本的降低等而得到绩效薪酬体系；但一般来讲，企业高层可能更倾向于中长期绩效薪酬体系激励，而低层员工更倾向于短期的绩效薪酬体系激励；而且，依据不同的支付形式企业提供的绩效薪酬体系频率各不相同，可能是每月进行一次支付，也可能是季度或一年进行一次支付。

▶ 绩效薪酬体系配置比例

绩效薪酬体系配置比例即绩效薪酬体系在不同部门或不同层级岗位中的分配标准。由于绩效薪酬体系种类很多，这里，我们以其中一种——业绩工资进行说明。

业绩工资的具体配置有如下图所示的两种方法，具体内容如下。

绩效薪酬的配置方法

分配办法

切分法：
即先依据岗位评价和外部薪酬水平确定不同岗位的总体薪酬水平，再对各个岗位的总体薪酬水平进行切分，示例：某岗位总体薪酬水平（100%）＝基本固定工资（50%）＋业绩工资（50%）

配比法：
即先依据岗位评价和外部薪酬水平确定各个岗位的基本固定工资水平，再在各个岗位基本工资的基础上上浮一定比例，使各个岗位薪酬的总体水平处于市场薪酬水平的中高水平，示例：某岗位的薪酬总体水平＝基本固定工资＋业绩工资（业绩工资为基本工资的40%）。这样在员工没有达到或低于预期业绩标准时，其总薪酬水平低于市场水平；而达到或高于业绩标准时，其总薪酬水平就会持平或高于市场薪酬水平

▶ **绩效等级**

绩效等级是依据绩效评估后对员工绩效考核结果划分的等级层次。在设计绩效等级时要考虑绩效薪酬体系对员工的激励程度，等级过多造成差距过小将会影响对员工的激励力度；等级过少造成差距过大将会影响员工对绩效薪酬体系的预期，以至于使员工失去努力的动力。

▶ **绩效分布**

在确定了企业绩效等级以后，还应明确不同等级内员工绩效考核结果的分布情况，即每一等级内应有多少名员工或有百分之几的员工；一般来说，其绩效分布状况应尽量符合正太分布的规律，即优秀的比例在10%～20%，中间的60%～70%，而差比例占10%左右。严格的绩效分布一方面有利于对员工的绩效进行区分，另一方面也有利于消除绩效评价各方模糊业绩，使得被评价对象的评价结果趋中。

▶ 绩效薪酬体系分配方式

绩效薪酬体系分配方式是指绩效薪酬体系如何在个人或团队中进行分配，常见的有两种方式。

一是绩效薪酬体系直接与个人业绩工资标准对应进行分配。

二是绩效薪酬体系先在团队间进行分配，然后再依据个人绩效进行分配，这中间又包含两种形式——完全分配和不完全分配：完全分配是将企业计提的绩效薪酬体系总额在团队与员工中进行彻底分配完毕；而不完全分配是在控制绩效薪酬体系总量的情况下，在团队与员工之间依考核等级进行层次分配，绩效薪酬体系总量存在一定剩余。

▶ 绩效薪酬体系增长

就绩效薪酬这部分薪酬而言，其增长主要有两种方式，一是增加工资标准，二是一次性业绩奖励；在具体处理时，各个企业采用的策略也有区别。

总之，绩效薪酬体系设计必须明确需要达到的目标，有效利用薪酬策略和绩效与薪酬的密切关联，使得企业不必为所有的工作支付高薪，而为那些具备关键技能创造高绩效的员工支付高薪，而对那些具备一般技能、绩效一般或较低的员工支付平均或低于市场水平的薪酬。从而使企业能够吸引所需的拥有关键技能的人才和留住高绩效员工以满足战略需要，又能够对企业的成本进行控制。

生产班组人员绩效工资设计示例

一、工资构成

员工的工资由岗位基本工资、岗位绩效工资和奖金三部分构成，具体内容如下。

1. 基本工资。根据岗位而定，是工资中相对固定的部分。

2. 绩效工资。根据考核结果而定，是工资中浮动的部分。

3. 奖金。包括全勤奖和生产任务超额完成奖。

二、工资的核算

岗位工资=岗位基本工资（70%）+绩效工资（30%）+奖金

1. 岗位基本工资的核定

岗位基本工资的确定，根据员工所在岗位而定，实行一岗数薪制。下表给出了该部门人员的薪酬支付标准。

班组人员岗位基本工资标准

职位	基本工资
生产班组长	＿＿＿＿＿元
	＿＿＿＿＿元
＿＿＿＿＿岗	＿＿＿＿＿元
＿＿＿＿＿岗	＿＿＿＿＿元
＿＿＿＿＿岗	＿＿＿＿＿元
＿＿＿＿＿岗	＿＿＿＿＿元

2. 绩效工资

岗位绩效工资=绩效工资总额×品质系数×调整系数

（1）品质系数，根据生产人员生产出来的产品经品质部检验的情况进行评定，其范围为0~1.0。

（2）调整系数，是用于当因非生产人员的过失而造成产品质量的下降时进行工资调节的一种手段，具体标准由生产部经理核定，报总经理审批后执行。

3. 奖金

奖金分为全勤奖和生产任务超额完成奖两部分。

（1）全勤奖。员工按照公司的考勤制度按时上下班者，每月可以获得＿＿＿元的全勤奖。

（2）生产任务超额完成奖。员工每月的完成生产任务超出目标的＿＿＿％以上者，可获得＿＿＿元的奖励。

三、工资的发放与调整

1. 浮动工资根据员工每月考核的成绩进行评定，与固定工资同时于每月的××日发放。

2. 员工岗位工资的调整，依据企业的生产经营效益进行整体水平的调整。员工个人薪酬的调整，根据其每年6月份、12月份两次考核的综合成绩，进行薪资提升。

1.2.4 宽带薪酬体系设计

宽带薪酬是指对多个薪酬等级以及薪酬变动范围进行重新组合，从而变成只有相对较少的薪酬等级以及相应较宽的薪酬变动范围的一种薪酬体系。它是对传统上那种带有大量等级层次的垂直型薪酬结构的一种改进或替代。

宽带中的"带"意指工资级别，宽带则指工资浮动范围比较大，下图较清晰地说明了这一点。

宽带薪酬示意图

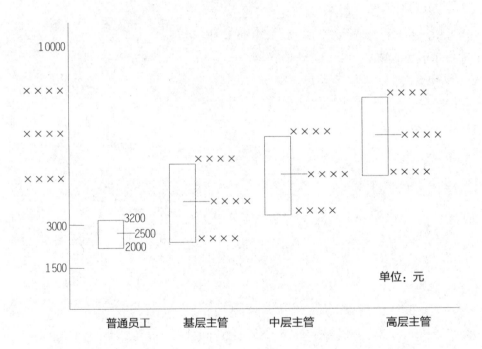

在宽带薪酬体系设计中，员工不是沿着公司中唯一的薪酬等级层次垂直往上走，相反，他们在自己职业生涯的大部分或者所有时间里可能都只是处于同一个薪酬宽带之中，他们在企业中的流动是横向的，随着能力的提高，他们将承担新的责任，只要在原有的岗位上不断改善自己的绩效，就能获得更高的薪

酬，即使是被安排到低层级的岗位上工作，也一样有机会获得较高的薪酬。

▶ 宽带的建立

宽带的建立可根据企业的具体情况分纵向宽带和横向宽带两种。具体内容如下表所示。

宽带建立说明

	宽带的设置	示例	适用情况
纵向宽带	它是指企业根据机构的等级，自下而上建立起来的一套立式宽带系统。在纵向宽带体系中，每一个宽带里所包含的职别都是自下而上的	如可在一级宽带中设置一线员工、组长的薪酬，二级宽带中可设置初级主管、中级主管、高级主管的薪酬，其余的以此类推	它一般适用于管理层次较多，并以晋升为唯一向上通道的企业
横向宽带	它是指企业根据工作组来建立的宽带。在横向宽带体系中，每一个宽带里所包含的职别都是属于同一职业锚的	如可在一级宽带中设置技术员、助理工程师、工程师的薪酬，二级宽带中可设置助理开发专家、开发专家、高级开发专家的薪酬，其余的以此类推	适合于那些为员工的发展拟订了多种晋升通道的企业

▶ 确定宽带等级

宽带的数目并无一个统一的标准。实践中，薪酬管理人员首先要通过岗位评估确定职位等级。再根据企业组织层级的特点，自然切割出宽带的等级。

到底哪些级别和哪些级别合并，哪些级别要划入另一宽带？在这些工资带之间通常有一个分界点，宽带之间的分界线往往是在一些重要的"分水岭"处，即在工作或技能、能力要求存在较大差异的地方。如将宽带划分为"助理级""资深级""专业级"等级别。

▶ 界定宽带内的薪酬幅度

根据薪酬调查的数据及职位评价结果来确定每一个宽带的浮动范围以及级差，同时在每一个工资带中每个职能部门根据市场薪酬情况和职位评价结果来确定不同的薪酬等级和水平。如对于技术工人岗位，根据技能水平高低，薪酬水平可以在6岗1级（月薪×××元）和8岗6级（月薪×××元）中跳跃。

▶ 做好任职资格及薪酬评级工作

宽带薪酬十分强调根据员工的能力与贡献确定薪资，因此为了防止宽带薪资在操作中的随意性而导致企业薪资成本的急剧上升，企业还必须构建规范的任职资格认证及绩效考核制度，严格根据明确的薪资评级标准及办法，进行任职资格认证与考核实施，以此为依据确定员工的薪资在宽幅中的位置。这样既对绩效优异的员工起到了有效的激励作用，同时限制了绩效表现不佳的员工薪酬的上涨，从而从整体上限制薪酬的无限制上涨。

第2章

高层管理者绩效考核与薪酬激励

2.1 高层管理人员绩效考核量表设计

2.1.1 运营总监绩效考核量表

姓名		岗位		运营总监	所属部门	
考核人				考核期限		
指标维度	KPI指标	权重	指标计算/说明			考核得分
财务	预算收入完成率	15%	$\dfrac{实际收入}{预算收入}\times100\%$			
	净资产收益率	10%	$\dfrac{净利润}{平均净资产}\times100\%$			
	资产负债率	10%	$\dfrac{负债总额}{资产总额}\times100\%$			
	净利润	10%	是指在利润总额中按规定交纳了所得税后公司的利润留成			
	总成本支出	10%				
内部运营	营业额增长率	15%	$\dfrac{本年度销售额-上年度销售额}{上年度销售额}\times100\%$			
	全员劳动生产率	10%	$\dfrac{销售收入}{全员人数}\times100\%$			
客户	市场占有率	5%	$\dfrac{当期企业某种产品的销售额（销售量）}{当期该产品市场销售总额（销售总量）}\times100\%$			
	客户满意度	5%	是客户通过对一种产品可感知的效果与其期望值相比较后得出的指数			

续表

学习 与成长	核心员工 流失率	5%	是指在一定时期内企业流失的核心员工数占该时段 内核心员工人数的比例	
	培训计划 完成率	5%	$\dfrac{\text{实际完成的培训项目数（次数）}}{\text{计划培训的项目数（次数）}} \times 100\%$	
考核得分总计				
考核 实施 说明	设立"核心员工流失率"此项考核指标的目的在于保证公司人才的稳定性			
被考核人 签字：　　　日期：		考核人 签字：　　　日期：		复核人 签字：　　　日期：

2.1.2 采购总监绩效考核量表

姓名		岗位	采购总监	所属部门	
考核人			考核期限		
指标维度	**KPI指标**	**权重**	**指标计算/说明**		**考核得分**
财务	采购成本	10%			
	采购成本降低率	5%	$\dfrac{\text{上期采购成本}-\text{本期采购成本}}{\text{上期采购成本}} \times 100\%$		
	物资交货延迟损失	10%	是指因采购原因造成的停工待料损失、 加班损失、紧急运输费用等损失		
	采购费用率	10%	$\dfrac{\text{采购费用}}{\text{采购总金额}} \times 100\%$		
内部 运营	采购计划完成率	15%	$\dfrac{\text{完成的采购项目数}}{\text{计划采购的项目数}} \times 100\%$		
	采购物资质量合格率	15%	$\dfrac{\text{质量合格的采购批次}}{\text{采购总批次}} \times 100\%$		
	物资采购及时率	5%	$\dfrac{\text{规定时间内完成的采购订单数}}{\text{下达的采购订单总数}} \times 100\%$		
客户	供应商履约率	10%	$\dfrac{\text{已履行的合同数}}{\text{签订的合同数}} \times 100\%$		
	优秀供应商比率	5%	$\dfrac{\text{优秀供应商数量}}{\text{供应商总数量}} \times 100\%$		

续表

客户	客户投诉次数	5%	考核期内,生产部及其他物料需求部门对采购部工作的投诉次数	
学习与成长	核心员工流失率	5%	是指在一定时期内企业流失的核心员工数占该时段内核心员工人数的比例	
	培训计划完成率	5%	$\dfrac{\text{实际完成的培训项目数(次数)}}{\text{计划培训的项目数(次数)}}\times100\%$	
考核得分总计				
考核实施说明	1.关于"采购费用率"指标 企业需对"采购费用率"这项指标中的采购费用做出明确的规定,一般来讲,采购费用含工资、运费、差旅费等 2.关于"采购物资质量合格率"指标 该指标除了有上表中的这种计算方式外,还可以采用如下计算方法 采购物资质量合格率$=\dfrac{\text{考核期内的采购物资总量−质量不合格的物资数量}}{\text{考核期内所采购物资的总量}}\times100\%$			
被考核人 签字: 日期:		考核人 签字: 日期:		复核人 签字: 日期:

2.1.3 生产总监绩效考核量表

姓名		岗位	生产总监	所属部门	
考核人			考核期限		

指标维度	KPI指标	权重	指标计算/说明	考核得分
财务	单位生产成本	5%	即生产单位产品所付出的人工费、材料费、能耗费用、设备折旧费用等之和	
	生产成本降低率	10%	$\dfrac{\text{上期单位生产成本−本期单位生产成本}}{\text{上期单位生产成本}}\times100\%$	
内部运营	生产计划完成率	10%	$\dfrac{\text{实际完成的生产任务}}{\text{计划完成的生产任务}}\times100\%$	
	产品质量合格率	15%	$\dfrac{\text{合格品数量}}{\text{检验的总数}}\times100\%$	
	交期达成率	10%	$\dfrac{\text{准时交货的产品批次数}}{\text{应交货总批次数}}\times100\%$	

内部运营	设备利用率	5%	指每年度设备实际使用时间占计划用时的百分比	
	重大生产安全事故发生次数	10%		
客户	劳动生产率	10%	有两种表示方法：一是用单位时间内所生产的产品数量来计算。如：10件/小时；二是用单位产品中所消耗的劳动时间来表示。如：2小时/件	
	客户满意率	5%	$\dfrac{\text{表示满意的客户数}}{\text{接受满意度调查的客户数}} \times 100\%$	
	员工满意度	5%	通过满意度调查得出	
	质量问题投诉次数	5%		
学习与成长	核心员工流失率	5%	是指在一定时期内企业流失的核心员工数占该时段内核心员工人数的比例	
	培训计划完成率	5%	$\dfrac{\text{实际完成的培训项目数（次数）}}{\text{计划培训的项目数（次数）}} \times 100\%$	
考核得分总计				
考核实施说明	员工满意度指标的获得可通过向被评价人发放员工满意度调查问卷，计算员工满意度得分的算术平均值			

被考核人	考核人	复核人
签字： 日期：	签字： 日期：	签字： 日期：

2.1.4 质量总监绩效考核量表

姓名		岗位	质量总监	所属部门	
考核人			考核期限		

指标维度	KPI指标	权重	指标计算/说明	考核得分
财务	质量成本	5%	质量成本=内部故障成本+外部故障成本+鉴定成本+预防成本+外部质量保证成本	
	产值质量成本率	5%	$\frac{质量成本总额}{产值}\times100\%$	
	质量事故成本	5%	指因质量事故造成企业各方面经济损失的金额	
内部运营	质量改进目标达成率	10%	$\frac{尽量改进工作完成任务数}{质量改进目标任务数}\times100\%$	
	质量检验及时完成率	10%	$\frac{质检及时完成次数}{检验总次数}\times100\%$	
	产品质量合格率	15%	$\frac{合格品数量}{检验的总数}\times100\%$	
	产品质量问题退货率	10%	$\frac{质量原因导致的产品退货数量}{考核期内出货总数}\times100\%$	
	质量事故处理及时率	10%	$\frac{及时处理的质量事故次数}{质量事故发生总次数}\times100\%$	
客户	产品质量投诉率	10%	$\frac{投诉起数}{产品销量}\times100\%$	
	客户投诉改善率	10%	$\frac{改善的件数}{客户投诉对的总问题数}\times100\%$	
学习与成长	核心员工流失率	5%	是指在一定时期内企业流失的核心员工数占该时段内核心员工人数的比例	
	培训计划完成率	5%	$\frac{实际完成的培训项目数（次数）}{计划培训的项目数（次数）}\times100\%$	
考核得分总计				
考核实施说明	设立"质量改进目标达成率"这一考核指标的目的在于加强企业对质量改进工作的监控，以提高企业质量管理水平			

被考核人 签字: 日期:	考核人 签字: 日期:	复核人 签字: 日期:

2.1.5 技术总监绩效考核量表

姓名		岗位	技术总监	所属部门	
考核人			考核期限		

指标维度	KPI指标	权重	指标计算/说明	考核得分
财务	研发费用率	5%	$\dfrac{研发费用}{销售收入} \times 100\%$	
	技术改造费比重	5%	$\dfrac{技术改造费}{产品销售收入} \times 100\%$	
内部运营	技术改造划完成率	15%	$\dfrac{完成的技术改造项目数}{计划完成的技术改造项目数} \times 100\%$	
	重大技术改造项目完成数	15%	考核期内完成的重大技术改造项目的项数	
	研发项目时完成率	15%	$\dfrac{实际开发周期}{计划开发周期} \times 100\%$	
	技术故障率	5%	$\dfrac{技术出现故障时长}{技术使用时长} \times 100\%$	
	重大技术失误次数	10%		
客户	技术服务满意率	5%	$\dfrac{被评为满意的技术服务次数}{提供技术服务的总次数} \times 100\%$	
学习与成长	对外技术交流次数	5%	考核期内，被考核者与外部企业、科研单位、行业协会等进行技术交流、沟通的次数	
	专利项拥有数	10%	包括专利申请数和专利授权数两部分的内容	
	核心员工流失率	5%	是指在一定时期内企业流失的核心员工数占该时段内核心员工人数的比例	
	培训计划完成率	5%	$\dfrac{实际完成的培训项目数（次数）}{计划培训的项目数（次数）} \times 100\%$	
考核得分总计				
考核实施说明	一般说来，研发费用率越高，则说明企业对研究开发工作的重视程度越高，从某种程度上也可以说该企业的创新能力也越强			

被考核人 签字: 日期:	考核人 签字: 日期:	复核人 签字: 日期:

2.1.6 市场总监绩效考核量表

姓名		岗位	市场总监	所属部门		
考核人			考核期限			

指标维度	KPI指标	权重	指标计算/说明			考核得分
财务	市场推广费用控制率	10%	$\dfrac{实际推广费用}{计划推广费用} \times 100\%$			
	广告费用占销率	5%	$\dfrac{广告费}{销售额} \times 100\%$			
内部运营	市场调研计划完成率	10%	$\dfrac{实际完成市场调研数量}{计划完成市场调研数量} \times 100\%$			
	市场拓展计划完成率	10%	$\dfrac{市场拓展计划实际完成量}{计划完成量} \times 100\%$			
	大型公关活动次数	10%	以公共关系为传播目的，有计划地组织实施大型企业公关活动的次数			
客户	市场占有率	15%	$\dfrac{当期企业某种产品的销售额（销售量）}{当期该产品市场销售总额（销售总量）} \times 100\%$			
	市场信息反馈率	10%	$\dfrac{市场信息反馈量}{企业规定的应反馈的信息量} \times 100\%$			
	媒体正面曝光次数	10%	在公众媒体上发表的正面宣传公司的新闻报道及宣传广告的次数			
	品牌预购率	10%	$\dfrac{未来一年内预购某品牌产品的人数（家庭数）}{未来一年内预购该品类产品的人数（家庭数）} \times 100\%$			
学习与成长	核心员工流失率	5%	是指在一定时期内企业流失的核心员工数占该时段内核心员工人数的比例			
	培训计划完成率	5%	$\dfrac{实际完成的培训项目数（次数）}{计划培训的项目数（次数）} \times 100\%$			
考核得分总计						
考核实施说明	品牌预购率可以用来衡量某一品牌在将来一段时间的竞争力					
被考核人签字： 日期：		考核人签字： 日期：		复核人签字： 日期：		

2.1.7 销售总监绩效考核量表

姓名		岗位	销售总监	所属部门	
考核人			考核期限		

指标维度	KPI指标	权重	指标计算/说明	考核得分
财务	销售收入	10%		
	新产品销售收入	10%		
	销售毛利率	10%	$\dfrac{销售收入-销售成本}{销售收入}\times100\%$	
	销售回款率	10%	$\dfrac{本期实收销售款}{本期销售收入}\times100\%$	
	销售费用率	10%	$\dfrac{销售费用}{销售收入}\times100\%$	
内部运营	销售计划完成率	15%	$\dfrac{实际完成的销售额（销售量）}{计划完成的销售额（销售量）}\times100\%$	
	销售增长率	10%	$\dfrac{本期销售收入-上期销售收入}{上期销售收入}\times100\%$	
	退货率	5%	$\dfrac{退货数量}{经销商销售数量}\times100\%$	
客户	市场占有率	5%	$\dfrac{当期企业某种产品的销售额（销售量）}{当期该产品市场销售总额（销售总量）}\times100\%$	
	大客户保有率	5%	（1-考核期内大客户流失数/企业的大客户总数）×100%	
学习与成长	核心员工流失率	5%	是指在一定时期内企业流失的核心员工数占该时段内核心员工人数的比例	
	培训计划完成率	5%	$\dfrac{实际完成的培训项目数（次数）}{计划培训的项目数（次数）}\times100\%$	
考核得分总计				
考核实施说明	在计算退货率时，需对退货的产品进行清晰的界定，如是将质量不合格的产品或受到损坏的产品计算在内还是将其排除在外			

被考核人签字： 日期：	考核人签字： 日期：	复核人签字： 日期：

2.1.8 工程总监绩效考核量表

姓名			岗位	工程总监	所属部门	
考核人				考核期限		
指标维度	KPI指标	权重	指标计算/说明			考核得分
财务	施工产值	5%	指建筑施工企业和自营施工单位自行完成的建筑安装产值中与建筑施工直接有关的产值			
	工程成本	10%	工程成本是围绕工程而发生的资源耗费的货币体现，包括了工程生命周期各阶段的资源耗费			
	工程成本降低率	5%	$\dfrac{\text{工程成本降低额}}{\text{工程预算成本}} \times 100\%$			
	返工损失率	10%	返工工程损失金额与施工产值的比例			
内部运营	工程项目计划完成率	10%	$\dfrac{\text{考核期内实际完成的项目数}}{\text{考核期内计划完成的项目数}} \times 100\%$			
	工期完成率	10%	$\dfrac{\text{按定额（合同）工期竣工的单位工程数}}{\text{全部竣工的单位工程数}} \times 100\%$			
	工程质量合格率	20%	考核期内核定为合格的单位工程数（含优良工程）或面积/考核期内核定的单位工程数或面积×100%			
	工程中标率	5%	$\dfrac{\text{中标工程数}}{\text{投标总数}} \times 100\%$			
	质量事故次数	10%	考核期内造成一定损失的工程质量事故的次数			
客户	客户投诉次数	5%				
学习与成长	核心员工流失率	5%	是指在一定时期内企业流失的核心员工数占该时段内核心员工人数的比例			
	培训计划完成率	5%	$\dfrac{\text{实际完成的培训项目数（次数）}}{\text{计划培训的项目数（次数）}} \times 100\%$			
考核得分总计						
考核实施说明	工程成本分为直接、间接两方面，在用这项指标对被考核者进行考核时，需事先对工程成本做出清晰的界定					

被考核人 签字： 日期：	考核人 签字： 日期：	复核人 签字： 日期：

2.1.9 物业总监绩效考核量表

姓名		岗位	物业总监	所属部门	
考核人			考核期限		

指标维度	KPI指标	权重	指标计算/说明	考核得分
财务	主营业务收入	10%	是指物业管理企业在从事物业管理活动中,为物业产权人、使用人提供维修、管理和服务所取得的收入	
	管理费用	10%		
内部运营	公共设施完好率	5%	$\dfrac{公共设施完好数}{公共设施总数} \times 100\%$	
	维修及时率	5%	$\dfrac{及时维修次数}{报修总次数} \times 100\%$	
	维修质量合格率	10%	$\dfrac{质量合格的维修单数}{总维修单数} \times 100\%$	
	绿化完好率	5%	$\dfrac{完好的绿化面积}{绿化总面积} \times 100\%$	
	环境卫生达标率	10%	$\dfrac{卫生考评达标次数}{卫生考评总次数} \times 100\%$	
	垃圾清运及时率	10%	$\dfrac{垃圾及时清运天数}{考核期总天数} \times 100\%$	
	安全事故发生次数	10%		
客户	客户有效投诉次数	10%		
	物业服务满意率	5%	被调查中对物业服务表示满意和基本满意的人员占总调查人数的比重	
学习与成长	员工培训计划完成率	5%	$\dfrac{实际完成的培训项目数（次数）}{计划培训的项目数（次数）} \times 100\%$	
	核心员工流失率	5%	指在一定时期内企业流失的核心员工数占该时段内核心员工人数的比例	
考核得分总计				
考核实施说明				

被考核人 签字: 日期:	考核人 签字: 日期:	复核人 签字: 日期:

2.1.10 物流总监绩效考核量表

姓名		岗位	物流总监	所属部门	
考核人			考核期限		

指标维度	KPI指标	权重	指标计算/说明	考核得分
财务	营业收入	10%		
	物流成本率	10%	$\dfrac{\text{年物流成本}}{\text{年销售额}} \times 100\%$	
内部运营	物流订单满足率	10%	$\dfrac{\text{实际完成订单数}}{\text{订单需求总数}} \times 100\%$	
	订单处理平均用时	5%		
	运输计划完成率	10%	$\dfrac{\text{实际运输量}}{\text{计划运输量}} \times 100\%$	
	配送计划完成率	10%	$\dfrac{\text{实际完成配送业务数}}{\text{计划完成配送业务数}} \times 100\%$	
	货损率	5%	$\dfrac{\text{货物损失数量}}{\text{货物总量}} \times 100\%$	
	货差率	5%	$\dfrac{\text{货差量}}{\text{货运总量}} \times 100\%$	
	运输事故发生次数	10%		
客户	客户投诉率	5%		
	客户开发计划完成率	10%		
学习与成长	培训计划完成率	5%	$\dfrac{\text{实际完成的培训项目数（次数）}}{\text{计划培训的项目数（次数）}} \times 100\%$	
	核心员工流失率	5%	指在一定时期内企业流失的核心员工数占该时段内核心员工人数的比例	
考核得分总计				
考核实施说明				
被考核人 签字: 日期:		考核人 签字: 日期:		复核人 签字: 日期:	

2.1.11 财务总监绩效考核量表

姓名		岗位	财务总监	所属部门	
考核人			考核期限		

指标维度	KPI指标	权重	指标计算/说明	考核得分
财务	资产负债率	15%	$\dfrac{负债总额}{资产总额}\times100\%$	
	财务预算达成率	10%	$\dfrac{实际支出}{预算支出}\times100\%$	
	财务费用降低率	10%	$\dfrac{账务费用降低额}{账务费用预算额}\times100\%$	
	应收账款周转率	5%	$\dfrac{应收账款回收额}{应收账款平均余额}\times100\%$	
	应收账款回收率	5%	$\dfrac{应收账款回收额}{应收账款占用及发生额}\times100\%$	
内部运营	融资计划完成率	15%	$\dfrac{实际融资数额}{计划融资的数额}\times100\%$	
	账务处理及时率	10%	$\dfrac{账务及时处理次数}{账务处理总次数}\times100\%$	
	会计核算差错率	10%	$\dfrac{核算差错笔数}{核算业务笔数}\times100\%$	
客户	公司内外部客户投诉次数	5%		
	部门协作满意度	5%		
学习与成长	核心员工流失率	5%	是指在一定时期内企业流失的核心员工数占该时段内核心员工人数的比例	
	培训计划完成率	5%	$\dfrac{实际完成的培训项目数（次数）}{计划培训的项目数（次数）}\times100\%$	
考核得分总计				
考核实施说明	应收账款回收率指标能够真实、正确地反映企业应收账款的变现速度。该指标越高，说明客户付款及时、企业收款迅速，企业资产流动性强、偿债能力强			

被考核人 签字： 日期：	考核人 签字： 日期：	复核人 签字： 日期：

2.1.12 行政总监绩效考核量表

姓名		岗位	行政总监	所属部门	
考核人			考核期限		

指标维度	KPI指标	权重	指标计算/说明	考核得分
财务	行政费用预算达成率	5%	$\dfrac{行政费用实际发生额}{行政费用预算额} \times 100\%$	
	行政后勤费用	10%		
内部运营	行政管理制度的规范性与完善性	15%	考核期内因内部规章制度不完善造成管理出现失误的次数	
	行政工作流程改善目标完成率	10%	$\dfrac{行政工作流程改善完成数量}{行政工作流程改善目标数量} \times 100\%$	
	办公设备完好率	10%	$\dfrac{完好设备台数}{设备总台数} \times 100\%$	
	文件处理及时率	10%	$\dfrac{在规定时间内完成的文件数}{在规定时间内应完成的文件数} \times 100\%$	
	文件资料归档率	10%	$\dfrac{实际归档文件数}{应归档的文件数} \times 100\%$	
客户	服务响应时间	5%		
	领导满意度	10%	领导对行政支持工作的满意度评价情况	
	后勤服务满意率	5%	通过"后勤服务满意度调查"的结果来得出	
学习与成长	核心员工流失率	5%	是指在一定时期内企业流失的核心员工数占该时段内核心员工人数的比例	
	培训计划完成率	5%	$\dfrac{实际完成的培训项目数（次数）}{计划培训的项目数（次数）} \times 100\%$	
考核得分总计				
考核实施说明	在运用对"文件资料归档率"指标对被考核者的工作进行考核时，企业需事先明确文件资料归档的范围			

被考核人 签字：　　　日期：	考核人 签字：　　　日期：	复核人 签字：　　　日期：

2.1.13 人力资源总监绩效考核量表

姓名		岗位	人力资源总监	所属部门	
考核人			考核期限		

指标维度	KPI指标	权重	指标计算/说明	考核得分
财务	人力资源成本控制率	10%	$\dfrac{实际人力成本}{计划人力成本} \times 100\%$	
	人工成本投入产出比	15%	$\dfrac{考核期内的经济效益指标}{考核期内的人工成本总额} \times 100\%$	
	培训投资回报率	5%	$\dfrac{培训项目收益}{培训项目成本} \times 100\%$	
	人均人工成本	10%	$\dfrac{人工成本总额}{员工总人数} \times 100\%$	
内部运营	劳动生产率	5%	$\dfrac{当期总产值}{当期平均员工数} \times 100\%$	
	员工出勤率	10%	$\dfrac{实际出勤工日（工时）}{应出勤工日（工时）} \times 100\%$	
	招聘计划完成率	10%	$\dfrac{实际招聘的人数}{计划招聘的人数} \times 100\%$	
	考核数据准确率	10%	$1 - \dfrac{实查有误数据}{考核数据总数} \times 100\%$	
客户	劳动争议发生次数	10%	企业与员工之间因劳动的权利和义务发生分歧而引起争议的次数	
	员工满意度		员工对企业人力资源管理工作的满意度评价状况	
学习与成长	核心员工流失率	5%	是指在一定时期内企业流失的核心员工数占该时段内核心员工人数的比例	
	培训计划完成率	5%	$\dfrac{实际完成的培训项目数（次数）}{计划培训的项目数（次数）} \times 100\%$	
考核得分总计				
考核实施说明	在运用"培训投资回报率"对培训效果进行评估时，需事先对培训项目成本所包含的项目进行说明			
被考核人签字： 日期：		考核人签字： 日期：		复核人签字： 日期：	

2.2 企业高层管理人员薪酬体系设计

高层管理人员位于企业管理层级的最高层，他们需要密切关注企业的外部经营环境，确保达成企业的总体战略目标，是企业经营管理活动的主要参与者。他们对企业的经营管理活动产生重要的影响。因而如何针对高层管理人员设计出一套合理的薪酬体系使其起到激励高层管理人员的作用，是摆在企业面前的一个重要问题。

2.2.1 高层管理人员年薪制设计

为了充分调动企业高层管理人员的工作积极性，使其为了实现企业的经营目标而努力，年薪制无疑是一种较好的激励模式。

年薪制，是指以企业会计年度为时间单位，根据经营者的业绩好坏而计发工资的一种薪酬制度。主要适用于企业经理、公司高级职员的薪酬设计。

年薪制相关说明

年薪制的特点	薪酬构成
年薪制的薪酬模式具有如下三个特点： 1．一般以一年作为企业的一个生产周期，能较好地体现经营者的工作特点 2．将经营者的收入与工作业绩直接挂钩，增强了经营者的责任感 3．机制上使企业经营者同企业所有者结成一体，坚持利益共享、风险共担的原则。让企业经营者和所有者双方的利益都得到一定的保障	在年薪制的管理模式下，其薪酬构成依据企业实际情况的不同而有所不同，其基本模式如下。 年薪收入=基本年薪+效益年薪 在具体实践中也有一些变通的情况，例如下面两种模式。 1．年薪收入=基本年薪+效益年薪+奖励年薪 2．年薪收入=基本年薪+效益年薪+长期激励+福利津贴

▶ 基本年薪的设计

基本年薪，是指企业按月支付给经营者的固定现金收入。基本年薪是对经营者的经营知识、管理能力和经验的积累和承担的岗位职责情况的基本肯定。

在确定基本年薪的水平中，应以所聘经营管理者的劳动力市场价位为基础，同时考虑其经营企业的总资产、销售收入规模和企业状况等因素。企业高层管理人员的基本薪酬通常是由以董事会主席为首的薪酬委员会来确定，决策的依据是上一年度的企业总体经营业绩以及对外部薪酬调查数据的分析，其确定的方法一般有以下两种。

（1）根据市场价格，采用协商工资制的办法来确定，即通过资产所有者与经营管理者双方进行协商的办法来确定其基本年薪水平。

（2）按照本企业员工的基本薪酬比例来设计经营者的基本年薪，计算方法如下。

基本年薪＝本企业员工基本工资×调整系数

其中，调整系数＝责任系数＋企业规模系数＋企业类型系数

由于基本薪酬一般不与经营者的经营成果挂钩，因此这部分薪酬不宜定得过高。否则就有可能出现即使出现经营失误，经营者也可以拿到较高的薪酬的现象，这样既不利于年薪制激励作用的发挥，也会导致企业内部员工不满情绪的产生。

▶ 效益年薪的确定

效益年薪也称风险年薪，根据企业的年度经营业绩，按事先设定的计算方法支付给经营者的收入，属于不固定薪酬。

在确定经营管理者的效益年薪时往往以基本年薪或经济效益增加值为基数，根据企业的超额利润来进行计算，其计算方法主要有以下两种，具体内容见下表。

效益年薪的确定

效益年薪的确定	相关说明
效益年薪＝基本薪酬×倍数×考核指标完成系数	效益年薪＝基本薪酬×3×（0.4×利润增长率+0.6×净资产增长率）
效益年薪＝超额利润×比例系数×考核指标完成系数	侧重于依据绩效指标的完成情况来确定经营者的风险年薪，这使得它更具备绩效薪酬的性质

在效益年薪设计过程中，还需要考虑以下因素。

（1）为体现效益年薪的激励作用，在年薪总额的构成中，其比例应高于基本年薪，原则是上不封顶、下不保底。

（2）注意年度间经营绩效的变化，高层管理者的薪酬应该反映企业不同年份的经营绩效变化，特别是在市场环境不确定因素较多或者企业处于不稳定的发展时期，要客观地考虑和反映这种变化。

（3）考虑经营绩效上升难度。一般情况下，绩效优异企业的业绩上升难度大于绩效相对较差企业。

▶ 长期激励

长期激励主要是对高层管理人员实行股票期权和股票奖励，使员工薪酬与企业未来股票价格和经营业绩密切相关，这是非常重要的激励手段。下图列举了股权激励中的四种形式。

长期激励的四种形式

赠送股份	期初赠送：在期初向高层管理人员赠送一定数量的本公司股票，并规定在若干年内不许出售 期末送股：根据一定期限内公司的业绩情况，向高层管理人员赠送一定数量的股票，业绩好则多送，业绩平则少送，业绩差则不送
虚拟股票	给高层管理人员在一定期限内购买名义股票而非真实股票的期权。其收益主要来自溢价收入和股利收入两个方面
股票期权	股票期权是目前应用最广泛的薪酬激励形式，即经营者以一定的当前成本获得未来某一段时间、按某一约定价格，买进（或卖出）一定数量股票的权利
限制性股票	公司高层管理人员对股票的拥有权受到一定条件的限制。经营者在得到限制性股票时，不需要付钱去购买，但他们在限制期内不得随意处置股票。这是专门为了某一特定计划而设计的激励机制，其目的是激励高层管理人员将更多的精力投入到某个或某些长期战略目标中

股票期权激励方案

一、目的

本计划旨在为公司的高级管理人员和技术骨干提供一种长期激励，从而使其利益与公司利益取得一致，并为其长期为公司服务提供一种制度性保障。

二、本激励计划的管理机构

1. 股东大会作为公司的最高权力机构，负责审议批准本计划的实施、变更和终止。

2. 公司董事会是本激励计划的决策管理机构，负责拟订和修订本激励计划。

3. 公司监事会是本计划的监督机构，负责审核激励对象的名单，并对本计划的实施是否符合相关法律、行政法规、部门规章进行监督。

4. 公司董事会下设薪酬管理委员会，是公司股票期权计划的执行机构。

三、激励对象的确定依据及范围

1. 激励对象确定的法律依据

本计划激励对象根据《公司法》《证券法》及其它有关法律、法规和规范性文件以及《公司章程》的相关规定，结合公司实际情况而确定。

2. 激励对象确定的职务依据

（1）公司董事（不含独立董事）、高级管理人员，其中董事须依《公司法》和《公司章程》产生，高级管理人员必须经公司董事会聘任。

（2）公司董事会认为需要激励的公司管理人员及核心员工。

四、激励对象的人员名单及分配情况

本激励方案的激励对象及股票期权分配情况如下表所示。

激励对象的人员名单及分配情况

姓名	职位	获授的股票期权份数	占授予期权总数的比例	占目前总股本的比例
×××	_____	_____份	_____%	_____%
×××	_____	_____份	_____%	_____%
×××	_____	_____份	_____%	_____%
×××	_____	_____份	_____%	_____%
×××	_____	_____份	_____%	_____%

续表

......	......	......	......	......
合计		_____份	_____%	_____%

五、股票期权行权程序

1. 激励对象在可行权日内，提交《股票期权行权申请书》向公司确认行权的数量和价格，并交付相应的购股款项。

2. 公司在对每个期权持有人的行权申请做出核实和认定后，按申请行权数量向激励对象定向发行股票。

六、股权激励计划的具体内容

1. 标的股票来源

股票期权激励计划的标的股票来源为公司向激励对象定向发行公司股票。

2. 股票期权有效期

本计划的有效期为自股票期权授予日起四年。

3. 股票期权的授予时间

股票期权一年授予一次，并纳入股票期权受益者年度绩效考评体系。

4. 股票期权价格的确定

（1）公司未上市之前，按照受益者与公司签订的《股票期权合同书》及股票期权薪酬委员会决定的授权价为基准。

（2）公司上市后，以公司与受益者签订股票期权合同当时的平均市价或前7天的交易日平均价的较低价格为基准。

5. 禁售期

（1）激励对象为公司董事、监事、公司章程规定高级管理人员的，其在任职期间每年转让的股份不得超过其所持有本公司股份总数的25%；在离职后半年内，不得转让其所持有的本公司股份。

（2）在本次股票期权激励计划的有效期内，如果《中华人民共和国公司法》和《公司章程》中对公司董事、监事和高级管理人员持有股份转让的有关规定发生了变化，则这部分激励对象转让其所持有的公司股票应当在转让时符合修改后的《公司法》和《公司章程》的规定。

（3）激励对象为公司董事、监事和公司章程规定高级管理人员的，将其持有的本公司股票在买入后6个月内卖出，或者在卖出后6个月内又买入，由此所得收益归本公司所有，本公司董事会将收回其所得收益。

6. 可行权日

本计划授予期权的行权期及各期行权时间安排如表所示。

激励计划的可行权日

行权期	行权时间	可行权数量占获授期权数量比例
第一个行权期	自授权日起满12个月后的首个交易日起，至授予日起24个月内的最后一个交易日当日止	40%
第二个行权期	自预留股票期权授予日起满24个月后的首个交易日起至授予日36个月内的最后一个交易日当日止	30%
第三个行权期	自授权日起36个月后的首个工作日起至授权日起48个月内的最后一个工作日当日止	30%

备注：激励对象必须在期权行权有效期内行权完毕。若未达到行权条件，则当期股票期权不得行权；若符合行权条件，但未在上述行权期内行权的该部分股票期权由公司注销。

7. 股权期权的行权条件

（1）业绩条件

激励对象的公司业绩指标以＿＿＿年为基期，公司净利润年复合增长率不低于＿＿＿%，具体标准如下。

公司业绩要求

行权期	行权条件
第一个行权期	与＿＿＿＿年相比，公司净利润增长率不低于＿＿＿%
第二个行权期	与＿＿＿＿年相比，公司净利润增长率不低于＿＿＿%
第三个行权期	与＿＿＿＿年相比，公司净利润增长率不低于＿＿＿%

（2）公司未发生如下任一情形。

① 最近一个会计年度的财务会计报告被注册会计师出具否定意见或者无法表示意见的审计报告。

② 最近一年内因重大违法违规行为被中国证监会予以行政处罚。

③ 中国证监会认定不能实行期权激励计划的其他情形。

（3）激励对象未发生如下任一情形。

① 最近三年内被证券交易所公开谴责或宣布为不适当人选。

② 最近三年内因重大违法违规行为被中国证监会予以行政处罚。

③ 具有《公司法》规定的不得担任公司董事、监事、高级管理人员情形。

8．对认股权授予对象的管理

（1）参与人员资格及范围是指在公司连续工作满一个完整会计年度的全体员工。

（2）公司向员工发放股票认股权时，应签订《股票认股权证协议》，该协议是持有人享有认股权的重要的法律文件之一，协议应载明：股票认股权证的数量；行权价格和期限；每年度的行权比例；行权加速、终止和取消、公司对持有人管理等权利义务。

（3）任何职工个人持有的认股权证比例不得超过授权发行额度的＿＿＿＿%。任何持有公司已发行股份＿＿＿＿%的个人，原则上不得享有认股权证的权利，但其在认股权证被授予后的5年内不得执行的情况除外。

（4）认股权行权：享有认股权的职工在计划有效期内，有权自行决定是否抛售。如抛售，应以书面形式申请行权，在规定的窗口期行权后，公司不承担责任。

（5）认股权的转让：职工享有的认股权专属于职工本人，期权期未满时，不得转让交易，不得赠予。不得以任何方式变相牟利。

七、认股权数量和行权价的调整（略）

九、公司与激励对象各自的权利与义务（略）

八、激励计划的调整、变更及终止（略）

2.2.2 高层管理人员福利设计

深得人心的福利有时比高薪更能有效地激励员工。对企业高层管理人员亦是如此。

考虑到企业高层管理人员的工作性质和特点，在福利设计上，他们除了享受养老金、住房补贴、医疗保健、带薪休假等一般性福利外，企业通常都会根据自身实际设计出一些补充性质的福利项目。下表列举了一些比较有特色的福利项目，具体内容如下。

高层管理人员福利项目

福利项目	相关说明
补充人寿保险	高层管理人员的保险计划一般与普通员工不同，其保障金额不仅高于普通员工，而且保险项目也有所不同
金色降落伞	一些企业同高层管理人员的聘用合同中会包含"金色降落伞"条款，它是指当高层管理人员因公司所有权更换或公司被接管而停职时，为其提供的工资和福利
VIP福利	可以采用的方式除了股票激励和股票期权以外，还包括仿真股票期权、延期支付、企业内创业和管理层收购等
其他福利	为了体现企业对高层管理人员的特别关注，除了享受普通员工的福利外，还可以享受一些其他福利。比如弹性工作、俱乐部会员、经理餐厅、头等舱旅行、个人理财及法律咨询、定期健康检查等福利项目

下文是一家公司为其高管人员设计的特别福利计划，具体内容见下表。

高管人员的特别福利计划

享受条件	所享受的福利待遇
任职期间，业绩表现优良	1. 终身险：在任职满一年，考核优良的情况下，由企业每年向保险公司一次性购买 2. 国内外培训：享有带薪培训的权利，根据企业实际情况进行安排 3. 退职金：退职后一次性给付，具体执行另行规定 4. 福利住房：任满一届后开始执行 5. "金降落伞"：高管因公司发生所有权变化或其他原因导致雇佣合同终止时能获得一笔不菲的补偿，包括解雇费、奖金等

2.3 高层管理人员业绩考核与薪酬设计方案

2.3.1 运营总监考核与薪酬激励方案

运营总监考核与薪酬激励方案

一、目的

为了激励目标责任人更好地实现公司年度的各项经营目标，特制订本激励方案。

二、考核期限

_____年_____月_____日～_____年_____月_____日。

三、薪资待遇

1. 公司将运营总监一职的年薪设定为_____万元，其中_____%属于基本年薪，按月度平均发放，剩余_____%的部分是绩效年薪，依据员工年终考核结果于年底发放。

2. 考核期内，目标责任人的相关福利按照公司有关规定执行。

3. 考核期内，公司每月的_____日为员工发放上月的工资，绩效在年终考评后一次性发放。

四、目标与考核

对运营总监的考核，公司主要从下表所示的四个方面来评估，具体内容如下。

业绩评价实施说明

考核项目	考核指标	目标值	考核办法
销售管理	净利润	_____万元	每降低_____个百分点，减_____分
	销售收入	_____万元	每降低_____个百分点，减_____分

续表

	市场占有率	提升_____%	每降低_____个百分点，减_____分
设备管理	设备使用率	_____%	每降低_____个百分点，减_____分
	设备完好率	_____%	每降低_____个百分点，减_____分
安全管理	重大安全事故发生次数	0次	每出现1次，此项考核为0，并另行按照公司的相关规定处理
人员管理	骨干员工流失率	低于_____%	每高出_____个百分点，减_____分
	员工满意度	不低于_____分	每低_____分，减_____分

五、超额激励奖

目标责任人在完成了公司下达的上述考核指标的基础上，若净利润指标值超出目标值_____%，公司将会给予目标责任人_____作为奖励。

六、薪酬兑现

1. 基本薪酬及其他奖励按照既定的标准计发。

2. 绩效薪酬按照如下标准发放。

（1）年度考核得分在91～100分之间者，浮动工资予以全额发放。

（2）年度考核得分在81～90分之间者，浮动工资按85%的比例发放。

（3）年度考核得分在71～80分之间者，浮动工资按75%的比例发放。

（4）年度考核得分在60～70分之间者，浮动工资按65%的比例发放。

七、附则

1. 本公司在生产经营环境发生重大变化或发生其他情况时，有权对本方案做出修改。

2. 本方案未尽事宜在征求公司总裁意见后，由公司另行研究确定解决办法。

编制日期：

审核日期：

实施日期：

2.3.2 采购总监考核与薪酬激励方案

采购总监考核与薪酬激励方案

一、考核期限

_____年_____月_____日 ~ _____年_____月_____日。

二、工作权限

1. 对公司采购管理工作有决策核准建议权。

2. 对公司采购经理及以下人员的任免有建议权；奖惩建议权。

3. 在授权范围内，为合理有效使用采购资金，有资金调控权。

4. 在授权范围内，有权修订公司采购规章制度。

三、工作目标

1. 工作指标

（1）完成公司下达的采购计划，采购计划完成率达100%。

（2）采购的成本控制在预先设定的范围内。

（3）完善供应商管理体系。对现有供应商进行有效评价，建立动态合格供应商名录，每月增加_____家合格供应商；每月开发新的集中采购供应商_____家。

（4）建立相应的信息资料库，扩大信息来源，有效降低采购成本。

（5）完善资源信息库及合格供应商评估、监控与评价体系；材料供货合格率达_____%。

2. 管理要求

（1）所有的采购有关流程和工作标准每年至少进行了两次修订。

（2）采购专业人才培养达到目标要求。

（3）采购工作制度和流程得到了全面的执行，部门内部无违反工作程序的现象。

四、薪酬与考核

1. 年薪为_____万元（乙方年薪=固定薪酬×65%+浮动薪酬×35%）。

2. 每月固定发放薪水_____元；每月浮动部分为_____ ~ _____元，根据月度KPI打分确定发放额度，并于当月发放，具体内容见下表。

月度考核表

KPI指标	考核标准	浮动工资发放标准
采购计划完成率	每出现1次因采购不及时而影响企业的生产经营，减_____分；每出现1次错误采购的情形，减_____分	90分以上，按100%的比例发放
采购物质合格率	每出现1次因采购物资品质造成投诉，减_____分	80分以上，按90%的比例发放 70分以上，按80%比例发放
供应商履约率	低于_____%以下，减_____分	60分以上，按70%比例发放
采购成本	每超出预算_____个百分点，减_____分	

3．公司年底会根据制定的工作目标并结合年度重点工作任务完成情况对采购总监进行考核，根据考核结果发放年度奖金。年度奖金总额为_____万元，计算方式为：所得年度奖励总额=考核得分/100×年度奖金总额。

五、附则

1．责任人在工作期内若出现重大责任事故，则公司有权对责任人提出终止聘用合同。

2．本公司在生产经营环境发生重大变化或发生其他情况时，有权修改本责任书。

3．本目标责任书未尽事宜在征求总裁意见后，由公司另行研究确定解决办法。

编制日期：

审核日期：

实施日期：

2.3.3 生产总监考核与薪酬激励方案

生产总监考核与薪酬激励方案

甲方（××公司）现聘请乙方担任公司生产部总监职务，根据公司年度经营目标，经双方充分协商，特制定本激励方案。

一、绩效考核期限

_____年_____月_____日~_____年_____月_____日。

二、双方的权利和义务

1. 甲方拥有对乙方的监督考核权，并负有指导、协助乙方展开必要工作的责任。

2. 乙方负责所在部门的一切日常事务，要求保质保量地完成公司规定的相应工作，在工作上服从甲方的安排。

三、薪酬标准

1. 乙方年薪为____万元（乙方年薪=固定薪酬×65%+浮动薪酬×35%）。

2. 每月固定发放薪水____元；每月浮动部分为____~____元，根据月度KPI打分确定发放额度，并于当月发放。

3. 公司年底会根据制定的工作目标并结合年度重点工作任务完成情况对生产总监进行考核，根据考核结果发放年度奖金。年度奖金总额为____万元，计算方式为：所得年度奖励总额=考核得分/100×年度奖金总额。

四、工作目标与考核

结合生产总监的工作职责，制定出的工作目标与考核标准如下表所示。

工作目标与考核标准

工作目标		考核标准
经济目标（30分）	产值：确保达到____万元；力争达到____万元	达到绩优值____分，每低于目标值____元，减____分
	库存成品不超过____万元，材料库存不超过____万元，自制半成品不超过____万元	每超出目标值____元，减____分/项
	收集并开发成功年销售额____万元以上的新产品不少于两个	每少一项，减____分；低于两项，此项得分为0

续表

管理目标 （20分）	建立健全生产部门的各项规章制度	每缺失一项，减____分
	加强与各部门的协作	每有一次投诉，减____分
成本目标 （20分）	能源消耗控制：每百元产值消耗控制在____元以内	每超出目标值____元，减____分/项
	质量事故损失额不超过____元	每超出目标值____元，减____分/项
	设备维修费用控制在____元以内	每超出目标值____元，减____分/项
安全目标 （20分）	杜绝一切重大安全事故	每有一起，安全目标考核项不得分，并根据公司规定另行处理
	违章操作事故为零	每有一起，减____分
文明生产目标（10分）	厂容厂貌、现场定置管理等达到标准	按5S管理标准进行检查，每有一处不符合，减____分
	设备管理达到标准	每有一处不符合，减____分

五、附则

1. 本目标责任书未尽事宜，情况发生时在征求公司总经理意见后，由公司另行研究确定解决办法。

2. 本责任书解释权归公司人力资源部。

总经理签字：   责任人签字：

日期：   日期：

编制日期：

审核日期：

实施日期：

2.3.4 质量总监考核与薪酬激励方案

质量总监考核与薪酬激励方案

一、目的

为更好地调动目标责任人的积极性和创新精神，进一步提高公司产品质量，提高公司经营效益，特制订本激励方案。

二、绩效考核期限

_____年_____月_____日~_____年_____月_____日。

三、工作目标

1. 工作指标

（1）产品质量合格率达到100%。

（2）质量事故成本不得高出_____元。

（3）完善质量管理体系，质量体系内审不符合项数不多于_____项。

（4）监督质量管理体系的实施，确保各项要求都落实到位。

（5）及时解决产品质量问题，调解质量纠纷。

2. 管理要求

（1）所有的质量管理有关流程和工作标准每年至少进行_____次修订。

（2）部门人才培养达到公司规定的要求。

四、薪资待遇

1. 公司将质量总监一职的年薪设定为_____万元，其中_____%属于基本年薪，按月度平均发放，剩余_____%的部分是绩效年薪，依据员工年终考核结果于年底发放。

2. 考核期内，目标责任人的相关福利按照公司有关规定执行。

3. 考核期内，公司每月的_____日为员工发放上个月的工资，绩效在年终考评后一次性发放。

五、考核实施

考核总分100分，由所在企业负责人组织相关人员分别就上述指标，按照制定的考核标准对目标责任人实施考核。

六、薪酬兑现

1. 基本薪酬及其他奖励按照既定的标准计发。

2. 绩效薪酬按照如下标准发放。

（1）年度考核得分在91～100分之间者，浮动工资予以全额发放。

（2）年度考核得分在81～90分之间者，浮动工资按85%的比例发放。

（3）年度考核得分在71～80分之间者，浮动工资按75%的比例发放。

（4）年度考核得分在60～70分之间者，浮动工资按65%的比例发放。

七、附则

1. 本公司在生产经营环境发生重大变化或发生其他情况时，有权对本方案做出修改。

2. 本方案未尽事宜在征求公司总裁意见后，由公司另行研究确定解决办法。

编制日期：

审核日期：

实施日期：

2.3.5 技术总监考核与薪酬激励方案

技术总监考核与薪酬激励方案

一、目的

为了落实公司目标责任制，确保完成公司各项研发目标，提高公司的技术水平，特制订本激励方案，并以此作为对技术总监考核的主要依据。

二、考核周期

考核周期为一个自然整年度。

三、薪资待遇

1. 技术总监的薪酬采用年薪制的管理模式，年薪设定为_____万元，其中70%按月度发放，剩余30%的部分浮动工资，依据员工年终考核结果于年底发放。

2. 考核期内，目标责任人的相关福利按照公司有关规定执行。

3. 考核期内，公司每月的_____日为员工发放上个月的工资，浮动工资在年终考评后一次性发放。

四、考核内容及标准

1. 根据公司总体发展战略，制订行之有效的技术发展规划及方案，并予以监督实施。缺乏相应的工作规划，减＿＿＿分。

2. 产品质量客户投诉每月控制在＿＿＿起以内，每超出1例，减＿＿＿分。

3. 市场新产品设计质量问题，需在＿＿＿天内得到整改并得到市场认可。否则，减＿＿＿分/次。

4. 产品研发收益率低于＿＿＿%，减＿＿＿分。

5. 重大技术改进项目按期完成，否则，减＿＿＿分/项。

6. 各项成本支出控制在预算范围内，否则，减＿＿＿分/项。

7. 未发生技术泄密事件，受控文件未流入其他无关部门，否则，减＿＿＿分。

8. 关键员工保有率不得低于＿＿＿%，低于此标准者，减＿＿＿分。

9. 技术支持满意度评价不得低于＿＿＿分，每低于标准值＿＿＿分，减＿＿＿分。

五、浮动工资发放标准

员工浮动工资发放标准如下。

浮动工资发放标准

考核等级	A	B	C	D
考核得分	91～100分	81～90分	60～80分	60分以下
发放比例	100%	85%	70%	0

六、附则

1. 责任人在工作期内若出现重大责任事故，则公司有权对责任人提出终止聘用合同。

2. 本公司在生产经营环境发生重大变化或发生其他情况时，有权对本方案做出修改。

3. 本方案未尽事宜在征求公司总裁意见后，由公司另行研究确定解决办法。

编制日期：

审核日期：

实施日期：

2.3.6 市场总监考核与薪酬激励方案

市场总监考核与薪酬激励方案

一、目的

为不断提升公司的品牌形象，促进企业产品的销售，特制订本激励方案，并以此作为对市场总监考核的主要依据。

二、考核周期

考核周期为一个自然整年度。

三、薪资待遇

1. 市场总监的薪酬采用年薪制的管理模式，年薪设定为_____万元，其中_____%按月度发放，剩余_____%的部分是浮动工资，依据员工年终考核结果于年底发放。

2. 考核期内，目标责任人的相关福利按照公司有关规定执行。

3. 考核期内，公司每月的_____日为员工发放上个月的工资，浮动工资在年终考评后一次性发放。

四、目标与考核

1. 年度经营指标

为了确保公司的年度经营目标的实现，目标责任人在考核期内需达成如下4项业绩指标。

业绩考核指标及评分办法

序号	指标	目标值	考核办法
1	产品市场占有率	_____%	每低于_____个百分点，减_____分
2	营销策划活动执行率	100%	每有1项活动未按计划完成，减_____分
3	品牌知名度	_____%	每低于_____个百分点，减_____分
4	品牌美誉度	_____%	每低于_____个百分点，减_____分

2. 年度管理指标

对市场总监的日常管理工作，公司从如下四个方面对其进行考核，具体内容见下表。

管理指标考核办法

序号	指标	目标值	考核办法
1	市场推广费用控制	控制在预算以内	每超出_____个百分点,减_____分
2	部门培训计划完成率	达100%	每有1项工作未按计划完成,减_____分
3	部门员工任职资格达标率	达100%	每低于_____个百分点,减_____分
4	关键员工保有率	不低于_____%	低于目标值,减_____分

五、浮动工资发放标准

考核评估总分值作为计算员工浮动工资的依据。其计算标准如下。

浮动工资发放标准

考核等级	A	B	C	D
考核得分	91～100分	81～90分	60～80分	60分以下
发放比例	100%	85%	70%	0

六、附则

1. 责任人在工作期内若出现重大责任事故,则公司有权对责任人提出终止聘用合同。

2. 本公司在生产经营环境发生重大变化或发生其他情况时,有权对本方案做出修改。

3. 本方案未尽事宜在征求公司总裁意见后,由公司另行研究确定解决办法。

编制日期:

审核日期:

实施日期:

2.3.7 销售总监考核与薪酬激励方案

销售总监考核与薪酬激励方案

为充分调动营销人员积极性，以确保公司年度营销目标实现，在平等自愿协商一致基础上，特制定本营销目标任务和相应的激励政策。

一、考核期限

_____年_____月_____日～_____年_____月_____日。

二、工作权限

1. 对市场运营有决策建议权。

2. 有权组织制定市场管理方面的规章制度和建立、修改市场营销机制。

3. 对市场营运费用有规划、建议权。

4. 对公司销售人员的任免有建议权及考核权。

三、目标与任务

经公司决定，现授权目标责任人全面负责公司产品的宣传、推广、营销等经营活动。同时，完成以下年度目标营销任务。

1. 带领销售团队完成_____万元的销售任务。

2. 及时组织人员做好销售回款的回收工作，销售回款率达到_____%。

3. 严格控制经营成本和管理成本，其总成本不得超过销售收入的_____%。

4. 大客户保有率不得低于_____%。

5. 部门核心员工保有率不低于_____%。

6. 监督各项规章制度在部门的执行情况，确保下属人员无重大违反公司规章制度的行为。

四、薪酬与考核

1. 年薪为_____万元，其中固定薪酬占40%，浮动薪酬占60%。

2. 每月固定发放薪水_____元；每月浮动部分为_____~_____元，根据月度KPI打分确定发放额度。

3. 公司年底会根据制定的工作目标并结合年度重点工作任务完成情况对销售总监进行考核，根据考核结果发放年度奖金。年度奖金总额为_____万元，计算方式为：所得年度奖励总额=考核得分/100×年度奖金总额。

五、附则

1. 责任人在工作期内若出现重大责任事故，则公司有权对责任人提出终止聘用合同。

2. 本公司在生产经营环境发生重大变化或发生其他情况时，有权修改本方案。

3. 本目标责任书未尽事宜在征求总裁意见后，由公司另行研究确定解决办法。

编制日期：

审核日期：

实施日期：

2.3.8 工程总监考核与薪酬激励方案

工程总监考核与薪酬激励方案

为确保公司年度生产经营计划和项目建设计划的全面完成，根据工程总监的工作职责，特制订如下激励办法。

一、薪酬待遇

公司工程总监的薪酬由如下三部分组成。

1. 基本薪酬：工程总监的基本薪酬设计需要考虑工程规模、管理难度、责任大小、技术含量等因素，因而公司也将工程总监的基本薪酬划分为了三个不同的档次，一档，＿＿＿元；二档；＿＿＿元；三档，＿＿＿元。

2. 绩效薪酬：绩效薪酬标准设定为＿＿＿元，但具体发放额度还需要根据工程项目质量、工期、成本、安全以及综合考核成果来确定。

3. 超额利润收入等带来的其他薪酬。按照超出部分的＿＿＿%予以奖励。

二、工作目标

在考核期内，工程总监需达成如下工作目标。

1. 净利润达到＿＿＿万元。

2. 按计划工期完成施工任务。

3. 工程质量需达到合格等级, 其中工作质量优良率需达到_____%。

4. 各项成本都控制在预算以内。

5. 严格按照安全文明施工的相关规定组织施工。

6. 各项规章制度在部门内部得到全面执行。

三、考核实施

责任期满, 公司总经理组织相关人员对责任人进行年终考核。

考核表应得100分, 采用违规扣分的办法, 等于考核得分。(当考核得分为负数时, 按0分计), 具体内容见下表。

考核评分说明

考核项目	计分说明
经营目标	考核期内, 净利润指标未达成, 每低于目标值_____个百分点, 减_____分
进度目标	每有1次未按期完成施工计划者, 减_____分
质量目标	每有一项工程被评定为不合格, 减_____分; 工作质量优良率每低于目标值_____%, 减_____分
成本管理目标	全年管理费用控制在_____万元以内, 否则, 每高出_____个百分点, 减_____分
安全管理目标	无重大安全事故, 否则, 此项得分0, 此外, 公司还会依据相关规定对责任人给予其他方面的惩罚。轻伤事故控制在_____起以内, 否则, 每增加1例, 减_____分
员工管理目标	因工作失误或管理不到位, 给公司造成不良影响者, 每次减_____次 本部门员工严重违反公司规章制度时, 每次减_____分

四、其他奖惩规定

1. 在采用新技术、新工艺、新材料、新方法施工中, 对有创新或具有示范效应的项目部和个人, 视具体情况或所创造经济效益、社会效益的大小, 给予项目经理部或个人奖励_____ ~ _____元。

2. 出现突发事件, 工程总监未能及时果断处理, 造成企业重大损失的或因管理不善或决策失误, 严重损害企业美誉度或造成企业巨大经济损失的, 企业将视情节轻重一次性给予项目经理_____ ~ _____元的处罚。

五、薪酬兑现

1. 基本薪酬及其他奖励按照既定的标准计发。

2. 绩效薪酬按照如下标准发放。

（1）年度考核得分在91~100分之间者，浮动工资予以全额发放。

（2）年度考核得分在81~90分之间者，浮动工资按85%的比例发放。

（3）年度考核得分在71~80分之间者，浮动工资按75%的比例发放。

（4）年度考核得分在60~70分之间者，浮动工资按65%的比例发放。

六、附则

1. 责任人在工作期内若出现重大责任事故，则公司有权对责任人提出终止聘用合同。

2. 本公司在生产经营环境发生重大变化或发生其他情况时，有权对本方案做出修改。

3. 本方案未尽事宜在征求公司总裁意见后，由公司另行研究确定解决办法。

编制日期：

审核日期：

实施日期：

2.3.9 财务总监考核与薪酬激励方案

财务总监考核与薪酬激励方案

一、目的

为了落实公司目标责任制，不断提升公司的财务管理水平，特制订本激励方案，并以此作为对财务总监考核的主要依据。

二、考核周期

考核周期为一个自然整年度。

三、薪资待遇

1. 财务总监的薪酬采用年薪制的管理模式，年薪设定为_____万元，其中_____%按月度发放，剩余_____%的部分是浮动工资，依据员工年终考核结果于年底发放。

2. 考核期内，目标责任人的相关福利按照公司有关规定执行。

3. 考核期内，公司每月的_____日为员工发放上个月的工资，浮动工资在年终考评后一次性发放。

四、考核内容及标准

1. 健全公司财务管理制度，若发现存在重大漏洞，减_____分。

2. 公司净资产收益率达_____%，每低于目标值_____个百分点，减_____分。

3. 若对预算执行过程中出现的问题没有及时解决，每出现1次，减_____分。

4. 每月（季度）至少提供一次财务分析报告并提出相关决策建议，未能提供有效的相关信息，减_____~_____分。

5. 及时发现公司资金缺口，并迅速灵活筹集、调配资金，以满足公司经营的需要。出现因资金筹集不及时而影响企业运营的情形，每出现1次，减_____分。

6. 未能按照财务会计制度控制各项费用的情况，每出现1次，减_____分。

7. 公司员工对财务部的满意度评分不得低于_____分，每低于目标值_____分，减_____分。

8. 年度重点工作完成情况。若有未完成项，视工作任务的重要程度，减_____~_____分。

五、考核办法

考核总分100分，由所在企业负责人组织相关人员分别就上述指标对财务总监实施考核。

六、浮动工资发放标准

员工浮动工资发放标准如下。

1. 年度考核得分在91~100分之间者，浮动工资予以全额发放。

2. 年度考核得分在81~90分之间者，浮动工资按85%的比例发放。

3. 年度考核得分在60~80分之间者，浮动工资按70%的比例发放。

七、附则

1. 责任人在工作期内若出现重大责任事故，则公司有权对责任人提出终止聘用合同。

2. 本公司在生产经营环境发生重大变化或发生其他情况时，有权对本方案做出修改。

3. 本方案未尽事宜在征求公司总裁意见后，由公司另行研究确定解决办法。

编制日期：

审核日期：

实施日期：

2.3.10 物业总监考核与薪酬激励方案

物业总监考核与薪酬激励方案

一、目的

为了充分调动物业管理人员的工作积极性，保证物业管理服务质量，特制订本激励方案。

二、考核周期

考核周期为一个自然整年度。

三、薪资待遇

1. 物业总监的薪酬采用年薪制的管理模式，年薪设定为_____万元，其中基本薪资占年薪总额的70%，绩效薪资占年薪总额的30%。

2. 考核期内，目标责任人的相关福利按照公司有关规定执行。

3. 考核期内，公司每月的_____日为员工发放上个月的工资，浮动工资在年终考评后一次性发放。

四、目标与考核

1. 经营目标

（1）物业经营年收入为_____元，每降低_____个百分点，减_____分。

（2）物业管理收费年度总金额为_____元；收费率达_____%。每降低_____个百分点，减_____分。

2. 管理目标

（1）环境卫生检查达标率需达到100%，否则，每有一次不合格，减_____分。

（2）确保辖区内各项公共设施处于完好状态。因维修不及时而遭到客户投诉，减_____分/次。

（3）考核期内无重大安全事故发生，否则每出现一次，该项得分为0。

（4）确保企业规章制度在本部门得以全面落实。本部门人员出现违反企业规章制度的情形，减_____分/人次。

（5）企业服务满意率不低于_____%，每降低_____个百分点，减_____分，满意率低于_____%，该项为零分。

五、薪酬兑现

1. 基本薪酬及其他奖励按照既定的标准计发。

2. 绩效薪酬按照如下标准发放。

（1）年度考核得分在91~100分之间者，浮动工资予以全额发放。

（2）年度考核得分在81~90分之间者，浮动工资按85%的比例发放。

（3）年度考核得分在71~80分之间者，浮动工资按75%的比例发放。

（4）年度考核得分在60~70分之间者，浮动工资按65%的比例发放。

六、附则

1. 责任人在工作期内若出现重大责任事故，则公司有权对责任人提出终止聘用合同。

2. 本公司在生产经营环境发生重大变化或发生其他情况时，有权对本方案做出修改。

3. 本方案未尽事宜在征求公司总裁意见后，由公司另行研究确定解决办法。

编制日期：

审核日期：

实施日期：

2.3.11 物流总监考核与薪酬激励方案

<table>
<tr><td align="center">**物流总监考核与薪酬激励方案**</td></tr>
</table>

一、目的

为激励目标责任人更好地完成本职工作，以便为公司的持续发展提供强有力的人力资源保障，特制订如下激励方案。

二、绩效考核期限

_____年_____月_____日~_____年_____月_____日。

三、薪资待遇

1. 公司将物流总监一职的年薪设定为_____万元，其中基本薪资占年薪总额的70%，绩效薪资占年薪总额的30%。

2. 考核期内，目标责任人的相关福利按照公司有关规定执行。

3. 考核期内，公司每月的_____日为员工发放上个月的工资，浮动工资在年终考评后一次性发放。

四、业绩考核

1. 合理控制各项成本支出。物流成本率每超出目标值_____个百分点，减_____分。

2. 破损率控制在_____%以内，否则，每超出目标值_____个百分点，减_____分。

3. 未按照产品特性要求进行有效防护的，如防潮、防尘等，减_____分/项。

4. 出库遵循"先进先出、推陈出新"的原则，及时按领货单出货。否则，减_____分/项。

5. 做好对运输人员的安全培训，每发生一起运输安全事故（负主要原因时），减_____分/次。

6. 安排人员做好库存物品的保管存储工作，确保物品完好。因人员失职造成库存物资受损，损失金额在_____元以内者，扣减_____分。

五、其他奖励

目标责任人若完成了公司下达的上述考核指标，并在不降低员工满意度的基础上，削减了管理成本，公司将给予目标责任人_____作为奖励。

六、薪酬兑现

1. 基本薪酬及其他奖励按照既定的标准计发。

2. 绩效薪酬按照如下标准发放。

（1）年度考核得分在91～100分之间者，浮动工资予以全额发放。

（2）年度考核得分在81～90分之间者，浮动工资按85%的比例发放。

（3）年度考核得分在71～80分之间者，浮动工资按75%的比例发放。

（4）年度考核得分在60～70分之间者，浮动工资按65%的比例发放。

七、附则

1. 本公司在生产经营环境发生重大变化或发生其他情况时，有权对本方案做出修改。

2. 本方案未尽事宜在征求公司总裁意见后，由公司另行研究确定解决办法。

编制日期：

审核日期：

实施日期：

2.3.12 行政总监考核与薪酬激励方案

行政总监考核与薪酬激励方案

一、目的（略）

二、考核周期

考核周期为一个自然整年度。

三、薪资待遇

1. 行政总监的薪酬采用年薪制的管理模式，年薪设定为_____万元，其中基本薪资占年薪总额的70%，绩效薪资占年薪总额的30%。

2. 考核期内，目标责任人的相关福利按照公司有关规定执行。

3. 考核期内，公司每月的_____日为员工发放上个月的工资，浮动工资在年终考评后一次性发放。

四、目标与考核

1. 公司各项行政工作计划全面完成，每有1项未按时完成，减_____分。

2. 健全企业内部各项规章制度。因规章制度不完善造成管理混乱的情况每发生一次，减_____分。

3. 组织人员做好客户的接待工作。因对来客照顾不周给企业造成负面影响，此情况每发生一次，减_____分。

4. 其他部门因行政部工作配合不当进行投诉的情况每发生一次，减_____分。

5. 员工对行政总监开展指导、监督工作的满意度评分达到_____分。每降低_____分，减_____分。

6. 行政办公设备完好率达到____%。否则，每低____个百分点，减_____分。

7. 行政管理费用控制在预算以内，每高出____个百分点，减_____分。

五、薪酬兑现

1. 基本薪酬及其他奖励按照既定的标准计发。

2. 绩效薪酬按照如下标准发放。

（1）年度考核得分在91～100分之间者，浮动工资予以全额发放。

（2）年度考核得分在81～90分之间者，浮动工资按85%的比例发放。

（3）年度考核得分在71～80分之间者，浮动工资按75%的比例发放。

（4）年度考核得分在60～70分之间者，浮动工资按65%的比例发放。

六、附则

1. 责任人在工作期内若出现重大责任事故，则公司有权对责任人提出终止聘用合同。

2. 本公司在生产经营环境发生重大变化或发生其他情况时，有权对本方案做出修改。

3. 本方案未尽事宜在征求公司总裁意见后，由公司另行研究确定解决办法。

编制日期：

审核日期：

实施日期：

2.3.13 人力资源总监考核与薪酬激励方案

人力资源总监考核与薪酬激励方案

一、目的

为激励目标责任人更好地完成本职工作，以便为公司的持续发展提供强有力的人力资源保障，特制订如下激励方案。

二、绩效考核期限

_____年_____月_____日~_____年_____月_____日。

三、薪资待遇

1. 公司将人力资源总监一职的年薪设定为_____万元，其中基本薪资占年薪总额的70%，绩效薪资占年薪总额的30%。

2. 考核期内，目标责任人的相关福利按照公司有关规定执行。

3. 考核期内，公司每月的_____日为员工发放上个月的工资，浮动工资在年终考评后一次性发放。

四、业绩考核

1. 人力资源年度战略目标达成率需达到100%，因主观原因未达成任务者，每低于目标值_____个百分点，减_____分。

2. 职位平均空缺时间不得超过_____天，否则每增加一天，减_____分。

3. 按时完成对公司中层管理者及以上人员的考核工作，每有一项计划未按时完成，减_____分。

4. 严格控制人工成本的开支，年度人工成本支出控制在预算以内，否则，每超出预算_____个百分点，减_____分。

5. 部门协作满意度评价需达到_____分，每降低_____分，减_____分。

6. 核心员工保有率需达到_____%，否则，每流失一人，减_____分。

五、其他奖励

目标责任人若完成了公司下达的上述考核指标，并在不降低员工满意度的基础上，削减了管理成本，公司将给予目标责任人_____作为奖励。

六、薪酬兑现

1. 基本薪酬及其他奖励按照既定的标准计发。

2. 绩效薪酬按照如下标准发放。

（1）年度考核得分在91~100分之间者，浮动工资予以全额发放。

（2）年度考核得分在81~90分之间者，浮动工资按85%的比例发放。

（3）年度考核得分在71~80分之间者，浮动工资按75%的比例发放。

（4）年度考核得分在60~70分之间者，浮动工资按65%的比例发放。

七、附则

1. 本公司在生产经营环境发生重大变化或发生其他情况时，有权对本方案做出修改。

2. 本方案未尽事宜在征求公司总裁意见后，由公司另行研究确定解决办法。

编制日期：

审核日期：

实施日期：

第3章
采购管理人员绩效考核与薪酬激励

3.1 采购人员绩效考核量表设计

3.1.1 采购经理考核量表

岗位工作目标

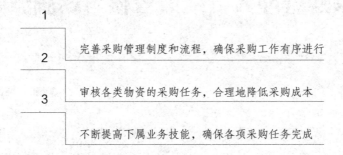

1
　完善采购管理制度和流程，确保采购工作有序进行
2
　审核各类物资的采购任务，合理地降低采购成本
3
　不断提高下属业务技能，确保各项采购任务完成

考核量表

姓名		岗位	采购经理	所属部门	采购部
考核人			考核期限		

序号	KPI指标	权重	绩效目标值	考核得分
1	采购计划完成率	15%	达到100%	
2	采购物资及时到货率	5%	达到100%，没有出现因缺物料采购不及时而延迟生产的次数	
3	供货质量合格率	20%	考核期内，供货质量合格率需达到100%	
4	物资采购价格的合理性	10%	不得高出市场平均价格的_____%	
5	采购成本	10%	控制在预算之内	
6	供应商履约率	5%	不得低于_____%	
7	供应商开发计划完成率	10%	需达到_____%	

续表

8	优秀供应商比率	10%	不得低于_____%	
9	内外部客户投诉次数	5%	不得高于_____次	
10	采购制度的完善性	5%	因采购制度和流程不健全导致出现问题的次数为0	
11	部门员工任职资格达标率	5%	达到100%	
考核得分总计				
考核指标说明	物资采购价格的合理性：在同等质量、采购条件下，采购价格与市场平均价格相比较的情况			
被考核人 签字：　　日期：		考核人 签字：　　日期：		复核人 签字：　　日期：

3.1.2 采购计划主管考核量表

岗位工作目标

1
　组织编制采购计划和采购预算
2
　做好对各项采购计划执行情况的监督工作
3
　协助库房做好物资的收发管理工作

考核量表

姓名			岗位	采购计划主管	所属部门	采购部
考核人				考核期限		
目标项	KPI指标		权重	绩效目标值		考核得分
采购计划编制	采购计划编制的完善性		15%	采购计划中无重要缺失项		
	采购计划编制的及时性		10%	在规定时间内完成		
采购物资管理	因采购不合格物料退货次数		20%	0次		
	发货及时率		15%	达到100%，无延误现象		
采购成本控制	客户投诉次数		10%	0次		
	采购成本		10%	控制在预算以内		

续表

	采购成本降低率	10%	达到_____%	
	采购资金占用率	10%	不得高于_____%	
考核得分总计				
考核指标说明	发货及时率$= \dfrac{及时发货的订单数量}{订单总数量} \times 100\%$			

被考核人 签字： 日期：	考核人 签字： 日期：	复核人 签字： 日期：

3.1.3 采购工程师考核量表

岗位工作目标

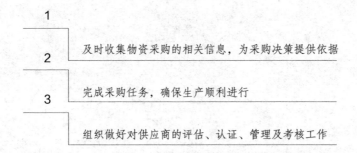

1
2 及时收集物资采购的相关信息，为采购决策提供依据
3 完成采购任务，确保生产顺利进行
组织做好对供应商的评估、认证、管理及考核工作

考核量表

姓名		岗位	采购工程师	所属部门	采购部
考核人			考核期限		
目标项	KPI指标	权重	绩效目标值		考核得分
采购任务目标	采购计划完成率	20%	达到100%		
	采购质量合格率	20%	达到100%		
采购成本管理	材料价格的合理性	15%	采购价格合理，在同等质量、同等采购条件下，其采购价格不得高出市场平均价格的_____%		
	采购成本	15%	采购成本总额控制在预算以内		
	采购资金占用率	10%	不得高于_____%		

续表

供应 商管理	供应商档案资料的完备性	10%	达到100%	
	优秀供应商比例	10%	不得低于_____%	
考核得分总计				
考核指 标说明	采购资金占用率= $\dfrac{未投入生产的原材料占用的资金}{同期投产总值} \times 100\%$			

被考核人 签字：　　　日期：	考核人 签字：　　　日期：	复核人 签字：　　　日期：

3.1.4 供应商开发主管考核量表

岗位工作目标

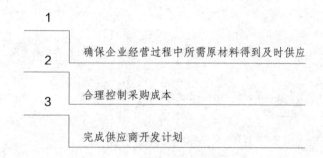

1

2　确保企业经营过程中所需原材料得到及时供应

3　合理控制采购成本

　完成供应商开发计划

考核量表

姓名			岗位	供应商开发主管	所属部门	采购部
考核人				考核期限		
目标项	**KPI指标**	**权重**	**绩效目标值**			**考核得分**
采购计 划执行	采购计划完成率	10%	达到100%			
	供货及时率	20%	达到100%			
采购成 本控制	材料价格的合理性	15%	采购价格合理，在同等质量、同等采购条件下，其采购价格不得高出市场平均价格的___%			
	采购成本	15%	采购成本总额控制在预算以内			

续表

供应商开发	供应商开发计划完成率	20%	达到100%	
	优秀供应商比例	10%	不得低于_____%	
	供应商履约率	10%	达到_____%	
考核得分总计				
考核指标说明	供货及时率＝$\dfrac{按时供货的订单数量}{订单总数量}×100\%$			
被考核人 签字：　　日期：	考核人 签字：　　日期：		复核人 签字：　　日期：	

3.1.5 采购专员绩效考核量表

岗位工作目标

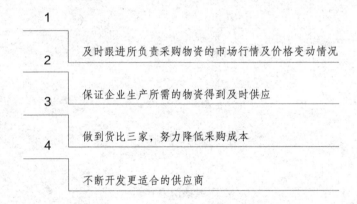

1
2　及时跟进所负责采购物资的市场行情及价格变动情况
3　保证企业生产所需的物资得到及时供应
4　做到货比三家，努力降低采购成本
　　不断开发更适合的供应商

考核量表模板

姓名			岗位	采购专员	所属部门	采购部
考核人				考核期限		
奖惩加减分	奖惩事由：					
	加/减分：					

序号	考核指标	权重	考核标准	考核得分
1	采购信息收集的及时性与准确性	10%	未在规定时间内完成市场信息的收集工作，减_____分/次；收集的信息每有一处不实，减_____分	

1	采购信息反馈的及时率	5%	每有一次未在规定时间内反馈，减_____分	
2	采购计划完成率	15%	每有一次延迟，减_____分	
	错误采购次数	10%	每出现一次，减_____分	
	采购物资及时到货率	10%	每超出规定时间一次，减_____分	
	采购物资质量合格率	15%	每低于目标值_____个百分点，减_____分	
3	采购价格的合理性	10%	在同等质量的条件下，每高出市场平均价格_____个百分点，减_____分	
	采购成本	10%	每超出预算_____个百分点，减_____分	
4	新开发供应商数量	10%	每少于目标值_____个单位，减_____分	
	供应商资料的完备性	5%	每缺失一项，减_____分	
考核综合得分				

考核者意见	

被考核人 签字： 日期：	考核人 签字： 日期：	复核人 签字： 日期：

3.2 采购人员薪酬体系设计

采购人员是指为了保证企业生产经营的正常运转，根据产品生产、需求状况，制订采购计划并监督实施情况，以保证企业经营目标实现的一类人员。在薪酬结构设计上，较为常见的模式为"基本工资+绩效奖金+津贴福利"。

3.2.1 基本工资设计

基本工资主要根据采购部员工的责任、工作的复杂程度、技能和知识、劳动强度和学历为基准，是员工完成法定时间的实际劳动消耗而计付的工资。

基本工资设计示例

岗位	岗位评价点数	岗位职等	基本工资		
			A级	B级	C级
采购经理	_____点	4	_____元	_____元	_____元
采购主管	_____点	5	_____元	_____元	_____元
采购员	_____点	6	_____元	_____元	_____元
……	……	……	……	……	……

3.2.2 绩效奖金设计

采购人员的绩效奖金包括月度绩效奖金和一次性奖金两种。

月度绩效奖金是指在规定的时间内，对完成日常工作任务的或超额完成任务的员工给予的例行奖励。具体奖励额度与员工月度绩效考核结果紧密相连。

一次性奖金是对做出重大贡献的员工给予的不定期奖励。如合理化建议奖、节约奖等。

现以节约奖为例，设计的示例如下表所示。

节约奖发放标准

奖励前提：在确保采购质量的前提下，采购人员的采购成本低于目标成本	
奖励条件	奖励标准
实际采购成本低于预期采购成本2000元以内	奖励采购人员总差价的_____%
实际采购成本低于预期采购成本在2000元~_____之间	奖励采购人员总差价的_____%
实际采购成本低于预期采购成本_____元以上	奖励采购人员总差价的_____%

3.2.3 津贴福利设计

福利是公司正式在册员工所能享受到的一种福利待遇，包括法定福利、企业自主福利等。在此就不多加阐述了。

结合采购人员的工作特点，公司通常会设置如下三类津贴，具体内容见下表。

采购人员津贴设计

项目	相关说明
交通津贴	对于需要在外联系供应商的员工所产生的交通费用报销（以发票为报销凭证）
通讯津贴	这是针对采购人员需与外部供应商联系而设置的一项补贴。如采购部经理每月_____元，采购部主管每月_____元，采购专员每月_____元
生活福利性质的津贴	如午餐补贴等

3.3 采购人员业绩考核与薪酬设计方案

3.3.1 采购人员绩效考核办法

制度名称	采购人员绩效考核办法	文件编号	
		执行部门	

第1条 目的

为贯彻企业绩效考核管理制度，保证企业经营目标的实现，同时也为员工的薪酬调整、教育培训、晋升等提供准确、客观的依据，特制定采购人员绩效考核管理办法。

第2条 适用范围

本制度适用于本企业采购部人员，以下人员除外：

1. 考核期开始后进入本企业的员工。

2. 因私、因病、因伤而连续缺勤三十日以上者。

3. 虽然在考核期任职，但考核实施日已经退职者。

第3条 考核原则

1. 定量原则：尽量采用可量化的指标进行考核，减少模糊的主观评价。

2. 公开原则：考核标准的制定是通过协商和讨论完成的。

3. 时效性原则：绩效考核是对考核期内工作成果的综合评价，不应将本考核期前的行为强加于本次的考核结果中，也不能取近期的业绩或较为突出的一两个成果来代替整个考核期的业绩。

第4条 绩效考核周期

采购部经理对于短期内工作产出较清晰的记录和印象以及对工作的产出及时进行评价和反馈，有利于及时地改进工作，以月度为周期进行考核；对于周边绩效指标，以季度或年度为周期进行考核。

第5条 绩效考核指标设计

采购人员绩效考核采用量化指标与日常工作表现考核相结合来进行，量化指标占考核的70%，日常工作表现考核占30%。两次考核的总和即为采购人员的绩效得分。采购人员绩效考核计算方式如下：

采购人员绩效考核分数=量化指标综合考核得分×70%+日常工作表现×30%

采购人员的量化考核指标及日常工作表现考核分别见附表1、附表2。

第6条 考核结果的反馈

考核结果需要以书面或口头的形式反馈给员工本人。

第7条 考核结果应用

考核结果分为五个层次（划分标准见附表3，其结果为人力资源部奖金发放、薪酬调整、员工培训、岗位调整、人事变动等提供客观的依据）。

附表1 采购部量化考核指标表

考核项目	考核指标	目标值
采购时间	物料准时交货率	100%
	出现采购问题不能及时处理的次数	0
采购品质	采购质量合格率	100%
	物料使用不良率	0
采购数量	采购计划完成率	100%
	物资数量准确率	100%
	呆滞物料金额	0
采购价格	实际价格与标准成本的差额	不得高于____个单位
	采购成本	控制在预算内
供应商管理	供应商开发计划达成率	100%
	供应商履约率	100%

附表2 日常工作表现考核

考核指标	目标值
出勤率	100%
投诉情况	0次
责任感	积极主动做好本职工作

附表3 考核结果运用

考核等级	分数	月度考核	年度考核
S（优秀）	91分以上	奖励系数1.2	职务晋升
A（良好）	81~90分	奖励系数1.0	职务晋升
B（好）	71~80分	奖励系数0.8	次年度可晋升一至三级工资，视公司整体工资制度规划而定
C（合格）	60~70分	奖励系数0.6	应加强培训，以提升工作绩效
D（待改进）	60分以下	无	应加强培训，以提升工作绩效

编制部门		审核部门		批准部门	
编制日期		审核日期		批准日期	

3.3.2 供应商考核制度

制度名称	供应商考核制度	文件编号	
		执行部门	

第1章 总则

第1条 目的

通过对供应商业绩的评价，保证采购渠道满足公司产品战略发展需求，确保采购能力满足公司持续发展的要求。

第2条 适用范围

适用于所有为本公司提供与生产有关的材料、零部件的供应商。

第3条 管理职责

1. 采购部经理负责供应商考核标准、考核方案的审核与批准，供应商考核结果的审批，供应商处理办法的审批等各项管理控制工作。

2. 采购部门、质量管理部、仓储部等其他相关部门负责反馈所采购物资的交期、质量、数量等情况，并协助供应商考核工作。

第2章 考核实施

第4条 考核内容

采购部应对合格供应商就质量、交期、价格、服务等项目作出评价。供应商评估总得分为：价格水平考核得分+产品质量考核得分+交货情况考核得分+服务情况（配合度）考核得分。

考核量表见附表1。

第5条 考核频率

1. 关键、重要材料的供应商每月考核一次，对普通材料的供应商每季度考核一次。

2. 所有供应商每半年进行一次总评，列出各个供应商的评价等级，并依照规定进行奖惩。

3. 当供应商出现重大品质、交货日期、价格、服务等问题时，本公司有权随时进行供应商复查。

第3章 考核结果运用

第6条 采购部收集、汇总各部门的评价结果，并按照规定的考核时间对供应商进行评估。

第7条 依次将供应商定为"一、二、三、四"四个等级，具体的等级标准见附表2。

第4章 附则

第8条 合格供应商若两年内未与公司发生业务关系者，则从公司的《合格供应商名单》中删除，若以后需要有工作来往，则需要重新评估，合格后方可与其进行交易。

第9条 本制度报总经理审批后自颁布之日起实施。

附表1 供应商考核表

考核内容	计分办法
质量	平均批次合格率达到90%以上，_____分；在80%~90%之间，_____分；在60%~80%之间，_____分；低于60%，0分
交货期	考核期内准时交货，_____分；延误次数控制在3次以内，_____分；3次以上，0分
价格	价格波动符合市场情况，_____分；市场无波动，主动上涨，0分
服务	每出现一次有效投诉，减_____分

附表2 考核结果运用

考核等级	考核结果应用
Ⅰ（优秀，91~100分）	作为后续新产品的首选供应商。酌情增加采购，优先采购，在特殊情况下可办理免检，货款优先支付
Ⅱ（良好，81~90分）	对其采购策略维持不变，要求其对不足的部分进行整改，并将整改结果以书面形式提交
Ⅲ（合格，70~80分）	减少采购量或者暂停采购。并由品管、采购等部门予以辅导，三个月内未能达到二级以上者则予以淘汰
Ⅳ（不合格，70分以下）	终止与其的采购供应关系

编制部门		审核部门		批准部门	
编制日期		审核日期		批准日期	

3.3.3 采购管理奖惩办法

制度名称	采购管理奖惩办法	文件编号	
		执行部门	

第1条 目的

确保采购质量，降低采购成本，并做到奖优罚劣，特制定本制度。

第2条 适用范围

本制度适用于对物资采购部门人员的奖惩。

第3条 奖励

1. 对同等质量的物资，采购价格低于公司制定的价格的，按节省金额的＿＿＿%～＿＿＿%予以奖励。

2. 在同等或更低价位中找到产品质量更好的供应商，根据产品使用量及采购金额酌情奖励采购人员＿＿＿＿＿～＿＿＿＿＿元。

3. 对公司采购业务方面的工作能提出合理化且有价值的建议，经审核评定确能给公司带来效益且被采纳的，视情况给予＿＿＿＿＿～＿＿＿＿＿元的奖励。

4. 及时完成领导安排的各项任务且当月无差错者，公司给予一次性奖励200元。

5. 采购人员在工作中对提高公司经营效益、挽回公司损失等方面有突出业绩或表现出众的，视贡献大小给予＿＿＿＿＿～＿＿＿＿＿元的奖励。

第4条 处罚

1. 采购部根据主管归口部门提报的物资采购计划进行分析，对符合招标采购的物资按《招标采购管理办法》执行，并在规定时间内完成，因采购部自身原因而延误的，每延迟1天，扣罚责任人＿＿＿＿＿元。

2. 违反《招标采购管理办法》有关规定的，按《招标采购管理办法》的规定予以处理。

3. 对全月没有因采购原因影响生产的，对采购人员奖励＿＿＿＿＿元/月；对因采购不及时而影响生产的，视情况对采购人员扣罚＿＿＿＿＿～＿＿＿＿＿元。

4. 对采购物资不合格但尚未造成损失的，按采购物资金额的＿＿＿＿＿%对采购员予以处罚；对已造成损失的，按损失金额的＿＿＿＿＿%予以处罚。

5. 采购人员要根据市场行情及时向公司审计部提报市场价格变化情况，对未及时变更价格信息，在询价过程中仍按原价格报价的，第一次给予＿＿＿元的处罚，第二次予以调离岗位的处罚。

6. 采购人员在采购物资时必须做到货比三家，且有书面形式的三家或三家以上的价位明细表。且确保信息真实准确，否则，视情况处以＿＿＿＿＿～＿＿＿＿＿元的罚款。

7. 在采购物资时，若因各种原因需要变更采购计划时，采购部应及时与生产部进行沟通，在征得生产部及其他相关部门同意后方可进行变更。否则给予＿＿＿＿＿元的处罚，若后果严重者，则给予责任人降职或调离本岗位的处罚。

第5条 附则

本制度自下发之日起实施。

编制部门		审核部门		批准部门	
编制日期		审核日期		批准日期	

3.3.4 采购部薪酬设计方案

采购部薪酬设计方案

为激励和提高采购人员的工作积极性，保证按时、按量和按质地采购所需的物资，特制订本薪酬方案。

一、适用对象

本办法适用于本公司内的采购部职员，如采购主管、采购员、采购助理（采购部经理除外）。

二、薪酬结构

结合采购岗位的工作特点，公司设计出的采购部员工的薪酬结构由如下三部分组成。

采购部员工工资收入=岗位工资+绩效奖金+福利津贴

三、岗位工资设计

1. 岗位工资水平确定

采购部员工岗位工资水平的高低主要取决于如下两方面的因素。

（1）个体因素：以能力、贡献、责任为基础，按工作岗位和工作能力差异、服务年限、工作态度等因素确定工资级别。

（2）综合因素：员工薪酬考虑人才市场行情、社会物价水平、公司支付能力等因素综合核定。

通过工作评价及薪酬调查结果，公司确定出各职位的岗位工资。其中，采购部人员的岗位工资分为A、B、C、D四个级别，分别为_____元、_____元、_____元和_____元。

2. 岗位工资调整

采购职员的岗位工资每年评定一次，根据年度考核结果来决定岗位工资的升降。

四、绩效工资设计

采购部员工的绩效工资分为月度绩效工资、年终奖及一次性奖励三部分内容。

1．月度绩效工资

考核得分	月度绩效工资额度
91分以上	1.0×岗位工资
81～90分	0.8×岗位工资
71～80分	0.6×岗位工资
61～70分	0.4×岗位工资

2．年终奖

年度考核结果被评定为合格及以上者，均可获得本人＿＿＿倍岗位工资的年终奖励。

3．一次性奖励

另外公司还根据采购人员的工作贡献、工作态度和对公司的忠诚度等条件，评出特殊贡献奖和一、二、三等奖，年终一次性奖励采购职员。有以下行为的，将不参与评奖。

（1）故意刁难供应商，向其索取现金回扣或好处。

（2）与供应商合谋欺骗公司利益。

（3）其他有严重损害公司利益的行为。

五、福利与津贴

1．福利

采购部员工同公司其他员工一样，均可享受法定福利及公司提供的自主性福利。具体福利项目见公司《员工福利管理办法》。

2．津贴

采购人员外出采购，公司每月补贴餐费＿＿＿元，使用电话联系业务，公司每月补贴电话费＿＿＿元，交通费＿＿＿元。

六、补充说明

采购部员工因工资支付数额发生争议的，应当与采购经理及人力资源部沟通协商处理。

编制日期：

审核日期：

实施日期：

3.3.5 采购部经理考核与激励方案

采购部经理考核与激励方案

本着激励员工的目的，按照薪酬与业绩相对应的原则，特制订本方案。

一、主要任务

采购部经理总体负责公司的采购和外协工作，以及本部门的运作及管理，确保公司生产所需的物资得到及时供应。

二、薪酬构成

采购经理薪酬=固定薪酬+浮动薪酬×考核系数

1. 固定薪酬为＿＿＿＿元/月

2. 浮动薪酬为＿＿＿＿元/月

3. 考核系数=考核结果分值/100

三、考核与奖惩

1. 考核小组

公司绩效考核领导小组根据本责任书的规定对责任人进行考核。

2. 考核内容

对责任人的考核，主要从下表所示的五个方面进行，具体内容见下表。

采购经理考核表

考核项目	计分标准	分值
采购计划编制情况	每有1次延迟，减＿＿＿＿分；采购计划中每有1项重要内容缺失，减＿＿＿＿分	10
物资采购管理	所需采购的物资及时到位，每有延误，减＿＿＿＿分/次因采购物资质量不合格而影响生产，减＿＿＿＿分/次	30
采购成本控制	采购成本每超出预算＿＿＿＿个百分点，减＿＿＿＿分	25
采购渠道拓展与供应商管理	月度/季度/年度新开发＿＿＿＿家供应商，未完成任务，减＿＿＿＿分；优秀供应商比率达到＿＿＿＿%以上，每低于目标值＿＿＿＿个百分点，减＿＿＿＿分	25
部门员工管理	员工严格按照公司制定的采购管理制度开展工作，若有违反，减＿＿＿＿分/人次	10

3. 考核奖惩

人力资源部依据考核结果兑现责任人应发的薪酬。

四、附则

本责任书解释权归公司绩效考核领导小组所有，因不可抗力或公司重大政策变动时，公司有权变更或终止责任目标的考核。

编制日期：

审核日期：

实施日期：

第4章

生产人员绩效考核与薪酬激励

4.1 生产人员绩效考核量表设计

4.1.1 生产经理绩效考核量表

岗位工作目标

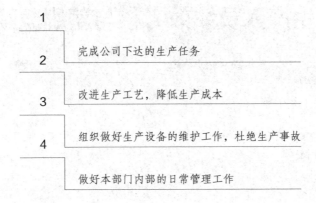

1 完成公司下达的生产任务

2 改进生产工艺，降低生产成本

3 组织做好生产设备的维护工作，杜绝生产事故

4 做好本部门内部的日常管理工作

考核量表模板

姓名			岗位	生产经理	所属部门	生产部
考核人				考核期限		

序号	KPI指标	权重	绩效目标值	考核得分
1	生产计划完成率	15%	达到100%	
2	产品质量合格率	20%	达到_____%	
3	交期达成率	10%	达到100%	
4	工艺设计任务完成率	10%	达到_____%	
5	生产设备利用率	5%	不低于_____%	
6	生产设备完好率	5%	不低于_____%	

续表

7	生产安全事故发生次数	15%	杜绝重大生产安全事故的发生，一般性的生产安全事故不得高于_____次	
8	生产成本降低率	10%	比上一考核周期降低_____个百分点	
9	部门培训计划完成率	5%	按计划全面完成	
10	员工重大违纪次数	5%	0次	
考核得分总计				

| 考核指标说明 | 交期达成率=$\dfrac{\text{准时交货的产品批次数}}{\text{应交货总批次数}}\times100\%$ |

| 被考核人
签字： | 日期： | 考核人
签字： | 日期： | 复核人
签字： | 日期： |

4.1.2 车间主任绩效考核量表

岗位工作目标

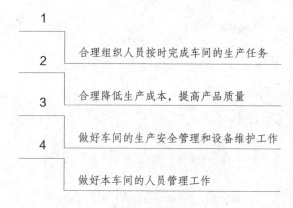

1

2　合理组织人员按时完成车间的生产任务

3　合理降低生产成本，提高产品质量

4　做好车间的生产安全管理和设备维护工作

　做好本车间的人员管理工作

考核量表模板

姓名		岗位	车间主任	所属部门	生产部
考核人			考核期限		
目标项	KPI指标	权重	绩效目标值		考核得分
车间生产任务目标	车间生产任务达成率	15%	达到100%		
	产品交期达成率	10%	达到100%		
产品质量目标	产品质量合格率	15%	达到100%		
	返工率	10%	不高于_____%		

续表

生产成本控制	生产成本	5%	控制在预算内	
安全生产目标	安全事故发生次数	15%	0次	
	车间安全事故损失金额	10%	不得高于_____	
设备管理目标	设备利用率	5%	达到_____%	
	设备完好率	5%	达到_____%	
车间人员管理目标	员工考核达标率	5%	达到_____%	
	培训计划完成率	5%	达到100%	
考核得分总计				
考核指标说明	返工率=$\dfrac{返工不合格的品数}{全部送检产品数量}\times100\%$			
被考核人签字:	日期:	考核人签字:	日期:	复核人签字: 日期:

4.1.3 生产计划主管绩效考核量表

岗位工作目标

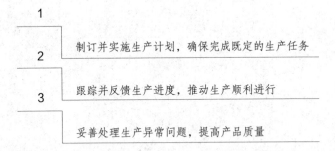

1 制订并实施生产计划，确保完成既定的生产任务

2 跟踪并反馈生产进度，推动生产顺利进行

3 妥善处理生产异常问题，提高产品质量

考核量表模板

姓名			岗位	生产计划主管	所属部门	采购部
考核人				考核期限		
考核项	**KPI指标**	**权重**		**绩效目标值**		**考核得分**
生产计划编制与下达	生产计划编制的及时性	20%		达到100%		
	生产计划下达的及时性	15%		达到100%		

续表

生产 进程管理	生产计划完成率	15%	达到100%	
	生产排程准确率	20%	达到100%	
	临时订单按时完成率	10%	达到100%	
产品质量管理	工序不良率	10%	低于_____%	
	产品质量合格率	10%	达到100%	
考核得分总计				
考核指标说明	生产排程准确率 $= \dfrac{排程准确的工单数}{排程工单总数} \times 100\%$			

被考核人 签字： 日期：	考核人 签字： 日期：	复核人 签字： 日期：

4.1.4 生产设备主管绩效考核量表

岗位工作目标

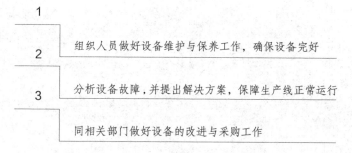

1
      2　组织人员做好设备维护与保养工作，确保设备完好
      3　分析设备故障，并提出解决方案，保障生产线正常运行
      同相关部门做好设备的改进与采购工作

考核量表模板

姓名		岗位	生产设备主管	所属部门	生产部
考核人			考核期限		
考核项	**KPI指标**	**权重**	**绩效目标值**		**考核得分**
设备维护管理	设备完好率	20%	达到_____%		
	设备故障停机率	5%	不得高于_____%		
	设备保养计划完成率	10%	达到100%		
	设备维修费用率	15%	不得高于_____%		
设备检修管理	设备维修及时率	10%	达到100%		
	设备故障修复率	20%	达到_____%		

续表

设备采购管理	设备采购计划完成率	10%	达到100%	
	采购成本节约率	10%	达到_____%	
考核得分总计				
考核指标说明	(1)设备故障停机率= $\dfrac{\text{故障停机台时}}{\text{设备应开动台时}} \times 100\%$			
	(2)设备故障修复率= $\dfrac{\text{设备故障修复完成次数}}{\text{设备故障次数}} \times 100\%$			

被考核人 签字: 日期:	考核人 签字: 日期:	复核人 签字: 日期:

4.1.5 生产班组长绩效考核量表

岗位工作目标

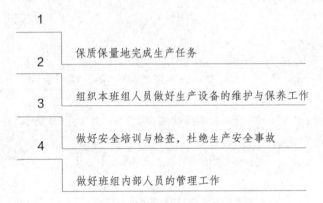

1

2 保质保量地完成生产任务

3 组织本班组人员做好生产设备的维护与保养工作

4 做好安全培训与检查,杜绝生产安全事故

做好班组内部人员的管理工作

考核量表模板

姓名		岗位	生产班组长	所属部门	生产部
考核人			考核期限		
奖惩 加减分	奖惩事由:				
	加/减分:				

序号	考核指标	权重	考核标准	考核得分
1	生产计划完成率	20%	每低于目标值____个百分点,减____分	
2	产品质量合格率	20%	每低于目标值____个百分点,减____分	
3	废品率	10%	每高出目标值____个百分点,减____分	

续表

4	生产设备完好率	10%	每低于目标值____个百分点,减____分	
5	生产设备利用率	10%	每低于目标值____个百分点,减____分	
6	安全事故发生次数	15%	每出现一次,减____分	
7	培训计划完成率	5%	每有一次未按计划完成,减____分	
8	下属生产操作违规次数	10%	每出现一次违反生产操作规程的情形,减____分/人次	
考核综合得分				
考核者意见				
被考核人 签字: 日期:		考核人 签字: 日期:		复核人 签字: 日期:

4.1.6 生产调度专员绩效考核量表

岗位工作目标

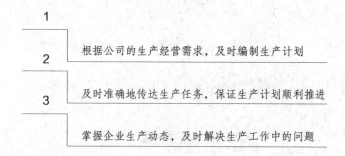

1 根据公司的生产经营需求,及时编制生产计划

2 及时准确地传达生产任务,保证生产计划顺利推进

3 掌握企业生产动态,及时解决生产工作中的问题

考核量表模板

姓名		岗位	生产调度专员	所属部门	生产部
考核人			考核期限		
奖惩 加减分	奖惩事由:				
	加/减分:				

序号	考核指标	权重	考核标准	考核得分
1	生产调度会议组织的次数	20%	未按公司要求召开生产调度会议,减____分/次	
2	生产调度出错次数	30%	每出现一次错误,减____分	

续表

3	生产排程准确率	30%	每低于目标值＿＿个百分点，减＿＿分	
4	生产计划完成率	10%	每低于目标值＿＿个百分点，减＿＿分	
5	生产突发事件处理及时率	10%	未及时对生产过程中的事故进行处理，减＿＿分/次	
考核综合得分				
考核者意见				
被考核人 签字：　　日期：		考核人 签字：　　日期：		复核人 签字：　　日期：

4.1.7 设备维修专员绩效考核量表

岗位工作目标

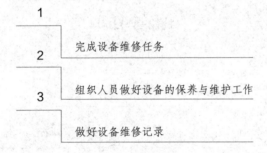

1
2　完成设备维修任务
3　组织人员做好设备的保养与维护工作
　　做好设备维修记录

考核量表模板

姓名		岗位	设备维修专员	所属部门	生产部
考核人			考核期限		
奖惩 加减分	奖惩事由：				
	加/减分：				

序号	考核指标	权重	考核标准	考核得分
1	设备保养计划完成率	15%	每有一次未按计划完成，减＿＿分	
2	设备检修计划完成率	15%	每有一次未按计划完成，减＿＿分	
3	设备维修及时率	10%	因维修不及时遭到生产部投诉者，减＿＿分/次	
4	设备故障修复率	30%	每低于目标值＿＿个百分点，减＿＿分	

续表

5	设备平均修理时间	20%	每高出目标值＿＿＿＿个单位，减＿＿＿＿分	
6	设备维修成本	10%	每超出预算＿＿＿＿个百分点，减＿＿＿＿分	
考核综合得分				
考核者意见				
被考核人 签字：　　　日期：		考核人 签字：　　　日期：		复核人 签字：　　　日期：

4.1.8 生产操作人员绩效考核量表

岗位工作目标

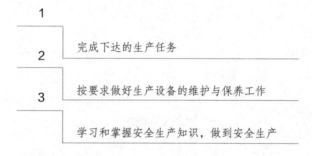

1

2　完成下达的生产任务

3　按要求做好生产设备的维护与保养工作

学习和掌握安全生产知识，做到安全生产

考核量表模板

姓名			岗位	生产操作人员	所属部门	生产部
考核人				考核期限		
奖惩 加减分	奖惩事由：					
	加/减分：					
序号	考核指标		权重	考核标准		考核得分
1	生产任务完成率		30%	每低于目标值＿＿＿个百分点，减＿＿＿分		
2	废品率		15%	每高出目标值＿＿＿个百分点，减＿＿＿分		
3	返工率		15%	每高出目标值＿＿＿个百分点，减＿＿＿分		
4	违反生产操作规程次数		20%	每出现一次，减＿＿＿分		
5	5S现场管理达标率		10%	每出现一处不符合5S管理的要求，减＿＿＿分		
6	合理化建议数量		10%	合理化建议得到采纳，加＿＿＿分/条		

续表

考核综合得分	
考核者意见	

被考核人	考核人	复核人
签字:　　　　日期:	签字:　　　　日期:	签字:　　　　日期:

4.1.9 安全管理员绩效考核量表

岗位工作目标

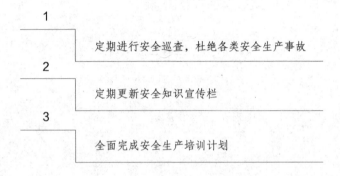

1　定期进行安全巡查,杜绝各类安全生产事故

2　定期更新安全知识宣传栏

3　全面完成安全生产培训计划

考核量表模板

姓名		岗位	安全管理员	所属部门	生产部
考核人			考核期限		
奖惩加减分	奖惩事由:				
	加/减分:				

序号	考核指标	权重	考核标准	考核得分
1	安全生产检查计划完成率	20%	每有一项工作未按计划完成,减____分	
2	安全设备完好率	10%	每低于目标值____个百分点,减____分	
3	安全生产事故发生次数	20%	每出现一起安全生产事故,减____分	
4	安全隐患整改率	30%	每低于目标值____个百分点,减____分	
5	安全培训计划完成率	10%	每低于目标值____个百分点,减____分	
6	安全培训覆盖率	10%	每低于目标值____个百分点,减____分	
考核综合得分				
考核者意见				

被考核人	考核人	复核人
签字:　　　　日期:	签字:　　　　日期:	签字:　　　　日期:

4.1.10 车间统计员绩效考核量表

岗位工作目标

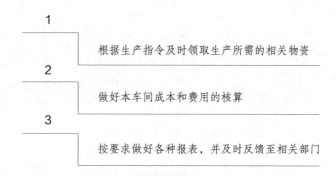

1　根据生产指令及时领取生产所需的相关物资

2　做好本车间成本和费用的核算

3　按要求做好各种报表，并及时反馈至相关部门

考核量表模板

姓名		岗位		车间统计员	所属部门	生产部
考核人				考核期限		
奖惩加减分	奖惩事由：					
	加/减分：					

序号	考核指标	权重	考核标准		考核得分
1	各项数据上报及时率	25%	每出现一次延迟，减_____分		
2	数据统计的准确性	35%	每出现一处错误，减_____分		
3	报表分发的及时率	15%	每出现一次延迟，减_____分		
4	生产文档管理的规范性	15%	资料有序归档，符合企业文件管理要求，否则减_____分/项		
5	违反企业规章制度的次数	10%	出现违反企业规章制度的情形，减_____分/次		
考核综合得分					
考核者意见					

被考核人签字：	日期：	考核人签字：	日期：	复核人签字：	日期：

4.1.11 质量管理部经理绩效考核量表

岗位工作目标

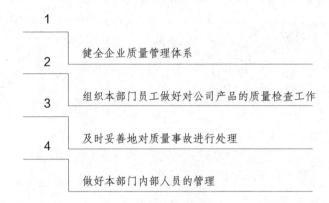

1	
2	健全企业质量管理体系
3	组织本部门员工做好对公司产品的质量检查工作
4	及时妥善地对质量事故进行处理
	做好本部门内部人员的管理

考核量表模板

姓名		岗位	质量管理部经理	所属部门	质量管理部
考核人			考核期限		

序号	KPI指标	权重	绩效目标值	考核得分
1	质检工作完成及时率	5%	达到100%，无延误的情形	
2	产品质量合格率	15%	达到100%	
3	产品直通率	10%	达到_____%	
4	漏检率	10%	0	
5	错检率	10%	0	
6	产品质量原因退货率	15%	≤_____	
7	质量事故处理及时率	10%	达到100%，无延误的情形	
8	质量事故发生次数	10%	≤_____次	
9	质量事故成本	5%	≤_____元	
10	质量体系文件完整率	10%	达到100%	
考核得分总计				
考核指标说明	产品直通率是指从第一道投入工序开始，到最后一道产出工序为止，一次性通过所有工序的良品比率			

被考核人 签字：　　　　日期：	考核人 签字：　　　　日期：	复核人 签字：　　　　日期：

4.1.12 来料检验主管绩效考核量表

岗位工作目标

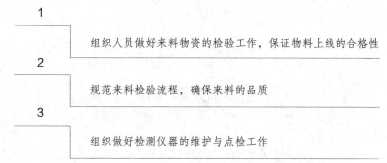

1　组织人员做好来料物资的检验工作，保证物料上线的合格性

2　规范来料检验流程，确保来料的品质

3　组织做好检测仪器的维护与点检工作

考核量表模板

姓名			岗位	车间主任	所属部门	生产部
考核人				考核期限		
目标项	KPI指标	权重	绩效目标值			考核得分
车间生产 任务目标	车间生产任务达成率	15%	达到100%			
	产品交期达成率	10%	达到100%			
产品质量目标	产品质量合格率	15%	达到100%			
	返工率	10%	不高于＿＿＿＿%			
生产成本控制	生产成本	5%	控制在预算内			
安全生产目标	安全事故发生次数	15%	0次			
	车间安全事故损失金额	10%	不得高于＿＿＿＿元			
设备管理目标	设备利用率	5%	达到＿＿＿＿%			
	设备完好率	5%	达到＿＿＿＿%			
车间人员 管理目标	员工考核达标率	5%	达到＿＿＿＿%			
	培训计划完成率	5%	达到100%			
考核得分总计						
考核指标说明	（1）来料在线质量问题批次发生率＝$\dfrac{在线发现的批量来料质量问题数}{总来料批数} \times 100\%$ （2）质量异常处理及时率＝$\dfrac{规定时间内处理完成的质量异常的次数}{发生的质量异常次数} \times 100\%$					
被考核人 签字：　　　　日期：		考核人 签字：　　　　日期：			复核人 签字：　　　　日期：	

4.1.13 制程检验主管绩效考核量表

岗位工作目标

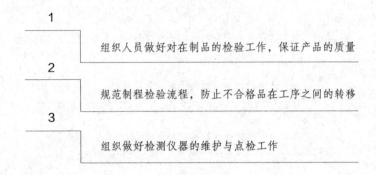

1　组织人员做好对在制品的检验工作，保证产品的质量

2　规范制程检验流程，防止不合格品在工序之间的转移

3　组织做好检测仪器的维护与点检工作

考核量表模板

姓名		岗位	制程检验主管	所属部门	质量管理部
考核人			考核期限		
考核项	KPI指标	权重	绩效目标值		考核得分
制程 检验管理	制程检验准确率	30%	达到100%		
	检验工作完成及时率	15%	达到100%		
	产品直通率	20%	0次		
	质量异常处理及时率	15%	达到100%		
检验 设备管理	检验设备完好率	10%	不得低于＿＿＿%		
	在用质检仪器受检率	10%	达到100%		
考核得分总计					
考核 指标说明	（1）检验设备完好率＝$\dfrac{做好的检验设备数量}{检验设备总量}×100\%$ （2）质量异常处理及时率＝$\dfrac{限定时间内处理完成的质量异常的次数}{限定时间内发生的质量异常次数}×100\%$				
被考核人 签字：　　　　日期：		考核人 签字：　　　　日期：		复核人 签字：　　　　日期：	

4.1.14 成品检验主管绩效考核量表

岗位工作目标

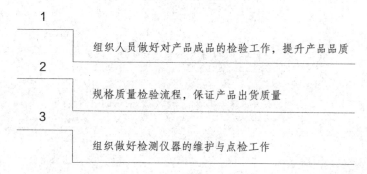

1　组织人员做好对产品成品的检验工作，提升产品品质

2　规格质量检验流程，保证产品出货质量

3　组织做好检测仪器的维护与点检工作

考核量表模板

姓名		岗位	成品检验主管	所属部门	质量管理部
考核人			考核期限		
考核项	KPI指标	权重	绩效目标值		考核得分
产成品检验管理	产品出厂检验合格率	30%	达到100%		
产成品检验管理	错检率	15%	0		
	漏检率	15%	0		
	质量事故及时处理率	20%	达到100%		
检验设备管理	检验设备完好率	10%	不低于_____%		
	在用质检仪器受检率	10%	达到100%		
考核得分总计					
考核指标说明	产品出厂检验合格率=$\dfrac{产品出厂检验合格数}{产品出厂检验总数}\times100\%$				

被考核人		考核人		复核人	
签字：	日期：	签字：	日期：	签字：	日期：

4.1.15 质量检验专员绩效考核量表

岗位工作目标

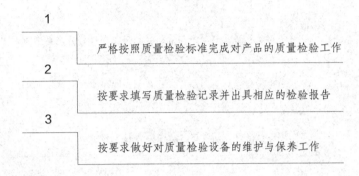

1　严格按照质量检验标准完成对产品的质量检验工作

2　按要求填写质量检验记录并出具相应的检验报告

3　按要求做好对质量检验设备的维护与保养工作

考核量表模板

姓名		岗位	质量检验专员	所属部门	质量管理部
考核人			考核期限		
奖惩 加减分	奖惩事由：				
	加/减分：				

序号	考核指标	权重	考核标准	考核得分
1	质检工作完成率	20%	每有一次未在规定时间内完成，减＿＿＿分	
2	质量检验差错次数	30%	每出现一次差错，减＿＿＿分	
3	样品鉴定及时率	10%	每有一次未在规定时间内完成，减＿＿＿分	
4	质量记录完整度	10%	每有一处记录不完整，减＿＿＿分	
5	质量事故发生次数	20%	每出现一次质量事故（经济损失在＿＿＿元以内），减＿＿＿分	
6	在用质检仪器受检率	10%	未在规定时间内完成，减＿＿＿分	
考核综合得分				

考核者意见	

被考核人 签字：　　　　日期：	考核人 签字：　　　　日期：	复核人 签字：　　　　日期：

4.2 生产人员薪酬体系的设计

生产企业薪酬设计，通常包含有基本薪酬、补助性薪酬、各类奖金和绩效考核薪酬等内容，最主要的付薪对象是生产管理人员、生产操作人员。

4.2.1 生产管理人员薪酬设计

一般来说，在薪酬激励上，中高层管理人员倾向于实施中长期激励，基层员工倾向于短期薪酬激励。对基层员工的绩效激励部分，可每月支付一次，也可每季度或每年支付一次。具体到员工收入的结构，下表总结了目前实践中通常采用的三种模式。

生产管理人员薪酬构成

岗位	薪酬构成
生产部经理、质量管理部经理	1. 工资收入=基本年薪+绩效年薪 2. 工资收入=基本工资+岗位工资+绩效工资+奖金
车间主任、质量管理部主管	工资收入=岗位工资+绩效工资+奖金+津贴补贴
班组长、质检员	工资收入=岗位工资+绩效工资+奖金+津贴补贴

4.2.2 生产操作人员薪酬设计

生产型企业操作工人的薪酬体系设计是薪酬管理在企业实际运用中的一个

难点。生产型企业的工人一般可分为一线操作工人和二线辅助工人。目前就国内而言，一线操作工人一般采取计件/计时工资的形式，二线辅助工人则一般采取基本工资+绩效/技能工资的形式，有时也会采取计件/计时工资。

▶ 二线辅助工人的薪酬设计

二线辅助工人的薪酬构成主要有以下几种模式。

（1）基本工资+绩效工资：在这种薪酬方式下，辅助工人的基本薪酬可以参照通常情况下的薪酬确定方法，即以岗位价值评估为依据，参考现行实际薪酬和市场水平确定。

（2）基本工资+绩效工资+计件/计时工资以及基本工资+技能工资+计件/计时工资：这种薪酬方式下，薪酬体系制定的方法基本等同于一线操作工人的薪酬制定，其中需要特别说明的是，岗位计件/计时单价一般采取和操作工人挂钩的方式，即确定一个和操作工人岗位计件/计时工资换算的比例系数。例如，某操作岗位的计件工资单价为10元/件，并确定辅助岗位的计件工资单价为操作岗位的60%，根据此比例系数，计算可得到辅助岗位计件工资数为6元/件，件数由操作岗位生产的产品件数而确定。

▶ 生产一线操作人员的薪酬设计

生产一线员工是企业效益的直接创造者。他们的薪酬设计主要包括计件制和计时制两种形式。

（1）计件工资制

计件工资制，是把一线员工生产的产品量与收入直接挂钩的工资形式，一般由岗位工资和计件工资构成。

① 岗位工资

按照生产人员所工作岗位的技术难易、劳动繁简和责任大小等因素来确定岗位工资，这就需要对各岗位进行评价。

岗位劳动评价的前提是岗位划分比较明确。另外，企业还需要根据岗位划分结果及企业的生产条件、生产方向、产品方案，确定岗位定员标准和劳动定额标准。

劳动定额是在一定的生产技术和生产组织的条件下，为生产一定量的产品或完成一定量工作，所规定的劳动消耗量的标准。

目前企业中常用的定额制定方法主要有：经验估工法、统计分析法、类推比较法和技术定额法，具体内容见下表。

常用的劳动定额的制定方法

方法	操作说明	适用范围
经验估工法	是由定额人员根据以往的生产经验，并考虑到现有的生产条件，直接估算定额的一种方法	1）多品种、小批量、单件生产 2）新产品试制 3）一次生产和零星任务
统计分析法	是通过对最近一段时间内生产该产品的原始记录进行统计分析，以此为依据制定劳动定额的方法	1）大量、成批生产 2）经常重复的产品 3）修改老产品定额
类推比较法	是以现有产品定额资料为依据，经过对比推算出另一种产品定额的方法	1）多品种、小批量、单件生产 2）有相似类型的产品 3）新产品试制（有可比性的）
技术定额法	是通过分析生产工艺规程、总结先进经验和实地观察来制定定额的方法	1）大量生产适用详细定额标准 2）成批生产适用概略定额标准 3）品种少，大量生产，流水线，自动线，关键工件或工序，可直接采用测定时间分析、动作分析等计算研究方法

② 计件工资

一般情况下，计件工资是由一线员工生产任务的完成情况和产品质量来决定的。计算公式如下。

计件工资=岗位工资×工时完成率×品质系数，其相关说明见下表。

计件工资相关因素说明

因素	相关说明
工时完成率	工时完成率=实际完成的工作量/规定完成的工作量
品质系数	是以一定产品质量或操作标准为衡量尺度，其基准值为1

（2）计时工资制设计

计时工资制，是根据工作时间的长短来确定员工薪酬的计酬制度，它涉及薪酬率和工作时间两个因素的确定。

薪酬率，是指在单位时间内给予员工的报酬。薪酬率的高低取决于以下三种因素，具体内容见下表。

薪酬率的影响因素

影响因素	相关说明
企业的实际情况	企业在制定薪酬率时，要充分考虑自身的承受能力，要量力而行。通常企业的支付能力主要涉及企业的经营状况与财务实力两个方面
管理者的管理理念	由于管理理念的差异性，有些企业为了培养员工的忠诚度，将员工在企业的服务年限作为确定薪酬率的决定因素；而有些企业为了吸引高素质的员工，将员工学历作为确定薪酬率的决定因素
同行业的薪酬率	为确保本企业的薪酬率具有竞争性，必须了解同行业的基本薪酬标准。企业可以通过市场薪酬调查获取有关生产人员岗位薪酬状况的资料，然后以此为基础理论，确定生产一线员工的薪酬率

一般情况下，企业可以采用点数法来确定生产人员的薪酬率。

点数法是把工作的构成因素进行分解，然后按照事先设计出的结构化量表对每种工作要素进行估值。点数法应用步骤如下：① 进行工作分析。② 准备工作说明书。③ 选择报酬因素，通常包括劳动技能、劳动责任、工作条件和劳动强度等。④ 以选定的报酬因素为基础，对关键性的职位进行排序（见下表）。

职位排序表

工种	智力要求	体力要求	技能要求	劳动责任	劳动条件
焊工	1	4	1	1	2
起重工	3	1	3	4	4
冲床工	2	3	2	2	3
保安	4	2	4	3	1

⑤ 配置分要素的工资率。评价委员会根据要素因素和市场调查的结果确定每一职位的工资率，即确定每个报酬要素在职位工资水平的权重。工资率是依据5个要素值确定的，一般来讲，一些关键性工作，要素值高，工资率相对也高。

分要素工资率表

工种	工资/时	智力要求	体力要求	技能要求	劳动责任	劳动条件
焊工	9.80	4.00	0.4	3.00	2.00	0.40
起重工	5.60	1.40	2.0	1.80	0.20	0.20
冲床工	6.10	1.80	1.3	2.00	0.70	0.30
保安	5.10	1.30	1.5	1.2	0.60	0.50

⑥ 将待评定的岗位与这些关键性职位相比较，相应地赋予数值。形成一张工资要素级别表。

薪酬率对照表

工资率	智力要求	体力要求	技能要求	劳动责任	劳动条件
0.2	——	——	——	起重工	起重工
0.3	——	——	——	——	冲床工
0.4	——	焊工	——	——	焊工
0.5	——	工作A	——	——	保安
0.6	——	——	——	保安	——
0.7	——	——	——	冲床工	——
0.8	——	——	——	——	——
0.9	——	工作B	——	工作A	——
1.0	——	——	工作A	——	——
1.1	——	——	——	——	工作B
1.2	——	——	保安	——	——
1.3	冲床工	保安	——	——	工作A
1.4	工作A	起重工	——	——	——
1.5	保安	——	——	——	——
1.6	工作B	——	——	——	——

续表

1.7				工作B	
1.8	——	冲床工	起重工	——	——
1.9			工作B		
2.0	起重工	——	冲床工	焊工	——
——					
4.0		焊工			

4.3 生产人员业绩考核与薪酬方案设计

4.3.1 生产车间绩效考核制度

制度名称	生产车间绩效考核制度	文件编号	
		执行部门	

第1条 目的

为了规范车间生产管理，提高劳动生产率，创造良好的工作环境，培养员工的主人翁意识，提高员工的整体素质，本着公正、公平、公开的原则，特制定本制度。

第2条 适用范围

本制度适用于生产车间的全体员工。

第3条 考核周期

对员工实行月度考核和年度考核，月度考核的时间为下月的____日开始，____日结束，遇节假日顺延。年度考核周期与会计核算周期一致，考核时间为下一年度一月份的____日。

第4条 考核的组织

对车间的考核由生产部全面组织实施。

第5条 考核内容

对车间及其生产员工的考核，其内容包括生产任务、生产质量、生产现场管理、安全生产及工作纪律5个方面。具体内容见附表。

第6条 考核结果的运用

1. 月度考核结果

（1）绩效奖金分配：根据绩效考评分数金额分配落实到人，低于60分者取消当月绩效奖金，连续3个月给予降级处理。

（2）连续3个月考核结果为前三名的列为重点培养对象，实施外派培训、轮岗培训等激励方式。

（3）一年内考评3次或连续2次为后两名者，应予以降职、下岗直到辞退。

（4）生产部总结考核情况，分析考核的成效，提出员工的成长点、存在的不足和可以进一步提高的问题，以及员工进一步的发展方向和可以发挥的潜力；同时，对绩效考核方案进行完善。

2. 年度考核结果的运用

年度工作情况的检查和考核结果，作为员工年度评奖、薪酬调整、职位调整等方面的依据。

附表 生产车间及人员考核表

考核内容	权重	考核标准	考核得分
生产任务	30%	100%完成，每低＿＿＿个百分点，减＿＿＿分	
生产质量	30%	合格品率达到100%，每低＿＿＿个百分点，减＿＿＿分	
		优良品率达到＿＿＿%，每低＿＿＿个百分点，减＿＿＿分	
		产品返工率低于＿＿＿%，每高＿＿＿个百分点，减＿＿＿分	
生产现场管理	20%	严格按照《生产现场考核办法》实施	
安全生产管理	20%	严格按照《安全生产管理办法》实施	

编制部门		审核部门		批准部门	
编制日期		审核日期		批准日期	

4.3.2 生产操作人员绩效考核办法

制度名称	生产操作人员绩效考核实施办法	文件编号	
		执行部门	

第1条 考核目的

为了规范对生产操作人员的考核工作，从而提高其工作热情，以保证生产任务圆满完成。

第2条 考核对象

生产部直接作业人员。

第3条 考核频率

对生产操作人员的考核，以月度为周期，即从每月第一个工作日至每月最后一个工作日作为考核周期。每月＿＿＿日前完成对员工上月的考核工作，遇节假日顺延。

第4条 考核内容

考核实行百分制，考核内容主要包括以下5个方面：生产任务完成情况、产品质量状况、设备使用情况、5S执行情况、工作纪律。具体内容见附表1。

第5条 考核实施程序

对生产操作人员的考核，按如下程序进行：所部部门班组长评价→车间主任审核→部门经理核准→人力资源部汇总。

第6条 考核等级划分

1. 生产一线人员考核结果分为优秀、良好、合格、不合格4个等级，具体的等级划分标准如下。

（1）优秀：考核得分高于90分（含90分）。

（2）良好：考核得分低于90分，高于75分（含75分）。

（3）合格：考核得分低于75分，高于60分（含60分）。

（4）不合格：考核得分低于60分。

2. 生产一线人员有下列情形之一的，考核结果直接认定为"不合格"。

（1）月迟到、早退次数超过_____次。

（2）月病假、事假次数超过_____天。

（3）无正当理由月旷工超过_____天。

（4）违反公司规章制度，不服从公司管理，对公司生产活动造成不良影响。

（5）因个人违规操作造成生产安全事故。

第7条 考核结果应用

1. 月度考核的结果主要作为生产一线人员月度绩效工资发放的依据，具体发放比例见附表2。

2. 岗位调整的依据

（1）连续3个月绩效考核成绩均达到95分以上的人员，可免费参加公司职位晋升培训，并作为职位晋升的重点考察对象。

（2）连续3个月绩效考核成绩均低于65分的人员，公司将安排其参加基本的岗位技能培训，培训结束后一个月，绩效考核成绩仍不合格者，予以换岗。

第8条 附则

1. 本办法未尽事宜，参照公司绩效考核管理的相关规定执行。

2. 本办法自公布之日起开始实施。

附表1 生产操作人员考核表

考核项目	考核内容	计分标准	考核得分
生产任务完成情况	生产计划完成率	每低于目标值_____个百分点，减_____分	
产品质量	产品交验合格率	每低于目标值_____个百分点，减_____分	
	工艺标准的执行情况	擅自更改或不遵守标准作业程序，未造成损失者，减_____分	
5S执行情况	工作现场、作业区域的整洁程度	作业区域脏乱差，减_____分	
	劳保用品穿戴情况	进入车间未按生产要求着装，减_____分	
	安全生产	违反操作程序，减_____分/次	
设备使用与保养	设备使用情况	设备故障经认定为操作原因的，减_____分 在设备处于非完好状态的情况下，不通知管理人员或未经管理人员允许而擅自操作者，减_____分/次	
	设备保养	设备维护保养或点检记录未按实填写，减_____分/次	
工作纪律	企业规章制度遵守情况	出现违反企业规章制度的行为，视情节严重程度，减_____~_____分	

附表2 月度绩效工资发放标准

考核得分	考核结果运用
≥90分	绩效工资按100%比例发放
75≤考核得分＜90分	绩效工资按_____%比例发放
60≤考核得分＜75分	绩效工资按_____%比例发放
60分以下	无绩效工资

编制部门		审核部门		批准部门	
编制日期		审核日期		批准日期	

4.3.3 设备维修人员绩效考核办法

制度名称	设备维修人员绩效考核办法	文件编号	
		执行部门	

第1条 目的

为客观评价设备维修专员的工作绩效，帮助其提高自身工作水平，从而有效地提升设备维修的整体绩效，为生产做好充分的保障，特制定本考核办法。

第2条 考核频率

对设备维修人员的考核，采取季度考核的形式。每季度第一个月的_____日前完成对设备维修人员上季度的考核工作。

第3条 考核实施主体

考核管理按照"制度统一、分级管理"的原则，采取直接上级考核其直接下级的方式进行。

第4条 考核内容与标准

对于维修专员的考核主要从定量和定性两个方面进行，其二者的占分比例为8：2。

1．定量考核指标，包括设备维修任务完成率、设备维修及时率、设备修理返修率、维修质量问题投诉次数、设备完好率、维修记录准确率等。

2．定性考核指标，包括服务态度、工作规范化程度等。

具体内容与考核标准见附表。

第5条 考核结果等级划分

公司将设备维修专员的考核结果划分为4个等级，具体如下表所示。

维修员绩效考核等级划分表

考核得分	≥90分	75≤考核得分＜90分	60≤考核得分＜75分	60分以下
等级划分	优	良好	合格	不合格

第6条 考核结果运用

1. 季度考核等级为"优"者，绩效工资按_____%的比例计发。
2. 季度考核等级为"良好"者，绩效工资按_____%的比例计发。
3. 季度考核连续两次为"不合格"者，扣减其绩效工资的_____%。

附表1 维修人员定量指标评分表

考核指标	权重	评分标准	得分
设备维修任务完成率	30%	每有1项计划未完成，减_____分	
设备维修及时率	10%	每有1次未在规定时间内完成，减_____分	
设备修理返修率	10%	在_____天以内，排除人为操作不当的原因，每出现1次返修的情况，减_____分	
维修质量问题投诉次数	10%	每出现1次，减_____分，超过_____次，该项得分为0	
设备完好率	15%	每低于目标值_____%，减_____分	
维修记录准确率	5%	每有1处不完整或不准确，减_____分	
得分总计			

附表2 维修人员定性指标评分表

考核项目	权重	考核标准	得分
服务态度	10%	1. 微笑服务，态度诚恳积极 2. 耐心、积极地解答客户提出的问题	
维修规范化程度	10%	严格按照维修标准规定的程序进行	
得分总计			

编制部门		审核部门		批准部门	
编制日期		审核日期		批准日期	

4.3.4 生产计划考核管理办法

制度名称	生产计划考核管理办法	文件编号	
		执行部门	

第1条 目的

为确保生产计划在受控状态下按时完成任务，提高企业生产控制的综合管理能力。

第2条 职责划分

1. 营销部：负责生产合同的下达。

2. 生产部：负责生产计划的编制及组织实施。

3. 技术部：负责对生产过程中出现的技术、质量问题进行处理。

4. 各生产车间：负责根据生产计划按时组织生产，并及时向生产部反馈计划完成情况。

第3条 考核细则

1. 对因客户需求信息传递不及时、不准确，造成计划延误或出现返工返修以及质量事故的，责任由营销部承担，每次给予不少于_____元的处罚。

2. 接到营销部门下达的市场销售计划后，依据公司实际情况，编制生产作业计划。未在规定时间内完成，扣减责任人绩效工资的_____%作为处罚。

3. 生产作业计划编制完成并经审核通过后，生产计划管理人员将其下达到各车间。每有延迟，扣减责任人绩效工资的_____%；对于车间未进行计划细化分解，落实到人而影响计划完成，责任由车间主任承担，扣减其绩效工资的_____%。

4. 生产计划管理人员按时检查生产计划的完成情况，对完不成生产任务，又无特殊原因影响的车间或班组，给予负责人一定的处罚。处罚标准如下：生产计划完成率每低_____个百分点，扣减其绩效工资的_____%。

5. 技术部要按照计划时间及时下发技术文件，确保技术文件正确、完整、统一，对技术文件下发不及时、出现不正确、不完整、不统一而延误生产计划进行的，由技术部具体责任人承担责任，具体处罚标准等同于未完成计划；对生产过程出现技术、工艺、工装等问题处理不及时而影响生产计划完成的，每发生一次，扣减其责任人绩效工资的_____%。

6. 各生产车间在生产过程出现问题时，要及时上报生产部，生产部要及时协调解决，对因协调不及时及措施不力影响计划任务完成的，责任由生产部责任人承担，每发生一次，扣减其绩效工资的_____%；对于车间未及时反映问题而影响问题解决耽误计划任务完成时，责任由车间承担，视具体情况，按一定的比例（_____%～_____%）扣减责任人的绩效工资。

7. 对于因操作者质量意识差，未严格按照工艺要求操作，未进行严格的自检、互检，使完工产品因不合格影响计划任务，责任由操作者承担，除接受质量处罚外，每少完成一件，给予不少于_____元处罚；因此，造成的返工、返修，返工和返修费用由责任者承担，造成产品报废，责任者承担不低于_____%的经济损失。

8. 因检验不及时、检验标识不清及质量问题处理不及时影响生产或转序，耽误计划任务完成，每次扣减负责该项工作的检验员_____%的绩效工资。

9. 对计划考核管理不严格，落实不到位，对出现影响计划任务完成及完不成计划任务放任不管，扣减生产计划员_____%的绩效工作作为处罚。

第4条 附则

本制度由生产部负责制定并解释。

编制部门		审核部门		批准部门	
编制日期		审核日期		批准日期	

4.3.5 生产现场5S管理考核办法

制度名称	生产现场5S管理考核办法	文件编号	
		执行部门	

第1条 目的

为进一步加强生产现场管理，创造良好的生产经营环境，提升车间整体管理水平，促进公司经营目标的达成，特制定本办法。

第2条 适用范围

本办法适用于公司各单位生产现场的5S管理考核。

第3条 检查考核办法

1. 《现场管理考核细则》采用百分考核制，考核共分6大项。当某项的底分扣完时，不再扣为负分数。

2. 车间对各班组的生产现场管理情况进行考核。

3. 考核标准见附表。

4. 每次检查出来的不符合项，相关责任人必须在规定期限内进行整改。凡是没有在规定期限进行整改的，扣除相关责任人绩效工资的_____%。

第4条 等级评定标准

等级评定根据总分按下表评定。

等级评定表

评定等级	总得分
优秀	$95 \leq X \leq 100$
良好	$85 \leq X < 95$
好	$80 \leq X < 85$
合格	$70 \leq X < 80$
不合格	$X < 80$

第5条 附则

本规定自下发之日起即执行。

附表 5S检查评定表

5S活动	考核项目	评分标准 4分(优秀)、3分(良好)、2分(合格)、1分(较差)、0分(差)	得分	备注
整理	物料、物品放置应有总体规划	□优秀　□良好　□合格 □较差　□差		
	工作场所不应留杂物、废物	□优秀　□良好　□合格 □较差　□差		
	通道空出、不杂乱	□优秀　□良好　□合格 □较差　□差		
	作业场所明确区分	□优秀　□良好　□合格 □较差　□差		
整顿	各种物品有明确标识、查找方便	□优秀　□良好　□合格 □较差　□差		
	原材料、半成品、成品定点定位摆放整齐并标识清楚，且标识与实物相符	□优秀　□良好　□合格 □较差　□差		
	设备、工具按照规定摆放	□优秀　□良好　□合格 □较差　□差		
	更换的模具标签朝外放置在指定处	□优秀　□良好　□合格 □较差　□差		
清扫	工作场所打扫干净	□优秀　□良好　□合格 □较差　□差		
	工作台面整洁	□优秀　□良好　□合格 □较差　□差		
	生产设备摆放整齐、上面无灰尘	□优秀　□良好　□合格 □较差　□差		
	物料架清洁、无灰尘	□优秀　□良好　□合格 □较差　□差		
清洁	工作环境清洁卫生	□优秀　□良好　□合格 □较差　□差		
	员工工作服清洁状况良好、仪表整洁	□优秀　□良好　□合格 □较差　□差		

续表

清洁	车间内没有混沌的空气、粉尘、噪声和污染源	□优秀 □良好 □合格 □较差 □差		
	车间环境内没有死角	□优秀 □良好 □合格 □较差 □差		
素养	员工行为没有符合规范、遵守车间的规章制度	□优秀 □良好 □合格 □较差 □差		
	按照作业要求规范操作	□优秀 □良好 □合格 □较差 □差		
	工作积极主动、热情	□优秀 □良好 □合格 □较差 □差		

编制部门		审核部门		批准部门	
编制日期		审核日期		批准日期	

4.3.6 安全生产考核奖惩制度

制度名称	安全生产考核奖惩制度	文件编号	
		执行部门	

第1条 目的

为加强安全生产管理，明确职责、奖优罚劣，特制定安全生产考核奖惩制度。

第2条 考核标准

1. 先进单位：本月份千人负伤率为0，能够认真履行各级安全生产职责、无违章违纪现象。

2. 先进班组：班组本月无伤亡事故发生，无违章违纪现象，相关记录完整、规范。

3. 先进个人：本月没发生工伤事故，无三违现象，及时发现、排除安全隐患并提出合理化建议者。

4. 专项奖励：发现安全隐患及时报告，减少损失或未造成损失；发生风、雨、雹等突发状况时，抢险救灾表现突出；其他公司认可的其他行为。

第3条 奖励

对在安全生产管理工作中表现突出的单位和个人，公司予以奖励。

1. 奖励名额。每月评选先进单位1个、先进班组3名，先进个人6名。

2. 奖励条件。所有先进单位和个人当期考核得分需在80分以上（含80分）。

3. 奖励金额。先进单位，奖励_____元；先进班组，奖励_____元；先进个人，奖励_____元；专项奖励，视具体情况，分别给予_____~_____元的奖励。

第4条 惩罚

对违反《安全生产管理制度》和《安全操作规程》的单位、个人，公司严格追究其违章违纪和造成事故的责任。

1. 违反劳动保护用品管理制度，不按规定着装，扣罚_____元／人次。

2. 凡不按规定持证上岗者，扣罚_____元／人次。

3. 各类事故隐患不按《限期整改通知书》期限完成的，扣罚_____元/项。

4. 发生各类事故隐瞒不报、谎报或拖延不报的，扣罚责任单位_____元／次。

5. 发生事故后，凡不按照"四不放过"原则进行事故处理的，扣罚责任单位_____元／起。

6. 事故直接经济损失在_____元以下的责任者，给予通报批评，赔偿事故直接经济损失的_____％；事故直接经济损失在_____元（含_____元）以上_____元以下的责任者，给予记过以下处分，赔偿事故直接经济损失的_____％；事故直接经济损失在_____元（含_____元）以上_____元以下的责任者，给予记大过处分，并赔偿事故直接经济损失的_____％；事故直接经济损失在_____元（含_____元）以上的责任者依据有关规定处理。

第5条 附则

其他未尽事宜，按公司有关规定办理。

编制部门		审核部门		批准部门	
编制日期		审核日期		批准日期	

4.3.7 质检部员工考核实施办法

制度名称	质检部员工考核实施办法	文件编号	
		执行部门	

第1条 目的

通过考核，加强上下级之间的沟通，进一步引导和激励员工，以实现部门整体绩效，为工资、奖励、升降、调动及教育培训提供人力资源信息与依据。

第2条 适用范围

本制度适用于对质检部员工的考核（质检部经理除外）。

第3条 考核周期

月度考核与年度考核。

第4条 月度考核定量评分细则

本考核制度实行减分制，总分100分；出现问题时根据问题的严重度确定减分的量值，由质检部经理负责组织实施。具体评分办法如下。

1. 检验及时率达到100%，每延误一次，减_____分。

2. 漏检、错检、未做检验标识的减_____分/次。

3. 不能及时跟踪过程检验、擅自脱岗、延误生产的减_____～_____分。

4. 出厂资料不全或错误、未及时签发产品合格证的减_____~_____分。

5. 不协助车间和技术部门检查、督促工艺纪律的贯彻执行，对严重违反工艺纪律而造成废品损失者未及时上报、未提出处理意见的减_____~_____分。

6. 未及时、准确地传递和反馈质量信息，减_____~_____分。

第5条 年度考核实施

1. 对质检部员工的年度考核，主要从工作业绩（60%）、工作能力（25%）、工作态度（15%）三个方面进行，具体内容见附表1。

2. 年度考核工作由公司人力资源部组织实施，并依据考核结果对被考核者实施相应的奖惩。

第6条 考核结果等级划分与运用

企业将质检部员工的考核结果划分为5个等级，具体内容见附表2。

1. 月度考核结果运用

（1）绩效奖金分配：根据绩效考评分数金额分配落实到人，低于60分者取消当月绩效奖金，连续3个月低于60分者，给予降级处理。

（2）连续三月考核结果前三名的列为重点培养对象，实施外派培训、轮岗培训等激励方式。

（3）一年内考评3次或连续2次为后两名者，应予以降职、下岗直到辞退。

（4）原则上新进人员不参与考核，但为了鼓励表现优秀的品管员，每月由部门经理提出表现出色的新员工1名，并一次性给予_____元的奖励。

2. 年度考核结果的运用

年度工作情况的检查和考核结果，作为员工年度评奖、薪酬调整、职位调整等方面的依据。

第7条 附则

上述未尽事宜，另外文件或规定补充说明。

附表1 质检部员工年度考核表

姓名		岗位		所属部门	
考核项目		考核内容		权重	考核得分
工作业绩		产品检验及时率		20%	
		产品漏检率		10%	
		产品错检率		10%	
		产品质量问题重复出现的次数		15%	
		满意度评价		5%	
工作能力		专业技能		10%	
		创新能力		5%	
		解决问题的能力		10%	
工作态度		出勤率		5%	
		工作责任心		5%	
		工作协作性		5%	

附表2 考核结果等级划分

等级		分数	工作表现
S	优秀	得分≥95分	1．在规定的时间内，以出色的成绩完成工作任务 2．乐于承担额外的工作并以优异的成绩完成 3．工作得到其他部门或客户的高度评价
A	良好	80≤得分＜95	1．在规定的时间内，以良好的成绩完成工作任务 2．主动完成额外的工作并努力做得更好 3．工作得到其他部门或客户的好评
B	好	70≤得分＜80	工作表现介于A与C之间
C	合格	60≤得分＜70	1．基本上能在规定的时间内保质保量地完成工作 2．对领导分派下来的额外的工作，能尽力完成 3．其他部门或客户没有不满意的评价
D	待改进	得分＜60	1．不能在规定的时间内完成工作，或者完成的工作在数量、质量上达不到公司的要求 2．工作上经常需要他人的指导和监督

编制部门		审核部门		批准部门	
编制日期		审核日期		批准日期	

4.3.8 产品质量考核奖惩办法

制度名称	产品质量考核奖惩办法	文件编号	
		执行部门	

第1条 目的

为了加强产品质量的监督管理，明确产品质量事故的责任，提高员工的质量意识，确保公司的产品质量能满足客户需求。

第2条 适用范围

本制度适用于产品在本公司加工、装配至销售出厂后全过程所发生质量问题的考核奖惩。

第3条 职责划分

1．各班组组长、车间主任、质检部检验人员负责质量问题的上报。

2．质量管理部负责产品质量问题的处理。

3．人力资源部负责具体奖罚措施的落实工作。

第4条 生产管理奖惩

1. 每个分项产品品种，凡一次验收达到优质产品者，奖励_____元。

2. 对员工在生产过程中发现材料或上道工序产品批量不合格及时上报并隔离，从而避免本工序不合格品产生的，每次给予奖励_____～_____元。

3. 对产品质量有突出贡献的个人或部门，经公司总经理批准，对其发放质量特别奖_____～_____元加以表彰。

第5条 产品检验考核奖惩

1. 无标识的材料、产品转入本工厂，检验员须按不合格品进行处理并上报，隐瞒不报每次扣罚_____元。

2. 在检验工作中不得出现批量错检、漏检现象，每发现一次扣罚直接检验员_____～_____元。

3. 检验员检验出产品不合格后有权要求员工暂停生产，以防止不合格品继续产生，同时立即通知班长并上报工厂长和品管科，如不及时上报影响生产，每次扣罚_____元。

4. 对检验任务应做到日清日结，当天工作如无故不完成，每次扣罚责任人_____元。

5. 对生产中由于检验因素造成的质量问题，视情节予以扣罚_____～_____元。

第6条 仓储管理奖惩

1. 认真做好原辅料入库、发放登记工作，每出现1次差错，扣发当月工资_____元。

2. 未经检验合格的原辅料不得入库，每发现1次，扣_____～_____元，并追究因此造成的经济损失。

3. 做好原辅材料的保管清查工作，若因工作失误造成损坏、变质或遗失的，扣_____元并追究因此造成的经济损失。

第7条 质量事故奖惩

1. 对重大性的质量事故，按以下办法考核：对责任人的处罚除批评教育、通报批评、记过等外，还会责令赔偿经济损失价值的_____％～_____％。另外，发生重大、特大质量事故的车间、班组及个人，除按本考核细则考核外，取消当年各种先进评先资格。

2. 严重质量事故按以下办法考核：严重违反工艺规程或劳动纪律造成经济损失_____元以内的，按损失价值的_____％予以赔偿。凡因质检人员在原材料、半成品或出厂产品严重失检，按造成损失价值的_____％～_____％予以赔偿。

3. 一般性质量事故，按以下办法考核：凡不符合技术指标规定的，按不合格人次进行处罚，每人次罚款_____元起，最高不得超过_____元/起。

第8条 附则

本制度由质量部负责解释，经总经理批准后执行。

编制部门		审核部门		批准部门	
编制日期		审核日期		批准日期	

4.3.9 生产部员工绩效工资考核实施方案

生产部员工绩效工资考核实施方案

一、实施目的

本方案旨在及时反馈生产一线员工的绩效情况，加强管理，努力提高生产部整体绩效水平，充分调动生产一线员工的工作积极性和工作责任心，确保生产部各项指标圆满完成。

二、概念界定

绩效工资是根据员工的出勤、工作质量、效率、工作日常表现等确定的浮动工资，根据生产员工当月的工作表现及业绩考核结果计发。

三、考核内容

各班组长对本班组员工的绩效负责实施考核，每月为一个考核周期，月底依据考核结果计发工资。具体考核内容及评定标准如下表所示。

生产一线员工绩效考核评定标准

考核项目	考核内容	计分标准
出勤	员工的出勤率	每迟到1次（10分钟以内），扣＿＿＿分；迟到3次以上，此项得分为0
工作效率	生产计划完成情况	每低于规定的标准＿＿＿个百分点，扣＿＿＿分；低于60%，此项得分为0
工作质量	产品质量情况	1．未按首件检验的规定操作者，扣＿＿＿分/次 2．设备未按规定进行保养者，扣＿＿＿分/次 3．当月返工超出比率，每高出＿＿＿个单位，扣＿＿＿分
生产现场维护	———	不符合生产现场管理要求的，扣＿＿＿分/处
成本意识		在生产过程中若发现明显浪费现象，经劝阻仍坚持不改的，将视具体情况予以减分，上限为＿＿＿分；若有造成直接经济损失的，并按规定标准承担直接经济损失赔偿责任
日常行为	———	1．未按时参加班组会议，扣＿＿＿分/次 2．临时安排的工作，在无正当理由的条件下未落实者，扣＿＿＿分/次 3．员工上班时间的着装应符合生产作业的要求，否则扣＿＿＿分/次 4．其他加减分项目，另外单独予以说明

四、绩效薪酬设计

为激励员工更好地工作，公司除了依据制定的考核标准对员工进行考核奖惩外，还设置了其他奖励项目，包括全勤奖、质量奖等内容。

1. 考核结果应用

公司依据员工的考核结果对员工的浮动工资部分进行计发，具体标准如下。

绩效工资发放比例

考核等级划分	相关说明	绩效工资发放比例
A级（90~100分）	超过标准或达标/优秀或良好	120%
B级（80~89分）	基本达到标准要求/一般	100%
C级（70~79分）	接近标准要求或相差不多/合格	70%
D级（69分以下）	远低于要求标准/差、需改进	50%

2. 全勤奖

为加强员工考勤管理，鼓励出满勤，根据公司相关规定，对制造部员工实行全勤奖考核制度。该项津贴额度为_____元/月。凡因事假请假半天以上者或当月累计迟到3次以上者，取消当月全勤奖。

3. 质量奖

提取质量奖的条件是当月无违反生产工艺，无生产安全事故发生，无产品质量投诉（包括客户投诉和品质管理科投诉）问题，且没有出现人为的次、废品。奖金额度为100元/人，连续两次获得质量奖，给予200元/人。

4. 其他奖惩措施

（1）员工因提出合理化建议或工作创新，提高公司声誉或提高工作效率、降低成本，给公司带来显著经济效益的，经总经理提名给予特别加给。

（2）员工因工作过失严重影响公司声誉或给公司带来严重经济损失者，经总经理提名给予特别扣减。

（3）此项加给/扣减独立于绩效工资之外，由总经理根据员工功过决定奖励或处罚数额。

编制日期：

审核日期：

实施日期：

4.3.10 生产操作人员计件工资制实施方案

生产操作人员计件工资制实施方案

一、目的

通过计件多劳多得的方式提升人员及团队的工作积极性，促进员工学习技术，以适应企业发展的需要，并体现各关键岗位和重要岗位的操作技能含量及多劳多得的分配原则，特制订本方案。

二、实施范围

生产单位按劳动定额管理的一线生产操作人员。

三、管理职责

1. 生产车间：负责如实记录当天生产的各种产品的规格、数量等信息。

2. 生产部负责定额的确认和分析，并负责定额调整、异常的确认等。

3. 人力资源部：负责计算出员工的计件工资、加班费、奖金、扣款等。

4. 财务部：负责工资的发放。

四、工资构成

生产操作人员的工资由四部分组成，即基础工资、计件工资、福利性工资和奖金。其中，基础工资、福利性工资为固定性工资，计件工资和奖金为浮动工资。

1. 基础工资

公司以劳动强度、劳动责任、工作技能、工作环境四因素为标准，将生产操作人员的基础工资划分为两级四等，具体标准见下表。

基础工资设定标准

岗位等级	工资标准（单位：元）	
	A	B
一级	1300	1600
二级	1500	1800

2. 计件工资

计件工资=当月生产合格数量×产品单价×质量系数

生产数量来自于员工的生产日报表；产品单价由人力资源部根据公司制定的标

准计算，质量系数根据当月质量评定的结果来计算。

3．福利性工资和奖金

福利性工资包括年功工资、各项津贴补贴等，具体内容见公司薪酬管理制度。奖金则以员工的当月绩效表现为依据进行计发，具体内容见公司相关考核制度。

五、异常情况处理

1．品质异常：由于生产员工个人或班组操作不当等原因造成的返工、全检，按产品单价的两倍扣除计件工资。

2．因客户临时改变产品要求而造成的返工，返工产量按正常产量计算。

六、工资发放说明

1．公司每月＿＿＿＿日以现金或银行转账的形式向员工支付工资。因特殊情况需要延迟支付工资的，公司将提前告知。

2．因员工个人原因造成公司损失的，公司将从员工的工资中扣除赔偿金。每月扣除的部分不超过员工当月工资的20%，扣除后的剩余工资部分不得低于当地最低工资标准。

编制日期：

审核日期：

实施日期：

4.3.11 生产经理考核与薪酬激励方案

生产经理考核与薪酬激励方案

一、目的

为客观公正地评估生产部经理的工作绩效，充分调动其工作积极性，特对生产部经理的薪酬作如下规定。

二、职位概述

组织实施公司下达的生产经营计划，保质保量地完成生产任务，确保安全文明生产。

三、薪酬标准

1．年薪标准为：_____万元。其中，每月固定发放薪水_____元人民币；每月浮动部分为_____ ~ _____元人民币，根据月度KPI打分（见附表）确定发放额度，并于当月发放。

2．绩效奖励

每半年根据半年考核的KPI指标及其他综合指标对生产部经理进行考核，考核由公司薪酬委员会讨论确定。根据考核结果发放绩效奖励。奖励额度为_____ ~ _____元。得分低于_____分，取消绩效奖励；若高于_____分时，则按实际得分的比例兑现绩效奖励。

四、附则

1．本目标责任书未尽事宜，情况发生时在征求公司总经理意见后，由公司另行研究确定解决办法。

2．本责任书解释权归公司人力资源部所有。

附表 生产经理绩效考核表

指标项	考核指标	考核标准	得分
KPI指标80%	生产计划完成率	每低于目标值_____个百分点，扣_____分，低于_____%得0分	
	产品质量合格率	每低于目标值_____个百分点，扣_____分	
	按期交货率	每有1次延迟，扣_____分	

续表

KPI指标80%	生产设备完好率	每低于目标值＿＿＿个百分点，扣＿＿＿分	
	生产设备利用率	每低于目标值＿＿＿个百分点，扣＿＿＿分	
	生产成本降低率	每低于目标值＿＿＿%，扣＿＿＿分	
	生产安全事故发生次数	每发生1次一般性的安全事故，扣＿＿＿分；发生一起重大安全生产事故，该项得分为0，并另行按照企业相关规定处理	
	部门管理费用	每高出规定标准＿＿＿个百分点，扣＿＿＿分	
	员工重大违纪次数	违纪1次，扣＿＿＿分，违纪两次，扣＿＿＿分，三次及以上得0分	
其他指标20%	生产管理制度的规范与完善性	因制度不完善造成管理出现失误和无序的次数，每出现1次，扣＿＿＿分	
	5S现场管理规范情况	每有不合格项次数1处，扣＿＿＿分	
	生产事故处理的及时有效性	未能得到及时有效地处理，扣＿＿＿分/次	
	部门协作满意度	每有1次投诉，扣＿＿＿分	
综合得分			

编制日期：

审核日期：

实施日期：

4.3.12 车间主任考核与薪酬激励方案

车间主任考核与薪酬激励方案

一、目的

为加强车间管理，调动车间管理人员的工作积极性，提高产品质量与效益，特制订本方案。

二、适用范围

生产部所属各车间主任。

三、薪酬设计

车间主任的薪酬由基本工资、职务工资、绩效工资、工龄工资及年终奖励5部分组成。

1. 基本工资：＿＿＿元/月。

2. 职务工资：＿＿＿元/月。

3. 绩效工资：其标准设定为基本工资的＿＿＿%，这部分工资与员工的工作表现挂钩。

4. 工龄工资：员工工龄工资标准为＿＿＿元/年，即员工在公司工作每满一年按月计发＿＿＿元的工龄工资。＿＿＿年以上不再累计。

5. 年终奖励：年度考核等级处于"优等"的员工，按其月平均工资的＿＿＿%予以奖励；年度考核等级处于"良好"的员工，按其月平均工资的＿＿＿%予以奖励；年度考核等级处于"合格"的员工，按其月平均工资的＿＿＿%予以奖励。

四、考核实施

绩效工资需要依据责任人当期的绩效表现而定，对车间主任的考核，主要从下表所示的7个方面进行，具体内容如下。

考核评分办法

考核内容	评分办法	考核得分
原料供应	保证各生产车间供料充足，因供料不足而影响生产正常进行者，减＿＿＿分/次	
产品生产	按时完成各项生产任务，生产计划完成率达到100%，因生产组织不当而导致未完成任务者，减＿＿＿分/次	

续表

产品质量	每出现一批次产品质量不合格，减_____分	
生产成本控制	生产成本较预算每高出_____个百分点，减_____分	
生产安全管理	每发生一起轻伤事故，减_____分；发生重大生产事故，按公司相关规定另行处理	
技能培训	每有一项培训工作未按计划完成，减_____分	
员工管理	车间员工出现违纪违章事件，减_____分/人次	

五、绩效工资发放

车间主任的绩效工资按照如下标准发放。

1. 考核得分在91～100分之间者，绩效工资予以全额发放。

2. 考核得分在81～90分之间者，绩效工资按_____%的比例发放。

3. 考核得分在71～80分之间者，浮动工资按_____%的比例发放。

4. 考核得分在60～70分之间者，浮动工资按_____%的比例发放。

六、薪酬发放

1. 员工的基本工资、职务工资、绩效工资、工龄工资于每月的_____日发放，如遇节假日应提前至节假日前的一个工作日发放。

2. 年终奖发放时间为次年1月份，随同员工工资一并发放。

编制日期：

审核日期：

实施日期：

4.3.13 质量管理部经理考核与激励方案

质量管理部经理考核与激励方案
一、岗位主要职责 　　质量部经理在公司总经理的指导下，总体负责公司生产、技术开发和采购外协中所有的质量管理和控制工作，以及下属部门的运作及管理。 **二、薪酬与奖励** 1. 薪酬设定 　　针对质量管理部经理一职，公司设定的年薪标准为＿＿＿＿万元。 　　其中，每月固定发放薪水＿＿＿＿元，每月浮动部分全奖为＿＿＿＿元，根据月度KPI评估确定发放额度。其考核内容及发放标准如下表所示。

浮动工资计发标准

KPI指标	浮动工资发放标准
部门费用 产品检验及时率 产品合格率 产品质量问题重复出现次数 部门协作满意度	浮动工资发放标准=考核得分/100×月度浮动工资总额

2. 绩效奖励

　　公司每半年对质量管理部经理的工作表现进行考核，并根据考核结果发放绩效奖励，额度为0～＿＿＿＿万元。其考核内容与标准如下表所示。

绩效考核内容及评分标准

考核内容	权重	计分标准
出厂的产品质量状况	30%	每出现一次质量问题，减＿＿＿＿分
采购外协的产品的质量状况	30%	每出现一次质量问题，减＿＿＿＿分
质量管理体系实施情况	20%	质量管理体系得到全面落实，否则减＿＿＿＿分/项
部门费用控制情况	20%	每超出预算＿＿＿＿个百分点，减＿＿＿＿分

三、附则
本方案未尽事宜情况发生时，在征求公司总经理意见后，由公司另行研究解决办法。
编制日期： 审核日期： 实施日期：

4.3.14 生产班组长考核与薪酬激励方案

生产班组长考核与薪酬激励方案

一、目的

为加强和提升生产班组长的管理素质和工作绩效，调动员工的工作积极性，提高企业效益，特制订本方案。

二、薪酬与考核

结合生产班组长的工作内容及公司实际，本企业针对班组长一职，设计的薪酬结构包括如下3个部分：岗位工资（50%）、考核工资（30%）、各项福利及津贴补贴（20%）。

1. 岗位工资

岗位工资主要根据岗位评价的结果及任职者的自身能力而定，具体标准见下表。

班组长岗位工资标准

岗位	工资等级	岗位工资	能力要求
班长	A	____元	完全满足班长一职的任职资格要求，并具备临时作为或代理车间主任的能力
	B	____元	完全满足班长一职的任职资格要求，但不具备临时作为或代理车间主任的能力
	C	____元	基本满足班长任职资格要求
组长	A	____元	完全满足组长一职的任职资格要求，并具备临时作为或代理班长的能力
	B	____元	完全满足组长一职的任职资格要求，但不具备临时作为或代理班长的能力
	C	____元	基本满足组长一职的任职资格要求

2. 考核工资

考核工资根据员工的绩效评定结果而定。对班组长的考核主要包括如下5个方面的内容：小组生产任务完成情况、产品质量状况、安全生产情况、小组原材料节约情况、劳动纪律遵守情况等。

（1）班组生产计划完成率（30%）。各个班组的任务达成率比考核基数低_____个百分点，则扣发该项考核工资的_____%，扣完为止。

（2）产品质量状况的考核（30%）。各个班组的实际产品合格率比考核基数低_____个百分点，则扣发该项考核工资的_____%，扣完为止。

（3）安全生产情况考核（20%）。各班组每发生一起一般性的生产事故，则扣发该项考核工资的_____%，扣完为止。发生重大安全生产事故，则按照公司制定的《安全生产考核管理规定》予以处理。

（4）小组原材料节约情况考核（10%）。各班组生产成本每超出考核基数_____个百分点，则扣发该项考核工资的_____%，扣完为止。

（5）劳动纪律遵守情况考核（10%）。各班组每有一起违反操作程序的事件，则扣发该项考核工资的_____%，扣完为止。

3. 各项福利及津贴补贴

班组长除享受国家规定的法定福利外，公司还设置了其他类别的津贴补贴项目，具体内容如下表所示。

福利及津贴补贴标准

项目	发放标准
工龄津贴	1年以上，3年以下为_____元/月；3年以上，5年以下为_____元/月；5年以上为_____元/月
夜班津贴	凌晨1点后_____元/班，凌晨4点后_____元/班
学历津贴	中专以上学历的员工工作满一年以上，每月享有_____元的学历补贴

三、附则（略）

编制日期：

审核日期：

实施日期：

4.3.15 质检员考核与薪酬激励方案

质检员考核与薪酬激励方案

为有效控制生产过程中的产品质量，切实落实质量管理原则，强化质检人员的责任意识，加大考核力度，使不合格产品得到有效控制，提高质量水平，保质保量地完成工作任务，特制订本方案。

一、适用对象

适用于品控部所有制程检验员的考核（试用期满后才能纳入考核对象）。

二、薪酬构成

员工当月薪酬由岗位工资、绩效工资及福利3部分内容组成，相关内容见下表。

质检员薪酬构成

薪酬构成	相关说明
岗位工资	以岗定薪，薪随岗变
绩效工资	与员工的绩效表现紧密挂钩，属于浮动薪酬的范围
福利	包括法定福利和企业自主福利两部分的内容

三、岗位工资计发

1. 岗位工资标准

针对质检员这一岗位，公司设定的岗位工资为_____元/月。

2. 领取条件

认真履行岗位职责、按公司的考勤制度上下班者，每月均可领到全额的岗位工资。

四、绩效工资计发

1. 绩效工资额度及计算办法

绩效工资标准：_____元/月。

绩效工资发放额度＝考核得分/100×绩效工资标准

2. 考核总分及说明

主要工作业绩考评，总分100分。

考核按工作内容的重要性给予相关配分，每一项的配分扣完为止，扣完后不在其他项目中扣除。当月有严重违纪者取消考核资格。

3．考核细则

（1）质检员每发生检验错误、损失≤＿＿＿元，减＿＿＿分/次。损失在＿＿＿~＿＿＿元之间，减＿＿＿分/次。造成的损失超过＿＿＿元，按公司相关规定另行处理。

（2）由于自身原因未发现产品的质量问题，直到后续工序才发现者，减＿＿＿分/次。

（3）如发现异常未及时反馈，减＿＿＿分/次。

（4）检验过程中发现产品不合格，未及时与下道工序质检员沟通，导致产品批量入库不合格，减＿＿＿分/次。

（5）各类表单填写及时准确，因表单问题被其他部门投诉者，减＿＿＿分/次。

（6）违反公司及部门相关纪律制度，减＿＿＿分/次。

（7）不服从工作安排，减＿＿＿分/次。

（8）工作中不接受他人规劝，有不负责任表现，减＿＿＿分/次。

五、福利（略）

六、薪资发放

公司的发薪日为每月的＿＿＿日，遇节假日则提前至节前发放。

编制日期：

审核日期：

实施日期：

第5章
技术研发人员绩效考核与薪酬激励

5.1 技术研发人员绩效考核量表设计

5.1.1 技术部经理绩效考核量表

岗位工作目标

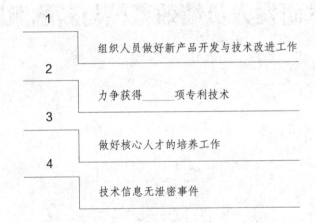

1 组织人员做好新产品开发与技术改进工作

2 力争获得_____项专利技术

3 做好核心人才的培养工作

4 技术信息无泄密事件

考核量表模板

姓名		岗位	技术部经理	所属部门	技术部
考核人			考核期限		
序号	KPI指标	权重	绩效目标值		考核得分
1	新产品开发计划完成率	15%	达到100%		
2	工艺参数正确率	10%	达到_____%		
3	工艺改进消耗降低率	15%	达到_____%		
4	技术改造经费比重	10%	控制在_____%~_____%之间		
5	重大技术失误次数	15%	0次		
6	专利拥有数	15%	_____项		

7	技术服务满意率	5%	不低于＿＿＿%	
8	核心员工培养数	5%	不低于＿＿＿人次	
9	技术资料的保密度	10%	技术资料无外泄事件发生	
考核得分总计				
考核 指标说明	新产品开发计划完成率＝$\dfrac{考核期内成功开发新产品的数量}{考核期内计划开发新产品的数量}\times100\%$			
被考核人 签字：　　日期：		考核人 签字：　　日期：		复核人 签字：　　日期：

5.1.2 工艺工程师绩效考核量表

岗位工作目标

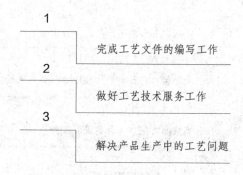

1　完成工艺文件的编写工作

2　做好工艺技术服务工作

3　解决产品生产中的工艺问题

考核量表模板

姓名			岗位	工艺工程师	所属部门	技术部
考核人				考核期限		
考核项	**KPI指标**	**权重**	**绩效目标值**			**考核得分**
产品工艺设 计与管理	工艺参数正确率	20%	达到＿＿＿%			
	工艺文件出错损失	20%	控制在＿＿＿元以内			
	工艺试验及时完成率	15%	达到100%			
工艺文 件管理	工艺规程编写的规范性与实用性	15%	工艺规程编写及时、准确			
	工艺资料管理的规范性	10%	工艺资料有序归档，符合企业 文件管理要求			

续表

工艺技术 服务支持	现场工艺技术问题及时处理率	10%	达到100%	
	技术服务满意率	10%	0次	
考核得分总计				
考核指标说明	1）工艺文件出错损失，是指因本部门提供的工艺工装文件错误造成的经济损失金额 2）技术服务投诉次数，即考核期内员工对工艺工程师所提供的技术服务工作不满而引起的投诉次数			
被考核人 签字： 日期：		考核人 签字： 日期：		复核人 签字： 日期：

5.1.3 产品设计工程师绩效考核量表

岗位工作目标

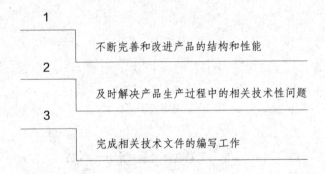

1 不断完善和改进产品的结构和性能

2 及时解决产品生产过程中的相关技术性问题

3 完成相关技术文件的编写工作

考核量表模板

姓名		岗位	产品设计工程师	所属部门	技术部
考核人			考核期限		

序号	KPI指标	权重	绩效目标值	考核得分
产品 设计	投放市场后产品设计更改的次数	30%	不低于_____%	
	投放市场后产品设计更改的次数	20%	不超过_____次	
	因产品设计缺陷导致产品质量事故的次数	20%	0次	
技术 支持	产品问题及时解决率	10%	达到100%	
	技术服务投诉次数	10%	0次	

续表

技术文档管理	技术文件编写的及时性与准确性	5%	技术编写及时、准确	
	技术文档整理的规范性	5%	技术资料有序归档，符合技术文件管理要求	
考核得分总计				
考核指标说明	新产品设计方案采纳率=$\dfrac{新产品设计方案被采纳的数量}{新产品设计方案提交的数量}\times100\%$			
被考核人签字： 日期：		考核人签字： 日期：		复核人签字： 日期：

5.1.4 产品开发工程师绩效考核量表

岗位工作目标

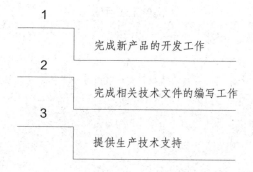

1 完成新产品的开发工作

2 完成相关技术文件的编写工作

3 提供生产技术支持

考核量表模板

姓名		岗位	产品开发工程师	所属部门	技术部
考核人			考核期限		
考核项	KPI指标	权重	绩效目标值		考核得分
新产品开发管理	申请立项通过率	15%	达到_____%		
	新产品开发数量	20%	不少于_____项		
	新产品开发周期	20%	_____天以内		
技术支持	技术问题解决率	15%	达到100%		

续表

技术支持	技术服务投诉次数	15%	0次	
技术文档管理	技术文件编写的及时性与准确性	10%	工艺规程编写及时、准确	
	技术文档整理的规范性	5%	技术资料有序归档，符合技术文件管理要求	
考核得分总计				
考核指标说明	申请立项通过率 $= \dfrac{\text{产品立项通过数}}{\text{立项总数}} \times 100\%$			
被考核人 签字：　　日期：		考核人 签字：　　日期：		复核人 签字：　　日期：

5.1.5 技术专员绩效考核量表

岗位工作目标

1

根据生产指令，完成规定的产品开发与技术改造工作，及时领取生产所需的相关物资

2

及时为公司其他部门提供技术支持与服务

3

做好技术资料的管理工作

考核量表模板

姓名		岗位	技术专员	所属部门	技术部
考核人		考核期限			
奖惩加减分	奖惩事由：				
	加/减分：				
序号	考核指标	权重	考核标准		考核得分
1	新产品开发计划完成率	30%	每低于目标值＿＿＿＿个百分点，减＿＿＿＿分		

续表

2	技术改进项目完成数	20%	每有一项未完成，减_____分	
3	图纸资料的准确性	10%	每存在一处错误，减_____分	
4	技术问题解决率	20%	每低于目标值_____个百分点，减_____分	
5	改进方案被采纳率	10%	每低目标值_____个百分点，减_____分	
6	技术资料管理的规范性	10%	技术资料有序归档，符合技术文件管理要求	
考核综合得分				
考核者意见				
被考核人 签字： 日期：		考核人 签字： 日期：		复核人 签字： 日期：

5.1.6 研发经理绩效考核量表

岗位工作目标

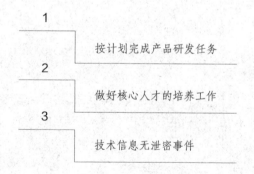

1　按计划完成产品研发任务

2　做好核心人才的培养工作

3　技术信息无泄密事件

考核量表模板

姓名			岗位	研发经理	所属部门	研发部
考核人				考核期限		
序号	KPI指标		权重	绩效目标值		考核得分
1	全新产品比例		15%	达到_____%		
2	申请立项通过率		10%	达到_____%		
3	新产品开发周期		10%	控制在_____天以内		

续表

				考核得分
4	新产品试制一次成功率	15%	达到_____%	
5	新产品销售率	10%	达到_____%	
6	新产品投入市场的技术稳定性	20%	投放市场后，没有出现因产品技术问题而影响产品质量的情形	
7	研发项目阶段成果达成率	15%	达到100%	
8	员工培训计划完成率	5%	达到100%	
考核得分总计				
考核指标说明	1）新产品开发周期，指新产品开发项目平均所用时间 2）新产品销售率＝$\dfrac{新产品销售收入}{产品销售总收入}×100\%$			
被考核人 签字：　　日期：		考核人 签字：　　日期：		复核人 签字：　　日期：

5.1.7 研发工程师绩效考核量表

岗位工作目标

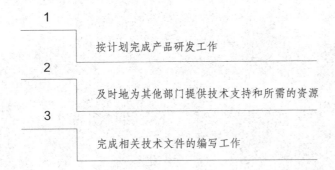

1　按计划完成产品研发工作

2　及时地为其他部门提供技术支持和所需的资源

3　完成相关技术文件的编写工作

考核量表模板

姓名		岗位	研发工程师	所属部门	研发部
考核人		考核期限			
考核项	KPI指标	权重	绩效目标值		考核得分
产品研发管理	新产品开发数量	40%	按计划全面完成		
	项目延期率	20%	不得高于_____%		

续表

技术支持	技术问题解决率	20%	达到100%	
	技术服务投诉次数	10%	0次	
技术文档管理	技术文件编写的及时性与准确性	5%	文件编写及时、准确	
	技术文档整理的规范性	5%	技术资料有序归档，符合技术文件管理要求	
考核得分总计				
考核指标说明	项目延期率$=\dfrac{\text{项目实际执行天数}-\text{项目计划执行天数}}{\text{项目计划执行天数}}\times100\%$			
被考核人签字： 日期：	考核人签字： 日期：		复核人签字： 日期：	

5.1.8 软件开发工程师绩效考核量表

岗位工作目标

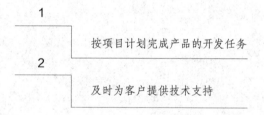

1 按项目计划完成产品的开发任务

2 及时为客户提供技术支持

考核量表模板

姓名		岗位	软件开发工程师	所属部门	研发部
考核人			考核期限		
考核项	**KPI指标**	**权重**	**绩效目标值**		**考核得分**
产品开发	项目开发准时完成率	20%	达到100%		
	模块缺陷率	30%	低于＿＿＿＿%		
文档管理	技术文件编写的及时性与准确性	10%	文件编写及时、准确		

续表

文档管理	技术文档整理的规范性	10%	技术资料有序归档，符合技术文件管理要求	
技术服务	技术问题解决率	20%	达到_____%	
	技术服务投诉次数	10%	0次	
考核得分总计				
考核指标说明	模块缺陷率是指单一测试模块的缺陷数占该模块功能点数的比重			
被考核人 签字： 日期：		考核人 签字： 日期：		复核人 签字： 日期：

5.1.9 软件测试工程师绩效考核量表

岗位工作目标

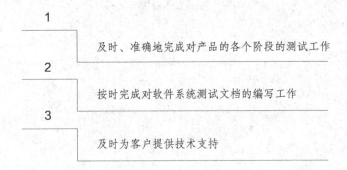

1 及时、准确地完成对产品的各个阶段的测试工作

2 按时完成对软件系统测试文档的编写工作

3 及时为客户提供技术支持

考核量表模板

姓名			岗位	软件测试工程师	所属部门	研发部
考核人				考核期限		
考核项	**KPI指标**	**权重**		**绩效目标值**		**考核得分**
产品测试	漏测率	30%		控制在_____%以内		
	遗留的Bug率	20%		控制在_____%以内		
文档编写	测试文档编写的及时性	15%		在规定时间内完成		
	测试文档编写的规范性	15%		文档编写符合企业的相关规定		

技术 服务	技术问题解决率	10%	达到　　　%	
	技术服务投诉次数	10%	0次	
考核得分总计				
考核指 标说明	$漏测率 = \dfrac{遗留Bug数}{Bug总数} \times 100\%$			
被考核人 签字：　　日期：		考核人 签字：　　日期：		复核人 签字：　　日期：

5.2 技术研发人员薪酬设计

没有创新就没有发展。技术研发人员是企业创新的骨干力量，因而企业必须根据技术研发人员的特点，树立全新的薪酬管理理念，使薪酬成为吸引人才、留住人才的一种有效手段。

5.2.1 如何给技术研发人员定薪

在对技术研发人员的薪酬体系进行设计时，我们有必要先了解这类员工的工作特性与心理需求。

▶ 技术研发人员的薪酬需求

技术研发人员自身技能水平的提高推动着产品附加值的提高和资源耗费的降低，正是由于他们所从事工作的特性，使得他们在薪酬需求方面，呈现出如下特征。

（1）除了获得固定的薪水外，他们还希望能够与企业共同分享发展成果，更希望有一些长期激励的措施。

然而，在管理实践中，部分企业忽视了这一点，导致设计出的薪酬体系存在如下两个方面的问题。

① 薪酬结构不合理

调查表明，在技术研发人员的薪酬结构设计上比较单一，没有很好地体现他们的技术要素价值和需要。

②过度关注短期激励

企业为了调动员工的积极性，鼓励员工多做贡献，通常把奖金作为重要的激励手段。与生产或营销类的员工相比，专业技术人员的工作效果在很多时候不容易在短期内显现出来。如果过度关注短期的绩效，就会使他们放弃能为企业带来长期利益的工作，转而投入到"短平快"的项目中去。

（2）希望有可供选择的双重职业发展通道示例如下图所示。

技术研发人员双重职业发展通道图

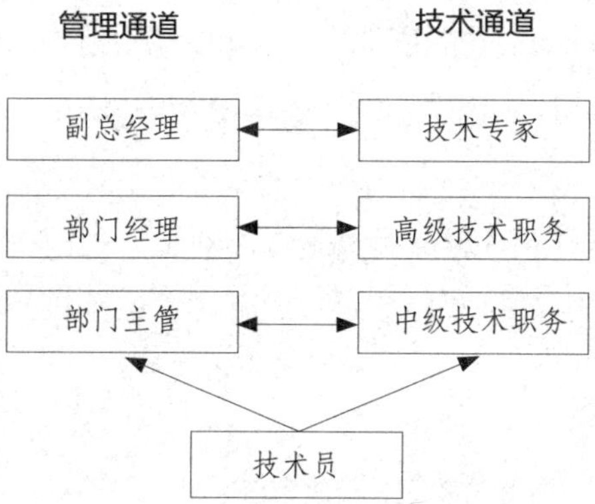

管理通道　　　　　　　技术通道

| 副总经理 | ◄——► | 技术专家 |

| 部门经理 | ◄——► | 高级技术职务 |

| 部门主管 | ◄——► | 中级技术职务 |

技术员

通过这样的双重职业发展通道，可以给科研人员提供更多的晋升机会。在他们的职业发展到某一阶段的时候，他们就会考虑哪条通道更适合自己。这无疑给专业技术人员提供了更多的选择。

▶ 技术研发人员薪酬模式设计

技术研发人员的工作富有创造性、工作过程又难以监督、劳动成果难以量化等这些特性使得企业制定出一套合理的薪酬体系变得十分困难。在管理实践中，企业管理者不妨借鉴如下两种薪酬模式。

（1）技能取向型薪酬模式

所谓技能取向型薪酬模式是指根据专业技术人员的专业技术职务来设计薪酬。

考虑到技术研发人员的职业发展需要，很多公司都会为这类员工的职业生涯设计两条不同的路径，一条是以职位等级提升为主线，一条是以专业技术职务提升为主线。因而与此相配套薪酬设计也并行设计管理和专业技术职务两条跑道，如将专业技术跑道的等级比管理跑道设置低半个等级，由此构建了职位等级薪资与专业技术职务薪资并行的薪酬管理系统。

① 职位等级薪资是公司在综合考虑各级管理职位工作的责任、难度、紧张程度以及对任职者的资格要求等因素的基础上建立起来的等级薪资制度。该制度仅针对管理职位，而不针对任职者。任职者根据其所在职位等级，享受所在等级薪资。

② 专业技术职务薪资则是在职位等级薪资之外，针对专业技术人员专业技能发展转变的特点确立的、以公司设立的专业技术职务为对象建立起来的薪资系统。公司根据专业技术工作的性质和需要，设立专业技术职务级别，在专业技术岗位上工作的员工，根据被聘用的专业技术职务，享受相应的薪资等级。

③ 专业技术职务薪资与职位等级薪资的对接。每一个专业技术职务都有相应的职位等级与之相对应（如下表），相应的职位等级的薪资就是对应的专业技术职务的薪资。

专业技术职务与管理职位等级对应表

职级	管理职位	技术职位	月固定薪酬
1	总经理		12000元
2	副总经理	资深专家	10000元
3	总监	高级工程师	8000元
4	经理	主任工程师	6000元
……	……	……	……

（2）价值取向型薪酬模式

所谓价值取向型薪酬模式就是企业将体现专业技术人员的技能和业绩因素价值化，员工按其所拥有的技能和业绩因素的多少或者等级确定其组合薪酬待遇。

为了更好地说明这一问题，下文我们给出了一个示例。

一家集生产、研发、销售于一体的设备制造企业，其技术人员的薪资由如下四部分构成。

薪资总额=基本工资+工龄工资+知识价值+岗位工资

1. 基本工资，公司规定专业技术人员的基本工资每月为＿＿＿元，公司每个员工都一样。

2. 工龄工资，员工工龄工资标准为＿＿＿元/年，即员工在公司工作每满一年按月计发＿＿＿元的工龄工资。

3. 知识价值，按照该公司的规定，专业技术人员的知识价值由学历、职称、科技成果、评优评先等四个付酬因素确定，确定依据如下。

技术人员知识价值付酬说明

付酬因素	相关说明
学历价值	即根据专业技术人员所拥有的不同的学历，按月计发不同的薪资。计发标准如下：大专＿＿＿元/月；本科＿＿＿元/月；硕士研究生＿＿＿元/月；博士研究生＿＿＿元/月
职称价值	即按照每个专业技术人员所拥有的职称等级的不同，按月计发不同的薪资，计发标准如下：技术员＿＿＿元/月；助理工程师＿＿＿元/月；工程师＿＿＿元/月；副高级工程师＿＿＿元/月；正高级工程师＿＿＿元/月
科技成果价值	是指两年内专业技术人员在企业的技术活动中所取得的成果的价值，根据所取得成果的档次不同，核定不同的系数。在确定科技成果系数时，规定项目主持人可拿到该项目的全额系数，项目参与人只能拿该项目全额系数的1/2
评优评先价值	是指专业技术人员在年度专业技术职称考核和年度科技人员评先中，被评为良好及优秀科技工作者，按月计发一定的薪酬。获得国家级优秀科技工作者称号的＿＿＿元/月；省优秀科技工作者＿＿＿元/月；市优秀科技工作者＿＿＿元/月；厂科技标兵＿＿＿元/月

4. 岗位工资，指按照不同的职务和不同的技术等级核定不同的月薪资档级，薪资档级以个人具备的基本能力、工作经验和工作成果来确定。

5.2.2 技术研发人员的福利设计

技术研发人员在福利上有更多的需求，如身体保健、进修培训、旅游休假等。因而在福利支付上也强调个性化福利，给予他们选择的空间，让他们自主搭配"福利套餐"。

弹性福利计划的模式无疑是较佳的选择。它是指"企业在核定的人均年度福利预算范围内，提供可选的多种福利项目，给员工自主选择权，由员工根据本人及其家庭成员的需要自主选择福利产品或产品组合的一种福利管理模式"。

"弹性福利计划"与"传统福利计划"最大的区别在于给予员工选择权和决定权，最大限度满足员工个性化需要，大大提高了员工对福利的感知度与体验值。弹性福利计划通常也被简称为"弹性福利"，也可称为自助餐式福利、菜单式福利等。

具体到技术研发人员，企业该如何设计一套适合他们的"福利套餐"呢？这依然与员工的心理需求有关。在此过程中，企业管理人员至少需要做好如下3项工作。

▶ 福利需求调查

要设计出尽可能满足各类员工需求的福利项目，就需要对员工的需求有充分的了解。通过员工福利需求调查，企业管理者可有效地把握企业员工的福利项目选择偏好，并有针对性地设计弹性福利菜单。

▶ 弹性福利成本控制

再完美的福利计划没有资金的支持就等于零，所以企业的财务状况也是设计福利制度的一个重要前提。企业一方面要满足员工对多元化福利的需求，同时也要对福利成本的支出进行合理控制。为了达到这一目标，企业应有切实可行的成本预算，在可接受的成本支出情况下，尽可能为员工提供高品质的福利项目。

▶ 福利项目设计与定价

在建立弹性福利项目后，薪酬管理人员就要对各个福利项目进行定价。一般说来，对于可直接衡量价值的福利项目，按其实际价格定价或在实际价格基础上给予一定的折扣、优惠等；而对于那些不能直接用货币衡量价值的福利项目，如带薪休假、旅游等，则需要根据一定的标准折算成现值进行定价，然后将这些福利项目的价格折算成相应的福利点数。

员工对福利的购买力，通常采用福利点数的形式。员工可用购买点数在企业内部购买自己所偏好的福利项目。影响点数的因素主要有工资、资历、绩效等。

下表是某企业对内部技术研发人员设计的"福利套餐"，以供参考。

技术研发人员弹性福利设计

员工	特点	福利设计
辅助层技术人员	一般比较年轻，比较注重自我实现的需求，对培训福利也比较看重，并且由于他们的事业刚起步，因而日常的生活补贴也很适合他们	法定福利+生活补贴+书报补贴+教育培训
中坚层人员	重视子女的教育，对住宅的需求也比较紧迫	法定福利+子女教育津贴+住房补贴
核心技术人员	非常重视继续受教育和自身的成长	法定福利+子女教育津贴+住房补贴+教育培训（如深造的机会等）

5.3 技术研发人员业绩考核与薪酬设计方案

5.3.1 技术部员工考核实施办法

制度名称	技术部员工考核实施办法	文件编号	
		执行部门	

第1条 目的

衡量员工的绩效,激发工作积极性,达到持续提升个人能力及部门整体工作效能。

第2条 适用范围

技术部全体员工（技术部经理除外）。

第3条 考核频率

考核分为季度考核与年度考核两种形式。

第4条 考核关系

绩效考核采用自上而下的考核方法，每月底由被考核员工的上级领导对该员工进行考核。

第5条 季度考核内容

对员工的考核，其内容主要包括工作完成情况、工作质量、工作纪律三个方面。具体结合技术部员工的工作内容，设计出的考核内容如下。

1. 新工艺、新产品研制：考核内容为考核期内员工本人所承担的新工艺、新产品研制开发任务的完成情况。

2. 设计任务的完成情况：考核内容为考核期内员工本人所承担设计任务的完成情况。设计产品资料完成情况。

3. 工艺改进：考核内容为考核期内员工本人所承担的工艺改进任务的完成情况。

4. 内部管理：考核内容为考核期内员工本人所承担的技术部内部管理改进计划的完成情况，或产品技术项目负责人所承担的项目内的管理、控制、协调等任务的完成情况。

5. 临时工作：考核内容为月度内员工本人所承担的公司或领导交办的临时工作任务的完成情况。

6. 企业规章制度遵守情况。

第6条 年度考核内容

1. 对员工的年度考核，除了需考核员工工作完成情况、工作质量、工作纪律性三个方面外，还需将员工的工作能力纳入考核的范畴。

2. 年度考核得分=前三季度考核平均分×_____%+年终考核得分_____%。

第7条 考核实施

考核者依据制定的考核内容和标准对员工在考核期内的工作表现进行评估，并将结果记录在员工考核表中，员工考核表见附表1。

第8条 绩效面谈

考核者对被考核者的工作表现进行总结，针对其存在的不足，提出改进意见，同时双方制定出下阶段的绩效目标。员工绩效面谈表见附表3。

第9条 考核结果运用

员工的绩效考核结果与其绩效薪酬、薪资调整、培训等决策相关，具体内容见下表。

考核结果运用

考核得分	季度考核结果运用	年度考核结果运用
95分以上	绩效工资按100%比例发放	薪资上调_____级，并可享受公司安排的提升培训
81~95分	绩效工资按85%比例发放	薪资上调_____级
60~80分	绩效工资按70%比例发放	薪资等级保持不变
60分以下	无绩效工资	薪资下调_____级

附表1 员工季度考核表

季度工作计划		完成情况	考核情况
工作内容	时间安排		
新产品研发			1. 新产品研发工作中存在的问题 2. 考核得分
产品设计			1. 产品设计工作中存在的问题 2. 考核得分
工艺改进			1. 工艺改进工作中存在的问题 2. 考核得分
内部管理			1. 内部管理工作中存在的问题 2. 考核得分
临时性工作			1. 临时性工作完成情况 2. 考核得分

续表

建议与要求	
考核结果等级	□优秀（95分以上），出色完成任务 □好（80～95分），完全胜任工作要求，高效地完成工作任务 □符合要求（60～80分），能保质保量地完成工作任务 □尚待改进，离工作要求有一定的差距

附表2 员工年度考核表

被考核者		岗位		所属部门	
考核者		岗位		所属部门	
考核类别		**考核内容**		**考核得分**	
年终考核		工作业绩			
		工作能力			
		工作态度			
年终考核得分总计					
季度考核平均分					
年度考核得分总计					
绩效考核总评					
绩效改进意见					
年度考核等级		□优秀（95分以上），出色完成任务 □好（80～95分），完全胜任工作要求，高效地完成工作任务 □符合要求（60～80分），能保质保量地完成工作任务 □尚待改进，离工作要求有一定的差距			

附表3 员工绩效面谈表

部门		职位		姓名	
考核期限					
工作中成功的方面					
工作中需要改进的方面					
是否需要接受一定的培训					
本人认为自己的工作在本部门和全公司中处于什么状况					

续表

本人认为本部门工作最好、最差的是谁		
对考核有什么意见		
希望从公司得到怎样的帮助		
下一步的工作和绩效的改进方向		
面谈人签名：		日期：
备注：		

编制部门		审核部门		批准部门	
编制日期		审核日期		批准日期	

5.3.2 研发部员工考核实施办法

制度名称	研发部员工考核实施办法	文件编号	
		执行部门	

第1条 目的

为全面了解、评估员工工作绩效，创建高效的产品研发团队，提高工作效率，保证实现公司各项经营目标的实现，结合产品研发部的实际情况，特制定本办法。

第2条 考核类别

1. 人员考核。人员考核每季度进行一次。采用360°考评方式，员工自评、同事互评、主管评核三种方式并行。对员工的"研发任务执行力"、"研发能力和效率"和"研发工作态度"的绩效由员工自评，同时由负责同一项目或负责相同工作的人员互评，亦即团队成员间的评核，然后交由研发部门经理统一负责考核；权重比例如下，员工自评：10%，同事互评：40%，主管评核：50%。各项目负责人的绩效由研发部经理执行考评。研发部经理绩效由总经理执行考评。

2. 项目考核。项目考核按照项目计划书的要求实施考核。

第3条 考核内容

对研发人员的考核，主要包括如下三个方面的内容。

1. 研发任务执行力（50%），其具体又细化为四项绩效指标：项目周期指标、项目质量合格率、研发项目可生产性、项目改进成本降低率。

2. 工作能力（30%），这些能力与效率主要评定要素有分析能力、判断能力、计划能力、创新能力、学习能力、应变能力、理解能力等。

3. 工作态度（20%），占月考核绩效50%，工作态度主要评定要素有工作责任心、工作积极性、团队意识、学习意识等。

第4条 考核程序

研发人员完整的考核管理循环过程分为三个阶段，分别是计划阶段、总结阶段和考核阶段。

1. 考核的计划阶段主要工作是：被考核者按照本考核期分解的工作周计划开展工作，并作出周记录；考核者根据工作计划，指导、监督、协调被考核者工作进程，记录重要工作阶段。

2. 考核的总结阶段主要工作是：被考核者进行上个考核期目标完成情况和绩效考核情况总结。考核者确认被考核者考核期内的工作任务和已经完成的目标。

3. 考核的评判阶段主要工作是：（1）评估：考核者根据被考核者在考核期内的工作表现和考核标准，对被考核者评分。（2）审核：人力资源部和考核者的直接上级对考核结果进行审核，并负责处理争议。（3）反馈：人力资源部将审核后的结果反馈给考核者，由考核者和被考核者进行沟通，并讨论绩效改进的方式和途径。

第5条 考核结果及效力

1. 考核结果一般情况要向本人公开，并留存于员工档案中。

2. 考核结果具有的效力：

（1）决定员工职位升降的主要依据。

（2）与员工薪酬挂钩。

（3）与福利（培训、休假）等待遇相关。

（4）决定对员工的奖励与惩罚。

编制部门		审核部门		批准部门	
编制日期		审核日期		批准日期	

5.3.3 工艺工程师考核实施办法

制度名称	工艺工程师考核实施办法	文件编号	
		执行部门	

第1条 目的

为促进工程师提升自身的工艺技术能力，使其能更好地为企业的生产起到保驾护航的作用，特制定本考核细则。

第2条 考核实施说明

1. 对工艺工程师的考核，采取直接上级考核其直接下级的方式进行。

2. 考核频率，采取月度考核与年度考核相结合的方式。

3. 考核总分为100分，依照制定的考核标准，考核责任人对被考核对象的工作表现进行评分。

4. 员工的考核结果划分为如下四个等级：60分以下不合格，60~80分为合格，80~90分为良好，91分及以上为优秀。

第3条 考核细则

为保证绩效考核的客观公平性，公司采用定量与定性相结合的方法对工艺工程师进行考核，具体的考核指标及评分标准如下所示。

1. 工艺参数控制符合率。工艺参数控制符合率在_____%以下时，该项得分为0。

2. 技术改造项目完成数。完成数每比计划少一项，减_____分。

3. 技术问题及时处理率及技术服务满意率。因工作不到位或服务态度差而被生产部或其他部门人员投诉，减_____分/次。

4. 材料使用的正确性。确保新产品设计或试制时符合图纸或客户的要求，每出现一次不符合要求的情况，减_____分。

5. 文档整理的规范性。确保各种文档完整、有效、及时归档，每出现一次遗漏、缺失等现象，减_____分。

第4条 考核结果应用

1. 工艺工程师连续三个月考核达到"优秀"时，除按照既定的标准发放相应的绩效工资外，公司另外还将给予现金奖励_____元，在下月工资中发放。

2. 工艺工程师年度绩效考核达到"优秀"时，除进行现金奖励外，还将对其进行晋级培训。

3. 工艺工程师连续两年的年度考核达到"优秀"时，除给予第1条、第2条的规定奖励外，还将给予职位晋升奖励。

4. 对于绩效考核级别为"不合格"的员工，公司将扣除其奖金、将其进行轮岗等处理。

编制部门		审核部门		批准部门	
编制日期		审核日期		批准日期	

5.3.4 研发项目考核管理办法

制度名称	研发部员工考核办法	文件编号	
		执行部门	

第1条 目的

为规范研发项目管理工作，充分调动研发人员的工作积极性，以高效地完成公司的研发任务，在维持公司现有绩效考核制度的基础上，特制定本办法。

第2条 适用对象

参与产品研发工作并且目前仍在公司工作的员工。

第3条 项目考核职责划分

1. 公司项目考核小组是公司项目考核的领导单位（成员主要包括：公司总经理、研发部经理、质量管理部经理、财务部经理、人力资源部经理等，总经理任小组组长），公司项目管理部是项目考核的归口管理单位，公司质量管理部、财务部、人力资源部为项目考核的协作单位。

2. 项目考核小组主要职责: 确定项目考核方式; 监督考核的实施; 处理项目考核过程中的各种投诉。

3. 公司项目管理部的项目考核职责: 负责项目考核的整体协调; 负责项目目标及考核指标的拟订; 具体负责项目进度考核。

4. 公司质量管理部的项目考核职责: 负责质量考核的组织、记录与评价; 参与其他项目考核内容。

5. 公司财务部的项目考核职责: 负责成本考核的组织、记录与评价; 参与其他项目考核内容。

6. 公司人力资源部的项目考核职责: 协助考核的实施; 根据项目考核结果实施绩效奖惩。

第4条 项目考核

1. 项目管理部对研发项目整体工作绩效进行评估。

2. 项目考核内容分为项目进度、项目质量、项目成本、客户满意度和技术资料的完整性5个方面, 其考核标准见附表1。

第5条 项目成员考核

1. 在该项目完结后, 由项目负责人对项目组成员实施考核。

2. 项目负责人依据《项目组成员考核表》(见附表2)进行考核。

第6条 项目目标调整

项目目标一旦确定, 原则上不允许调整。如因实际需要调整, 调整流程如下。

1. 进度目标调整必须由项目负责人申请, 研发部经理审核, 总经理核准。

2. 质量目标调整必须由项目负责人申请, 质量管理部经理审核, 总经理核准。

3. 成本目标调整必须由项目负责人申请, 财务部经理审核, 总经理核准。

4. 客户满意度目标不许调整。

5. 项目周期在3个月以内的项目, 各项目标调整不得超过1次, 项目周期超过6个月的项目, 各项目标调整不得超过2次。

第7条 项目考核结果应用

1. 项目考核结果主要用于计算项目总奖金, 同时也用于项目人员的晋升、培训等方面。

2. 具体实施办法见公司研发项目激励办法。

附表1 研发项目绩效评估表

考核内容	计分办法
项目进度	按照制订的计划严格执行, 每延迟1天, 减_____分
项目质量	每有1处不符合质量目标的要求, 减_____分
项目成本	1. 每超出预算的_____%, 减_____分 2. 在资金使用上, 按照公司的财务管理规定执行, 每有1次不符合的现象, 减_____分
技术资料的完整性	每缺失1项, 减_____分
客户满意度	每有1次投诉, 减_____分

附表2 项目组成员考核表

考核内容	计分办法
项目进度	按照制订的计划严格执行，每延迟1天，减_____分
项目质量	符合设计要求，_____分；基本符合设计要求，但局部需要调整，_____分；不符合设计要求，_____分
技术资料的完整性	每缺失1项，减_____分
客户满意度	因后期工作不到位而受到客户投诉的，减_____分/次

编制部门		审核部门		批准部门	
编制日期		审核日期		批准日期	

5.3.5 软件开发项目考核与激励办法

制度名称	软件开发项目考核与激励办法	文件编号	
		执行部门	

第1条 目的

为不断提高软件开发人员的工作积极性，不断提高软件开发质量水平，特制定本考核办法。

第2条 考核对象

软件开发项目组全体人员。

第3条 考核时间

1. 员工的日常考核时间以月为单位。
2. 项目的考核时间以项目工期为单位。
3. 临时任务以任务要求的工期为准。

第4条 考核内容及标准

对软件项目开发人员的考核，主要从项目进程、项目质量、文档编写的规范性、项目费用四个方面进行，具体内容及考核标准见附表。

第5条 项目奖金发放

1. 研发部可以根据项目的难易程度、重要程度、轻重缓急调配项目奖金的总额。
2. 项目奖金原则上按项目总额的_____%提取项目奖金。
3. 项目奖金由项目研发人员、测试人员、美工共同分享。
4. 项目奖金的发放由项目经理决定，报研发部批准。
5. 项目奖金的发放时间为项目验收结束后。

第6条　其他激励措施

研发人员有下列表现，由研发部报请公司给予嘉奖，并建议人力资源部门在职务提升、工资调整中给予相应考虑。

1. 在工作过程表现出非常好的创新能力，带领并帮助其他员工共同提高。
2. 在公司重大项目表现突出。
3. 工作中解决了相关技术难题，大大提高了工作效率。
4. 工作认真、负责，提前完成项目，公司视情况给予一次性奖励。
5. 年底被评为优秀项目经理、优秀员工。

附表　软件开发项目考核表

考核内容	考核标准
项目进程	能够在预定的时间内完成，_____分；超过预定时间的10%才能完成，_____分；超过预定时间的20%才能完成，_____分
项目质量	缺陷率低于_____%，_____分；缺陷率控制在_____%~_____%之间，_____分；缺陷率高于_____%，_____分
文档编写的规范性	文档书写完全符合公司规定的要求，_____分 文档书写基本规范，但在美观性上有待改进，_____分 文档书写的规范性、美观性都有待改进，_____分 文档书写的规范性、美观性都存在很大的改进空间，_____分
项目费用	控制在预算内，_____分， 超出预算_____%，_____分 超出预算_____%以上，0分

编制部门		审核部门		批准部门	
编制日期		审核日期		批准日期	

5.3.6 研发项目奖励方案

研发项目奖励方案

为调动公司科研技术人员进行新技术、新产品开发的积极性，加快产品开发进度，促进企业发展，特制定如下奖励办法。

一、奖励范围

由公司批准立项或经公司领导及技术管理部门审批同意实施的研发项目，并且是在按要求完成、经评审合格的项目。

二、项目奖金数额的确定

公司针对每一个研发成功的项目设立专项奖金，项目完成后在一年内的预计净收益的一定比例提取。具体计算办法如下。

项目奖金=一年内预计净收益×计提比例

（一年内预计净收益=一年内该项目产品的预计销售额–开发费用预算–产品成本预算）

三、项目奖金分配

1. 项目负责人奖金

项目负责人奖金=项目奖金×50%×考核系数

其中考核系数=项目负责人考核得分/100

2. 个人奖金

研发设计人员所得的奖金按其在项目中的贡献度予以兑现，具体计算办法为：个人奖金=项目奖金×50%个人贡献度，其中个人贡献度=个人所得分值/项目组总分值

四、项目考核

公司设立研发项目成果评审组，负责公司的研发项目评审工作，评审组根据公司立项要求对项目进行评审具体内容见下表。

项目组成员考核表

员工	考核内容	计分办法
项目组负责人	项目进度的控制（30分）	按设计开发计划书，每延期一次扣10分，延期两次此项不得分
	项目质量（30分）	在产品试产阶段，每出现一次质量问题，减5分；出现三次以上（不包括三次）的质量问题，此项不得分
	项目输出资料的完整性（15分）	分为三个等级（符合要求、基本符合、不符合），每个等级相差5分
	管理及协调能力（25分）	分五个等级（好、良好、一般、较差、差），每个等级相差5分
项目组成员	项目进度（40分）	按设计开发计划书，每延期一次扣10分，延期两次此项不得分
	工作质量（40分）	每出现一次质量问题，减5分；出现三次以上（不包括三次）的质量问题，此项不得分
	项目资料的完整性（20分）	每缺失一份，减5分

五、项目奖金发放方式

1. 项目初步完成，并通过样机验证的次月，发放奖金总额的30%。

2. 小批量试产后，试产总结报告完成的次月，发放奖金总额的30%。

3. 首批新产品投放市场后，经12个月的实际运行检验，未出现质量问题的，发放剩余奖金。出现一次质量问题，则扣发项目负责人奖金的20%，扣发主要责任人奖金的30%；出现两次以上的质量问题，则扣除已发放奖金的20%（项目负责人、主要责任人）。

六、补充说明

几个部门共同完成的项目，奖金发至第一承担部门，由该部门负责与其他部门协商，并按贡献大小合理分配。

5.3.7 研发人员提成实施方案

研发人员提成实施方案

为充分调动产品研发人员的积极性、主动性和创造性，为公司研发出适销对路、技术领先的产品，特制订本奖励方案。

一、概念界定

本方案中所说的新产品，就是指在原理、结构、性能、用途等某一方面或几方面与老产品有本质的不同或显著的差异。

本方案中所说的改进产品，是指在现有成熟产品的基础上做出适当表更以适应市场需求的产品。

二、奖励方式

1. 奖励额度：以产品实现的销售额为基数，按照一定的比例提成。

2. 奖励频率：每年结算一次。

3. 提成标准：提成周期为三年，具体提成比例标准见下表。

提成比例

产品	第一年	第二年	第三年
新产品	0.5%	0.3%	0.1%
改进产品	0.2%	0.1%	0.05%

三、奖金分配

研发项目组成员在内部依据考核结果进行分配，原则上向项目负责人、主要研发人员倾斜。

1. 奖励计提比例及考核内容

由于项目组成员所承担的工作内容不同，故在奖金分配上也有所侧重，相关内容如下表所示。

奖金分配比例

人员	分配比例
项目负责人	30%
主要研发人员	25%
研发项目组成员	45%

2. 奖金计算

具体奖金计算办法见下表。

奖金计算办法

人员	奖金计算	考核内容
项目负责人及主要研发人员	产品销售提成×分配比例×考核得分	项目进度、项目质量、产品售后服务质量、项目文件的完整性
研发项目组成员	产品销售提成×分配比例×考核系数＝个人考核得分/项目组成员考核总得分，其中，项目组成员考核总得分不包括项目负责人及主要研发人员的考核得分	

四、附则

本方案每年调整一次。

5.3.8 技术创新奖励办法

制度名称	技术创新奖励办法	文件编号	
		执行部门	

第1条 目的

为激发员工的创新积极性，促进企业的可持续发展。

第2条 适用范围

公司全体员工。

第3条 评审组织及职责

1. 设立评审组织。评审小组由公司总经理、技术部经理、财务部经理、人力资源部经理、提交申请部门负责人等人员组成，公司总经理为评审组长。

2. 评审小组主要职责。负责审核部门提出的奖励项目申请、负责监督奖励实施过程、负责受理员工申诉及投诉、负责组织修订各奖励办法。

第4条 技术创新项目申报条件

属下列之一者，均可参加公司技术创新项目申报。

1. 具有新颖性、实用性，并在公司产生重大影响的发明创造项目

2. 解决公司生产经营中科研难题的技术成果。

3. 改造、改进技术设备，提高产品质量，提高劳动生产率，降低成本，年创节约价值10万元以上的技术项目。

4. 其他可为公司节约成本或增加效益的项目或建议。

第5条 技术创新项目申报

建议提出者需填写《技术创新项目申请表》（见附表）交至本部门负责人，部门负责人将项目申报表提交至评审小组。

第6条 技术创新项目实施

在技术创新项目实施过程中，责任部门应指定专人对该项目的实施、进度质量进行监督。

第7条 技术创新项目考核

对审批通过后的项目，责任部门和企管部对技术创新项目进行效益考核，并将考核结果提交技术创新评审小组。

第8条 技术创新奖励

1. 技术创新"小发明"奖励：200~500元。

2. 为公司创造效益或节约成本在1万元以上10万元以下的技术创新项目，分别以一、二、三等奖进行奖励，奖励金额分别为＿＿＿元、＿＿＿元、＿＿＿元；为公司创造效益或节约成本10万元以上的或一年内累计超过10万元的，按节约成本金额的＿＿＿%予以奖励。

3. 投资回收期在1年以内的，按当年实际净增效益的＿＿＿%一次性提取奖励。

4. 投资回收期在1~3年以内的，按当年实际净增效益的＿＿＿%一次性提取奖励。

5. 投资回收期在3~5年以内的，按当年实际净增效益的＿＿＿%一次性提取奖励。

第9条 奖励分配

技术创新成果按以下标准奖励：

1. 项目奖金由第一完成单位按照贡献大小进行合理分配，主要创新人员奖金不得低于总奖金的60%

2. 剩余的部分按项目组成员的贡献大小分配给有关人员。

第10条 其他

1. 对于在成果提报和评审过程中，出现弄虚作假骗取荣誉奖励者，除了撤销奖励、追回奖金外，还取消责任人当年度先进资格的评选资格。

2. 技术创新者在评选先进、晋升、培训等方面，予以优先考虑。

第11条 附则

本办法由技术部负责解释，自＿＿＿＿年＿＿＿月＿＿＿日起实行。

附件 技术创新项目申请表

技术创新/改造项目			
申请人/申请部门		计划日期	
预期目标			
实施计划说明			
需新增材料或设备			
经济效益分析			
部门意见		技术部门意见	
企管部意见		企业副总意见	
总经理审核			

编制部门		审核部门		批准部门	
编制日期		审核日期		批准日期	

5.3.9 技术部绩效工资考核方案

技术部绩效工资考核方案

为了客观评价本部门员工的绩效，充分调动部门人员的工作积极性、主动性，结合本部门实际，特制定本绩效工资考核办法。

一、适用对象

技术部员工（技术部经理除外）。

二、考核办法

1. 绩效工资标准：为岗位工资的_____%。

2. 每分按_____元计算。

三、考核细则

1. 擅离工作岗位或从事与工作无关的事情，扣_____分/次。

2. 因工作不配合导致投诉，扣_____分/次。

3. 分配的工作任务未在规定时间内完成，扣_____分/次。

4. 设计成果未达到技术方案的要求，视具体情况，扣____~____分/次。

5. 负责按照技术部培训计划对操作员工进行技术培训，否则，扣_____分/次。

6. 积极对负责区域进行技术方面的优化调整检查和管理，出现技术问题的扣____~____分。

7. 积极落实设备系统运行情况、事故处理情况，一次不落实扣____分。

8. 对于车间提出的生产中存在的技术难题，不能及时解决扣____分。

9. 对发现的安全隐患不积极制止，扣____分，造成的后果另行按照公司相关规定执行。

10. 按要求参加公司、车间生产、技术、管理等方面的各种会议，无故不参加的扣____分/次。

四、附则

本方案由技术部制订，经公司总经理核准后公布实施，修改时亦同。

编制日期：

审核日期：

实施日期：

5.3.10 技术部经理考核与激励方案

技术部经理考核与激励方案

一、薪资设定

结合公司实际及外部市场状况，对技术部经理一职，设定的薪酬标准如下。

技术部经理薪酬=岗位工资（＿＿元）+绩效工资（＿＿元），合计＿＿元/月。

二、岗位工资发放

岗位责任人如满足如下两项条件，岗位工资予以全额发放。

1. 按公司考勤制度出勤。

2. 切实做好本职工作，无违反公司规章制度的行为。

三、绩效工资计发

绩效工资的发放需要依据岗位责任人的绩效考核结果而定，其具体考核标准如下。

1. 考核标准

（1）组织本部门人员做好技术信息的收集工作，因信息收集不及时而给企业经营造成影响者，减＿＿分/次。

（2）组织人员做好工艺检查，未按计划完成，减＿＿分/次。

（3）产品研发课题完成率达＿＿%，每差＿＿个百分点，减＿＿分。

（4）积极进行技术创新，年底技术改进或创新项目不低于＿＿项。否则，每少一项，减＿＿分。

（5）加强对下属人员的管理。部门员工出现严重违反公司纪律的情形，减＿＿分/人次。

（6）客观公正地对下属人员实施考核。出现考核不公或考核结果与考核对象实际情况不符的情况，减＿＿分/次。

2. 绩效工资核算

目标责任人的绩效工资按如下标准进行计发。

（1）各项工作目标均得以实现，绩效工资按全额的标准发放。

（2）工作目标考核得分在90分以上，绩效工资按90%的比例计发。

（3）工作目标考核得分在80分以上，绩效工资按80%的比例计发。

（4）工作目标考核得分在70分以上，绩效工资按70%的比例计发。

（5）工作目标考核得分在60分以上，绩效工资按60%的比例计发。

（6）工作目标考核得分在60分以上，当期无绩效工资。

四、附则

本方案未尽事宜情况发生时在征求公司总经理意见后，由公司另行研究解决办法。

编制日期：

审核日期：

实施日期：

5.3.11 研发部经理考核与激励方案

研发部经理考核与激励方案

为激励目标责任人更好地工作，进而提升公司的研发水平，特制订本激励方案。

一、薪酬设定

研发经理薪酬由固定工资+浮动工资+成果奖金三部分构成，具体内容见下表。

薪酬构成说明

薪酬组成部分	相关说明
固定工资	依据职位而设立的岗位工资，其标准为＿＿＿元/月
浮动工资	其标准设为＿＿＿元/月，具体发放额度依据员工考核结果而计发
成果奖金	完成一项研发任务，按制定的考核标准计发

二、工作目标

目标责任人在考核期内需达成如下四项目标，具体内容如下。

1. 在规定时间内完成新产品研发计划中的各项任务。

2. 研发成本控制在预算内。

3. 部门员工无违反公司规章制度的行为发生。

4. 公司核心技术无泄密的情况。

三、固定工资计发

岗位责任人如满足如下两项条件，固定工资予以全额发放。

1. 按公司考勤制度出勤。

2. 切实做好本职工作，无违反公司规章制度的行为。

四、浮动工资计发

浮动工资的发放要以员工的绩效表现为基础，具体考核标准如下。

1. 项目进度每延迟＿＿天，扣发＿＿％的浮动工资。

2. 研发项目阶段成果达成率达到100%，每低＿＿个百分点，扣发＿＿％的浮动工资。

3. 考核期内，客户质量投诉次数不能超过＿＿次，否则，每超出1次，扣发＿＿％的浮动工资。

4. 研发成本控制在预算内，每超出＿＿％，扣发＿＿％的浮动工资。

5. 因新产品工艺结构设计不合理而造成生产浪费，扣发＿＿％的浮动工资/次。

6. 技术资料每缺失1项，扣发＿＿％的浮动工资。

7. 部门员工出现严重违反公司纪律的情形，扣发＿＿％的浮动工资/人次。

8. 因各项文档资料管理不善而导致公司核心技术泄露，扣发＿＿％的浮动工资。

五、成果奖金计发

根据产出效益的不同，公司对成果奖励这块也设置了不同的奖励等级和标准，具体内容见下表。

成果奖金设定额度与发放标准

产出效益	奖励等级	奖励金额
＿＿万元以上	一等奖	按产出效益的＿＿％提成
＿＿万～＿＿万之间	二等奖	按产出效益的＿＿％提成
＿＿万元以下	三等奖	按产出效益的＿＿％提成

六、附则

本方案未尽事宜情况发生时，在征求公司总经理意见后，由公司另行研究解决办法。

编制日期：

审核日期：

实施日期：

5.3.12 研发人员薪酬激励实施方案

研发人员薪酬激励实施方案

为充分调动研发人员的积极性和创造性，按照多劳多得的原则，特制订本薪酬激励方案。

一、适用范围

本方案适用于研发部所有员工（研发部经理除外）。

二、研发人员薪酬构成

研发人员的收入由月度固定收入（固定收入）、研发项目奖金（浮动收入）及福利三部分构成。具体内容如下表所示。

研发人员薪酬结构

薪酬构成	相关说明
月度固定收入	岗位工资+学历工资+工龄工资
研发项目奖金	项目考核奖金+项目效益奖金
福利	法定福利+企业自主福利

三、固定工资设计

1. 岗位工资

岗位工资按照岗位的责任大小、岗位任职条件、努力程度等薪酬因素决定的工资，是本结构薪酬的主要组成部分。其主要功能是促进员工的工作责任和上进心。岗位工资由职位等级决定，具体内容见下表。

岗位工资设定

岗位	职位等级	岗位工资
研发部主管	5级	____元
研发专员	7级	____元
项目助理	8级	____元
……	……	……

2. 学历工资

公司根据入职员工学历水平设立学历工资，以员工入职后获得最高学历为准，具体标准如下。

学历工资标准设定

学历	大专	本科	硕士及以上
学历工资	____元	____元	____元

3. 工龄工资

根据公司员工在公司工作年限设立工龄工资，在本公司工作每增加一年，每月工龄工资相应增加____元整，累计____年封顶。

四、研发项目奖金设计

1. 项目考核奖金

项目考核奖金是根据项目难度、工作量等因素确定的项目奖金额度，并依据研发人员的工作表现而计发的奖金。

（1）项目考核奖金标准

项目考核奖金数额依据项目等级不同而有所不同，具体内容如下。

项目考核奖金设定

项目等级	A	B	C	D
项目奖金总额	____万元	____万元	____万元	____万元

（2）项目奖金分配

项目奖金分配具体办法见下表。

项目奖金分配

人员	奖金发放办法
项目负责人	项目考核奖金=项目奖励额度×40%×考核系数，其中，考核系数=考核得分/100
研发人员	项目考核奖金=项目奖励额度×60%×考核得分/项目组得分总和

2. 项目效益奖金

项目效益奖金是指项目成果经投放市场后对公司业绩贡献情况而给予的奖励。它是产品开发成功以后，对研发人员实施的中长期激励，即按产品销售额的一定比例作为研发人员的奖励。具体标准如下。

项目效益奖金分配

项目类别	第一年	第二年	第三年
A	1%	0.5%	0.2%
B	0.6%	0.3%	0.1%
C	0.4%	0.2%	
D	0.2	0.1%	——

五、福利

研发人员的福利待遇参见公司《员工福利管理制度》执行。

六、附则

本方案自发布之日起施行，本方案每年修订一次。

编制日期：

审核日期：

实施日期：

5.3.13 软件开发人员薪酬设计方案

软件开发人员薪酬设计方案

为了激发团队的进取精神，更好地在项目工期内完成工作，保质保量地交付项目成果，特制订本套激励方案。

一、直接薪酬

软件开发人员的直接薪酬分为岗位工资、绩效工资、项目奖金和年终奖金四部分。

1. 岗位工资

岗位工资是根据员工的工作经验、所在岗位、外部市场薪酬水平等因素综合确定。具体标准如下。

岗位工资标准

岗位	岗位工资	
	一档	二档
技术总监	＿＿＿元	＿＿＿元
部门经理	＿＿＿元	＿＿＿元
部门主管	＿＿＿元	＿＿＿元
项目主管	＿＿＿元	＿＿＿元
软件开发员、软件测试人员	3500元	4500元

2. 绩效工资

员工的绩效工资与员工的绩效表现是紧密相连的。公司主要从工作进度、工作质量及日常工作表现三个方面来评价员工的当期绩效，绩效工资发放标准见下表。

绩效工资发放标准

考核得分	激励系数	绩效工资
91分以上	0.9	
81～90分	0.8	
71～80分	0.7	激励系数×岗位工资
60～70分	0.6	
60分以下	0	无

3．项目奖金

当一个项目完成后，员工表现符合公司要求的，会得到相应的项目奖金，具体发放办法见公司《项目考核与激励实施办法》。

4．年终奖金

以员工的岗位工资为基数，根据员工年度考核结果确定激励系数（激励系数的确定同《绩效工资发放标准》一表，最终确定年终奖的金额。

二、福利

公司按照国家相关规定为员工缴纳社会保险，另外，公司还为软件开发人员提供了如下福利项目。具体内容见下表。

员工福利项目

企业提供的自主福利项目	相关说明
身体健康检查	公司定期组织员工进行身体健康检查，一年＿＿＿＿次
团队旅游	公司定期组织员工外出旅游，一年＿＿＿＿次
……	……

三、薪酬发放

公司薪酬发放时间为每月的＿＿＿＿日，如遇节假日应提前至节假日前的一个工作日发放。

四、薪资调整与变动

为了使制订出的薪酬方案能及时反映出市场的变化，公司每年都会对本薪酬方案进行相应的调整，从而起到更好的激励效果。

编制日期：

审核日期：

实施日期：

第6章
销售人员绩效考核与薪酬激励

6.1 销售人员绩效考核量表设计

6.1.1 销售经理绩效考核量表

岗位工作目标

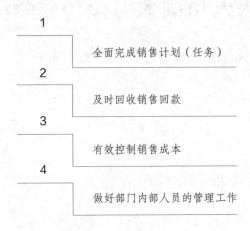

1 全面完成销售计划（任务）

2 及时回收销售回款

3 有效控制销售成本

4 做好部门内部人员的管理工作

考核量表模板

姓名		岗位	销售经理	所属部门	销售部
考核人			考核期限		

序号	KPI指标	权重	绩效目标值	考核得分
1	销售计划完成率	15%	达到100%	
2	人均销售额	10%	达到_____元/人	
3	销售毛利率	10%	达到_____%	
4	销售回款率	15%	达到_____%	

续表

5	销售费用率	10%	控制在_____%以内	
6	产品市场占有率	10%	达到_____%	
7	客户开发计划完成率	15%	达到_____%	
8	客户保有率	5%	达到_____%	
9	骨干员工流失率	5%	控制在_____%以内	
10	部门员工培训完成率	5%	达到100%	
考核得分总计				
考核指标说明	由于一个企业的产品市场占有率的高低受多方面因素的影响,故在对该指标的权重上不宜设置过高			

被考核人 签字: 日期:	考核人 签字: 日期:	复核人 签字: 日期:

6.1.2 销售主管绩效考核量表

岗位工作目标

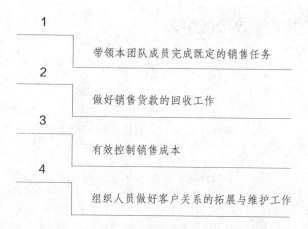

1 带领本团队成员完成既定的销售任务

2 做好销售货款的回收工作

3 有效控制销售成本

4 组织人员做好客户关系的拓展与维护工作

考核量表模板

姓名		岗位	销售主管	所属部门	销售部
考核人			考核期限		

考核项	KPI指标	权重	绩效目标值	考核得分
销售任务目标	团队销售计划达成率	20%	达到100%	
	核心产品销售量	15%	达到_____万元	
销售费用与回款目标	销售费用率	15%	控制在_____%以内	
	销售回款率	15%	达到_____%	
客户开发及维护目标	客户保有率	15%	达到_____%	
	新客户开发计划达成率	10%	达到_____%	
	客户投诉有效处理率	10%	达到100%	
考核得分总计				
考核指标说明	1）考核指标计算说明 销售收入增长率= $\dfrac{本期销售收入-上期销售收入}{上期销售收入} \times 100\%$ 2）考核权重设置说明 销售计划达成率是衡量企业产品或业务销售情况的最直观指标，是对销售主管进行考核的最关键指标之一。因此，在考核体系中应占有较高比重			
被考核人 签字：　　日期：	考核人 签字：　　日期：		复核人 签字：　　日期：	

6.1.3 区域主管绩效考核量表

岗位工作目标

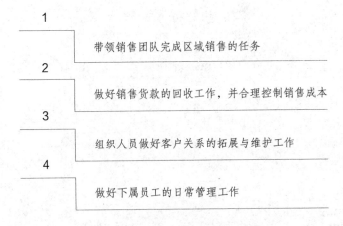

1　带领销售团队完成区域销售的任务

2　做好销售货款的回收工作，并合理控制销售成本

3　组织人员做好客户关系的拓展与维护工作

4　做好下属员工的日常管理工作

考核量表模板

姓名		岗位	区域主管	所属部门	销售部
考核人			考核期限		
考核项	KPI指标	权重	绩效目标值		考核得分
销售计划执行	销售任务达成率	20%	达到100%		
	区域市场占有率	10%	达到_____%		
销售回款与费用管理	销售回款率	15%	达到_____%		
	销售费用率	15%	控制在_____%以内		
客户关系维护	新增客户数量	10%	每月_____个		
	客户保有率	10%	达到_____%		
团队员工日常管理	培训计划完成率	10%	达到100%		
	下属人员违反销售管理规章制度次数	10%	0次		
考核得分总计					
考核指标说明					
被考核人签字：　日期：		考核人签字：　日期：		复核人签字：　日期：	

6.1.4 渠道主管绩效考核量表

岗位工作目标

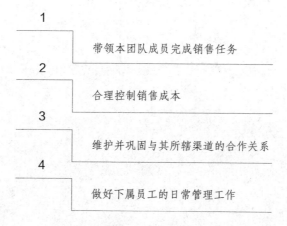

1　带领本团队成员完成销售任务

2　合理控制销售成本

3　维护并巩固与其所辖渠道的合作关系

4　做好下属员工的日常管理工作

考核量表模板

姓名		岗位	渠道主管	所属部门	销售部
考核人		考核期限			
考核项	KPI指标	权重	绩效目标值		考核得分
销售任务与成本控制	销售额/销售量	25%	达到____元或____件		
	渠道开发计划完成率	20%	达到100%		
	销售费用节省率	15%	达到____%		
客情关系维护	新增渠道成员数量	15%	新增____家渠道商		
	渠道商满意度评价	10%	不低于____分		
团队成员日常管理	培训计划完成率	5%	达到100%		
	发生窜货行为的次数	10%	0次		
考核得分总计					
考核指标说明					
被考核人签字: 日期:		考核人签字: 日期:		复核人签字: 日期:	

6.1.5 大客户主管绩效考核量表

岗位工作目标

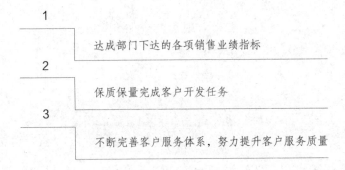

1 达成部门下达的各项销售业绩指标

2 保质保量完成客户开发任务

3 不断完善客户服务体系，努力提升客户服务质量

考核量表模板

姓名			岗位	大客户主管	所属部门	销售部
考核人				考核期限		
考核项	KPI指标	权重		绩效目标值		考核得分
销售计划实施	销售计划完成率	20%	达到100%			
	销售回款率	15%	达到____%			
	销售费用率	10%	控制在____%以内			
客户开发	大客户开发计划完成率	15%	达到100%			
	大客户保有率	15%	达到____%			
客户管理维护	大客户满意度评价	10%	不低于____%			
	客户投诉解决满意率	10%	达到____%			
	客户档案资料完整率	5%	达到100%			
考核得分总计						
考核指标说明	为了有效评估客户投诉处理效果，企业可设置"客户投诉解决满意率"这一指标来达到管理的目的，该指标的计算方法如下： 客户投诉解决满意率 = $\dfrac{客户对投诉解决结果满意的数}{客户总投诉数量} \times 100\%$					
被考核人 签字：　　　日期：		考核人 签字：　　　日期：			复核人 签字：　　　日期：	

6.1.6 促销主管绩效考核量表

岗位工作目标

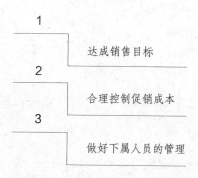

1　达成销售目标

2　合理控制促销成本

3　做好下属人员的管理

考核量表模板

姓名		岗位	促销主管	所属部门	销售部
考核人		考核期限			

考核项	KPI指标	权重	绩效目标值		考核得分
促销方案的制订	促销方案提交及时率	5%	达到100%，即在规定时间内完成		
	促销方案制订的完善性	10%	方案中无重要内容的缺失项		
促销实施	促销计划完成率	20%	达到100%		
	促销人员到位率	10%	达到100%		
	商品陈列合格率	15%	达到100%		
	违规发放赠品的次数	10%	0次		
促销效果评估	促销方案预期目标达成率	20%	达到100%		
	促销现场问题解决率	10%	达到100%		
考核得分总计					
考核指标说明	促销人员到位率=$\dfrac{现有促销人员数}{区域内需要的促销人员数}\times100\%$				
被考核人 签字：　　　日期：		考核人 签字：　　　日期：		复核人 签字：　　　日期：	

6.1.7 电话销售主管绩效考核量表

岗位工作目标

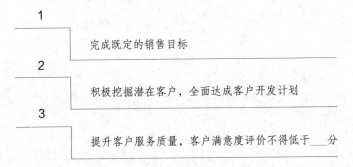

1　完成既定的销售目标

2　积极挖掘潜在客户，全面达成客户开发计划

3　提升客户服务质量，客户满意度评价不得低于___分

考核量表模板

姓名			岗位	电话销售主管	所属部门	销售部
考核人				考核期限		

考核项	KPI指标	权重	绩效目标值	考核得分
销售目标管理	电话销售任务完成率	25%	达到100%	
	电话销售出单率	20%	不低于____%	
	销售回款率	15%	达到____%	
客户管理	客户开发计划完成率	15%	达到____%	
	客户满意度	10%	不低于____分	
部门员工管理	培训计划完成率	5%	达到100%	
	员工违纪次数	10%	0次	
考核得分总计				
考核指标说明	电话销售出单率= $\dfrac{签单客户数量}{电话拜访客户数量} \times 100\%$			

被考核人 签字:	日期:	考核人 签字:	日期:	复核人 签字:	日期:

6.1.8 销售专员绩效考核量表

岗位工作目标

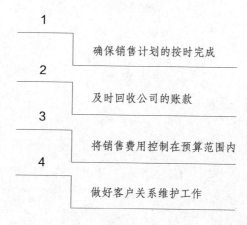

1 确保销售计划的按时完成

2 及时回收公司的账款

3 将销售费用控制在预算范围内

4 做好客户关系维护工作

考核量表模板

姓名			岗位	销售专员	所属部门		销售部
考核人				考核期限			

奖惩加减分	奖惩事由：						
	加/减分：						

序号	考核指标	权重	考核标准				考核得分
1	销售计划达成率	20%	每低于目标值＿＿＿个百分点，减＿＿＿分				
2	销售毛利率	10%	每低于目标值＿＿＿个百分点，减＿＿＿分				
3	销售回款率	15%	每低于目标值＿＿＿个百分点，减＿＿＿分				
4	销售费用率	10%	每高出目标值＿＿＿个百分点，减＿＿＿分				
5	新客户开发数量	15%	每少于目标值＿＿＿个单位，减＿＿＿分				
6	客户回访率	10%	每低于目标值＿＿＿个百分点，减＿＿＿分				
7	客户流失率	10%	每高出目标值＿＿＿个百分点，减＿＿＿分				
8	客户有效投诉次数	10%	每出现一起，减＿＿＿分				
考核综合得分							

考核者意见						
被考核人 签字：　　　　日期：		考核人 签字：　　　　日期：			复核人 签字：　　　　日期：	

6.1.9 电话销售专员绩效考核量表

岗位工作目标

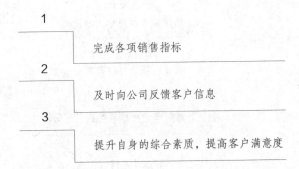

1　完成各项销售指标

2　及时向公司反馈客户信息

3　提升自身的综合素质，提高客户满意度

考核量表模板

姓名		岗位	电话销售专员	所属部门	销售部
考核人			考核期限		
奖惩加减分	奖惩事由：				
	加/减分：				

序号	考核指标	权重	考核标准		考核得分
1	电话销售额	30%	每低于目标值____个百分点，减____分		
2	销售回款率	20%	每低于目标值____个百分点，减____分		
3	每日呼出量	10%	每低于目标值____个百分点，减____分		
4	电话沟通成功率	15%	每低于目标值____个百分点，减____分		
5	成单量	15%	每低于目标值____个单位，减____分		
6	客户有效投诉次数	10%	每有一起，减____分		
考核综合得分					
考核者意见					

被考核人 签字：　　　日期：	考核人 签字：　　　日期：	复核人 签字：　　　日期：

6.1.10 网店销售人员绩效考核量表

岗位工作目标

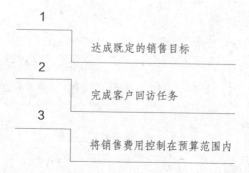

1　达成既定的销售目标

2　完成客户回访任务

3　将销售费用控制在预算范围内

考核量表模板

姓名			岗位	网店销售人员	所属部门		销售部
考核人				考核期限			

奖惩加减分	奖惩事由：						
	加/减分：						

序号	考核指标	权重	考核标准	考核得分
1	销售计划完成率	30%	每低于目标值＿＿＿个百分点，减＿＿＿分	
2	客单价	15%	每低于目标值＿＿＿个百分点，减＿＿＿分	
3	咨询转化率	15%	每低于目标值＿＿＿个百分点，减＿＿＿分	
4	下单成功率	15%	每低于目标值＿＿＿个百分点，减＿＿＿分	
5	平均响应时间	10%	超出公司规定的标准，减＿＿＿分	
6	客户投诉次数	15%	每有一起客户投诉，减＿＿＿分	
考核综合得分				

考核者意见	

被考核人 签字：　　　日期：	考核人 签字：　　　日期：	复核人 签字：　　　日期：

6.1.11 导购员绩效考核量表

岗位工作目标

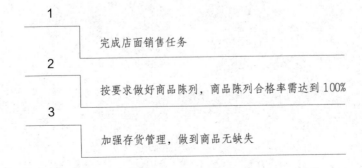

1　完成店面销售任务

2　按要求做好商品陈列，商品陈列合格率需达到100%

3　加强存货管理，做到商品无缺失

考核量表模板

姓名		岗位	导购员	所属部门	销售部
考核人			考核期限		
奖惩加减分	奖惩事由:				
	加/减分:				

序号	考核指标	权重	考核标准	考核得分
1	销售计划完成率	30%	每低于目标值_____个百分点,减_____分	
2	商品陈列合格率	20%	每低于目标值_____个百分点,减_____分	
3	商品补货及时率	10%	每有一处补货不及时,减_____分	
4	所负责区域的卫生清洁度	10%	所负责的销售区域每有一处卫生不合格,减_____分	
5	违规发放赠品的次数	15%	每出现一次,减_____分	
6	客户投诉次数	15%	每出现一次,减_____分	
考核综合得分				
考核者意见				

被考核人签字: 日期:	考核人签字: 日期:	复核人签字: 日期:

6.1.12 促销员绩效考核量表

岗位工作目标

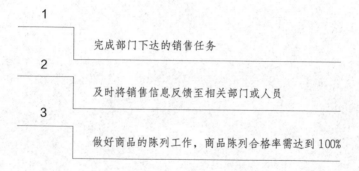

1 完成部门下达的销售任务

2 及时将销售信息反馈至相关部门或人员

3 做好商品的陈列工作,商品陈列合格率需达到100%

考核量表模板

姓名		岗位	促销员	所属部门	销售部
考核人		考核期限			

奖惩加减分	奖惩事由:				
	加/减分:				

序号	考核指标	权重	考核标准		考核得分
1	销售任务达成率	30%	每低于目标值____个百分点，减____分		
2	促销单品呈现率	20%	每低于目标值____个百分点，减____分		
3	商品陈列合格率	15%	每低于目标值____个百分点，减____分		
4	商品补货及时率	10%	每有一处补货不及时，减____分		
5	信息反馈及时率	10%	未在规定时间内将销售信息反馈至相关部门或人员，减____分/次		
6	促销现场问题解决率	15%	每低于目标值____个百分点，减____分		
考核综合得分					

考核者意见	

被考核人签字: 日期:	考核人签字: 日期:	复核人签字: 日期:

6.2 销售人员薪酬体系的设计

销售人员的薪酬设计在企业的管理中占据非常重要的位置，也一直是企业管理者所普遍关切但又十分困惑的问题。销售人员薪酬体系设计的好坏，直接影响到销售队伍的凝聚力和创造力！

6.2.1 薪酬模式设计

在进行销售人员的薪酬体系设计时，首先需要了解销售人员的工作特点。

销售人员是企业从事销售业务的人员，他们具有明显的群体特征，相对于企业内其他工作来说，其工作呈现出如下图所示的4个特点。

销售人员工作特点

1	工作时间自由
2	工作业绩可以用具体成果显示出来，且容易衡量
3	工作业绩有很大的不稳定性
4	销售工作岗位进入壁垒低

▶ 影响销售人员薪酬水平的因素

了解销售人员的工作特点，有助于我们合理地对销售人员的薪酬结构进行设计。而在具体制订、设计销售人员的薪酬方案时，我们还需考虑如下相关方面的因素。具体内容见下图。

影响销售人员薪酬水平的因素

```
              影响销售人员薪酬水平的因素
         ┌──────────────┴──────────────┐
       内部因素                        外部因素
   ┌──────┴──────┐              ┌────────┴────────┐
与企业相关的因素  与个人相关的因素

企业销售产品或服       工作表现及能力      法律、经济、社会等外
务的特性                                部环境

企业的经营理念和       工作资历/经验       所在地区/所属行业状况
管理方面的考虑

企业财务状况          所处的岗位及职务     劳动力市场供求状况

企业的竞争力
```

▶ 销售人员的薪酬结构

销售人员的薪酬结构通常有如下3个主要的构成部分，具体内容见下表。

销售人员的薪酬结构

薪酬构成	相关说明
基薪	固定的薪酬收入，每月按时领取，以保证销售人员的正常生活
佣金	也称销售提成。佣金的高低取决于产品的价格、销售量、产品的销售难度等因素
奖金	是对超出规定销售业绩的那部分工作的奖励，用来激励销售人员更努力地工作

▶ 销售人员的薪酬模式

鉴于销售人员工作的上述特点，目前在企业管理实践中常见的销售人员的薪酬模式大致有如下5种。

（1）纯基薪支付

纯基薪支付就是按月给销售人员发放固定数额的基本工资。其适用情况包括但不限于如下4种。

① 高科技含量的产品或服务销售。

② 额度巨大，销售周期长的产品。如精密的医疗仪器。

③ 处于多变的、难以预测的市场。

④ 销售新人。

单纯基薪支付更多的是鼓励销售人员培养企业的长期顾客，这对企业的发展无疑是有利的。然而，这种支付模式却会降低具有潜在高绩效员工的积极性。

（2）纯佣金支付

纯佣金支付指的是按销售额（毛利、利润）的一定比例进行提成，作为销售人员的工作报酬。其计算公司如下。

个人收入=销售额（或毛利、利润）×提成率

通常而言，如下两种情况比较适用于采用纯佣金制的薪酬支付模式。

① 产品标准化程度较高，推销难度不是很大的行业或企业

② 业绩可以由销售人员本人很好掌控的销售工作，佣金比例容易计算

（3）基薪+佣金支付

这是一种将纯基薪制度和纯佣金制度相结合的薪酬支付方式。

这种混合的薪酬支付方式既注重了对销售人员的激励，也使销售人员的业绩与佣金相挂钩，具有很强的激励性。其设计示例如下表所示。

"基本薪酬+佣金"的支付模式设计示例

薪酬构成	销售目标达成率	佣金占销售额的百分比		
		产品A	产品B	产品C
基本年薪：＿＿万/年销售佣金：根据销售业绩而定，上不封顶	0~70%	2%	4%	5%
	70%~100%	5%	6%	7%
	100%以上	7%	8%	10%

（4）基薪+奖金支付

这种支付模式与"基薪+佣金"这一模式是比较相似的，但也有一定的区

别。区别是：佣金是与销售人员的销售业绩直接挂钩的，而奖金与业绩之间的关系却是间接的。通常销售人员的业绩只有超过了某一销售额，才能获得一定数额的奖金，而且随着目标和定额的不断提高，奖励比率也会不断提高。

当企业急需扩大产品知名度时，可采用这种薪酬支付方式。其设计示例如下表所示。

"基本薪酬+奖金"的支付模式设计示例

薪酬构成	奖金计算方式	
	销售目标达成率	目标奖金发放比例
基本年薪：＿＿＿万/年 销售佣金：根据销售业绩而定，上不封顶	70%～80%	70%
	81%～90%	80%
	91%～100%（含100%）	90%
	100%以上	100%

（5）基薪+佣金+奖金支付

这是一种综合性的薪酬支付方式，将基本薪酬、佣金、奖金三者结合起来，是一种比较灵活的薪酬支付方式。

在如下两种情况下，比较适用于此种薪酬支付模式。

① 公司处在一个成熟的市场中。

② 公司处在高速增长时期。

6.2.2 销售提成设计

销售人员的薪酬体系一直是企业薪酬体系的重点与难点，而在销售薪酬体系中，提成的设计又是一个难点中的难点。

销售提成就是销售人员根据销售业绩所获得的提成。所谓"重奖之下必有勇夫"，提成无疑是激励销售人员努力工作的有效措施之一，它也是销售人员薪酬中重要的组成部分之一。

关于提成的设计一般从两个方面考虑，首先是提成基础的确定，也就是提成根据什么核算，是以合同额核算，还是以回款额核算，另一个考虑是提成比例的确定。

▶ 提成的基础

如何将提成方案的设计与销售的促进更好地结合是一个值得好好思考的问题。提成方案的设计既要保证公司销售目标、销售利润的实现，又要保证业务人员合理的收入，提高他们的销售积极性，从而促进公司销售目标的实现。

在管理实践中，企业通常会按照如下几种方式来对销售人员实施激励，具体内容见下表。

销售提成的基础

提成的基础	相关说明
基于销售额的销售激励	按照销售额提成，即多卖多得
基于利润的销售激励	按销售利润的一定比例给予销售人员奖励
基于毛利的销售激励	企业拿出毛利润/额的一定比例作为销售人员的报酬和奖励
基于回款的销售激励	以销售回款为基础，按照一定的比例给予销售人员提成

对于公司而言，根据回款提成是一种最为保险的方式，因为在复杂的市场环境中，客户的信用不确定，按合同额提成对公司可能仅仅意味着一场数字游戏，在没有实际的现金流入之前就兑现销售人员的提成至少存在以下风险。销售人员单纯为了追求业绩的增长，而不考虑客户信用状况，一味地追求合同额，而不去考虑回款，公司的呆账、坏账比例会逐渐增多从而导致公司的资金状况会日益恶化。

提成的基础也可根据销售人员的成熟度不同而有所不同。比如对于销售新人的激励，由于其经验和阅历有限，而相对于其他工作而言，销售更具挑战性，所以对于刚入行的新手而言，以合同额计提提成可能更能提高其对销售工作的信心和兴趣。而对于有经验的销售人员，他们已经具备一个合格销售员的素质，也就是职业成熟度比较高，用回款计提成对公司比较有利，对个人的激励效果也不会有影响。

▶ 提成比例的确定

提成比例的确定也是一个重点和难点，比例设高了，对于个人激励性增大，但企业的利益就相对降低了，设低了，对个人没有太大的激励性，不能促进其多开发客户，从而企业的利润也无从谈起了。

确定销售提成比例的方法有很多。其中，较常用的有参照法，即参照同行业企业，确定一个与之相同或接近的提成比例；估算法，即企业估算出销售人员的平均销售额，再确定一个有激励性的收入，然后再确定提成比例；成本分析法，即企业将销售提成作为成本，确定销售提成占产品总成本的百分比等。

另外，随着企业从区域走向全国，企业的产品越来越多，混合通路也成为未来发展的趋势，这就需要考虑各个不同产品、通路、区域之间的差异，合理设置提成比例。而从目前来看，很多企业采取了一刀切的方式，不同产品的提成比例一样，不同通路的提成比例一样，不同区域的提成比例也一样，抹杀了差异性。这种提成方式造成了公司内部的抱怨与对立，也不利于以战略牵引营销队伍的行为。

（1）**确定不同产品、不同通路的提成比例**

不同的产品对公司的意义与价值不同，所以必须要根据不同产品对企业的贡献确定提成比例，鼓励销售人员将主要精力放到企业战略产品上。一般说来，新产品提成比例平均要比老产品提成比例要高。

同时，也必须根据不同通路确定不同的提成比例。应该根据不同通路对企业的价值贡献水平以及企业的战略导向，合理确定各通路的提成比例。协调通路之间的冲突。一般来说，要由市场部与总经理一起确定，在这个过程中各个通路主管可提出建议。

（2）**根据直销与分销的不同，对提成比例进行调整**

一般说来，企业直销方式与分销方式并存，同时区域的差别也比较明显，因此，最后提成比例应该根据直销、分销的不同进行调整。

销售提成比例设置完成后，下一步关键的工作就是销售提成的试算。根据销售的历史数据与当期的销售目标，对不同职级、不同通路的营销人员选取代表进行提成的试算。原则上本年度的提成不应低于上年度的提成。如果试算结果过低或过高，则应对提成比例做相应的调整，使之符合公司确定的提成原则。然后将提成纳入整个薪酬考核体系中，形成最终的营销薪酬方案。

6.3 销售人员业绩考核与薪酬设计方案

6.3.1 销售部考核实施办法

制度名称	销售部考核实施办法	文件编号	
		执行部门	

第1章 总则

第1条 目的

为加强营销活动过程管理，促进销售人员工作能力和工作业绩的提升，进而实现企业的销售目标，特制定本考核制度。

第2条 适用范围

销售部全体员工。

第3条 考核原则

1. 以提高员工绩效为导向。

2. 定性与定量考核相结合。

3. 公平、公正。

第2章 销售管理人员的考核管理

第4条 考核方法

对销售管理人员的考核，采取自我述职报告（30%）和上级主管考核（70%）相结合的评判方法。

第5条 考核频率

每季度考核一次。

第6条 考核内容

对销售管理人员的考核，分为业绩指标考核和管理绩效考核两部分，其中业绩指标得分占考核得分的70%，管理绩效指标占30%。具体内容见附表1。

第7条 考核实施程序（略）

第3章 销售业务人员的考核管理

第8条 考核频率

公司对销售业务人员的考核实行的是月度考核，即每月的＿＿日前完成对员工上月的业绩考核工作。

第9条 考核内容

1. 工作指标考核：占考核权重的40%，是对工作任务结果的评价，由直属上级对下属员工进行考核。直属上级根据部门当月工作计划分解到部门内每位员工，每月按工作任务量平均每项考核分值，并随时对员工提供绩效辅导，对员工表现进行记录。

2. 行为指标考核：占考核权重的30%，主要对员工工作过程和方式及日常综合表现的评价。主要考核指标为作息考勤、办公纪律、团队意识和职业素养等6个方面进行考核。

3. 具体内容见附表2。

第10条 考核实施程序（略）

第4章 考核结果面谈与运用

第11条 绩效面谈

考核者对被考核者的工作表现进行总结，针对其存在的不足，提出改进意见，同时双方制定出下阶段的绩效目标。

第12条 考核结果运用

考核结果的用途主要用于如下4个方面。

1. 薪酬分配

2. 职务升降

3. 岗位调动

4. 员工培训

第5章 附则

第13条 本制度由公司销售部负责制定并解释。

第14条 本制度自下发之日起实施。

附表1 销售管理人员考核表

考核内容		考核标准	考核得分
销售业绩考核	销售计划完成率	每低于目标值____个百分点，减____分	
	新产品市场占有率	每低于目标值____个百分点，减____分	
	销售回款率	每低于目标值____个百分点，减____分	
	销售毛利率	每低于目标值____个百分点，减____分	
	销售费用率	每高出目标值____个百分点，减____分	
	客户开发计划完成率	每低于目标值____个百分点，减____分	
管理绩效考核	客户满意率	每低于目标值____个百分点，减____分	
	制度执行率	每有一起严重违反企业规章制度的事件，减____分	
	部门培训计划完成率	每有一项计划未完成，减____分	

附表2 销售人员业绩考核表

考核内容		考核标准	考核得分
工作指标考核	销售计划完成率	每低于目标值_____个百分点，减_____分	
	销售回款率	每低于目标值_____个百分点，减_____分	
	销售毛利率	每低于目标值_____个百分点，减_____分	
	销售费用	每高出预算_____个百分点，减_____分	
	客户开发计划完成率	每低于目标值_____个百分点，减_____分	
行为指标考核	销售报表提交及时率	超出规定时间者，减_____分/次	
	客户投诉率	每有一起有效投诉，减_____分	
	制度执行率	每有一起严重违反企业规章制度的事件，减_____分	

编制部门		审核部门		批准部门	
编制日期		审核日期		批准日期	

6.3.2 销售回款考核实施办法

制度名称	销售回款考核实施办法	文件编号	
		执行部门	

第1条 目的

为规范公司销售回款管理工作，确保业务账款能及时收回，减少出现呆账、坏账的次数，特别定本考核制度。

第2条 适用范围

本制度适用于销售部全体销售业务员。

第3条 管理职责

1. 销售部经理负责营销回款计划的制订与回款的催缴工作。

2. 公司财务部门负责应收账款的统计及相关账务处理工作。

第4条 销售回款考核

1. 销售部门将回款纳入营销人员考核体系。

2. 根据考核结果和回款结果确定对营销人员的奖惩。

3. 对于无法收回的呆账，营销人员应补偿公司的部分损失。

第5条 回款奖惩办法

人力资源部配合营销部门制定回款奖惩办法，具体奖惩办法如下所示。

销售回款奖惩办法

回款回收情况	奖惩标准
按时收回全部货款	照回款金额的＿＿＿%奖励销售人员，奖金随当月工资一同发放
超过约定回款日期30天	自超过约定回款日期30天起，每月按欠款金额的＿＿＿%扣除责任人的工资
超过约定回款日期60天	自超过约定回款日期60天起，每月按欠款金额的＿＿＿%扣除责任人的工资
客户出现无力偿还的情况	视为呆账，按欠款金额的＿＿＿%扣除责任人的工资，若呆账后期收回，扣除的责任人工资在货款全部收回的当月予以补发

第6条 附则

本制度自总经理审批通过之日起生效。

编制部门		审核部门		批准部门	
编制日期		审核日期		批准日期	

6.3.3 促销活动考核实施方案

促销活动考核实施方案

为更好地提高促销活动的质量，满足公司现阶段的发展需求，特针对公司的促销活动制定出本考核标准。

一、考核时间

在每次促销活动结束后的第10天进行。

二、考核组织

1. 人力资源部负责促销活动考核的组织与实施、结果统计与汇总等工作。

2. 促销部经理和主管负责对促销活动考核项目的评价、考核结果反馈等工作。

3. 销售总监负责考核结果的审核工作。

三、考核内容和标准

对促销活动的考核内容主要有促销活动策划、促销活动现场布置、促销活动实施情况、促销活动费用控制及促销活动效果评估5个方面。具体考核内容及标准见下表。

促销活动考核评分说明

考核内容	计分说明
促销活动方案的编制	1. 促销方式选择不当，减_____分 2. 促销时间选择不当，减_____分 3. 方案未在规定时间内提交，减_____分
促销活动现场布置	1. 活动现场物品陈列每有1处不符合陈列规范，减_____分 2. 商品陈列很具吸引力，加_____分
促销活动实施情况	1. 售点促销现场气氛热烈，_____分 2. 商品数量充足，未出现断货的情况，_____分 3. 促销活动现场人员存在违反公司规章制度的行为，减_____分
促销活动费用控制	费用的支出控制在预算的±_____%以内，_____分；超出预算标准的_____%以上，减_____分
促销活动效果评估	销售增量回报比≥_____%，_____分；介于_____%~_____%之间，_____分；低于_____%，0分

四、考核结果运用（略）

编制日期：

审核日期：

实施日期：

6.3.4 优秀销售人员评比实施方案

优秀销售人员评比实施方案

为展现公司优秀销售人员的风采，形成人人争当先进，人人争为公司发展做贡献的良好氛围，特制定本办法。

一、评选条件

1. 遵守公司的规章制度，无违规行为。

2. 在公司工作年满1年以上的人员。

3. 有突出的业务能力；热爱本职工作。

4. 工作中未出现过重大失误。

二、考核期限

上月＿＿＿日～当月＿＿＿日。

三、评比实施说明

1. 名额确定：全公司共评出月度优秀员工3名。

2. 信息来源：每月月底前由财务部统计各销售人员销售指标完成情况，以此作为销售人员的评比提供客观的依据。

3. 销售冠军评比内容：评比小组根据销售人员每月的销售业绩、客户开发情况、考勤及日常工作表现等，按照统一的计算方法计算出销售人员的绩效分数，分数最高者为公司当月销售冠军。

四、奖励办法

1. 公司除对优秀销售人员颁发荣誉证书外，同时还给予物质奖励，其中，第一名，奖励人民币＿＿＿元；第二名，奖励人民币＿＿＿元；第三名，奖励人民币＿＿＿元。

2. 销售人员若连续两次获得"优秀销售人员"的荣誉称号，公司除了给予相应的奖励外，还会视公司职位空缺情况给予其职位晋升的奖励。

五、补充说明

1. 各部门必须严格按照评选条件，本着公平、公正、公开和严谨的原则进行评选，凡出现不按照评选条件进行评选的现象，一律给予责任部门负责人作出扣罚＿＿＿元的惩处。

2. 各部门必须保证上报优秀员工材料的真实性和准确性，如核实上报材料有弄虚作假现象，一律对责任部门负责人作出扣罚_____元的惩处。

六、附则

本规定自_____年_____月_____日起执行。

编制日期：

审核日期：

实施日期：

6.3.5 销售经理考核与薪酬激励方案

销售经理考核与薪酬激励方案

为激励考核者更好地工作，确保公司年度销售计划的实现，特制订本方案。

一、考核内容设置

结合销售经理的工作内容，公司从经营绩效与管理绩效两个维度对其进行考核。

1. 经营绩效考核

公司主要从销售任务完成情况与销售账款回收情况两个方面来对销售经理的经营绩效进行考核。

2. 管理绩效考核

公司从部门管理、公司内部协作及客户管理3个方面来考核销售经理的管理绩效，具体内容见下表。

管理绩效考核

考核项目	考核指标	评分标准
部门内部管理	部门员工培训计划完成率	每有一项计划未完成，减_____分
	制度执行率	每有一例违反企业规章制度的行为，减_____分
内部协作	部门协作满意度	每低于目标值_____个百分点，减_____分
客户管理	客户满意率	每低于目标值_____个百分点，减_____分
	客户有效投诉次数	每出现一次，减_____分

二、销售经理工资考核

（一）薪资构成：销售经理的薪资由"工资（底薪）+提成+话费补助+奖金+福利"组成。其中"工资（底薪）"为____元，话费补助：每月报销手机补助费____元。

1. 经营指标考核

（1）超额完成经营指标时，对超出部分按照销售业绩的____%计提；低于经营指标70%的月份，对未完成部分按照____%扣罚，在完成经营指标100%～70%的区间内，不奖不罚，其计算公式如下。

奖金＝（销售部月度业绩−销售部月度任务）×____%×回款率

扣罚＝（销售部月度任务−销售部月度业绩）×____%×回款率

（2）季度奖金

销售经理季度奖金的计算办法见下表。

季度奖金计算

任务额	季度奖金
未完成任务额	0
完成季度业绩任务额	按完成任务额的____%计提奖金
超额完成任务	任务定额部分，按完成任务额的____%计提奖金；超出的部分，按____%计提奖金

2. 管理绩效考核

公司按照制定的考核标准对销售经理的管理绩效进行考核，具体绩效奖惩执行标准如下表所示。

绩效结果应用

管理绩效考核得分	薪酬扣减额度
≥75分	不奖不罚
60≤考核得分＜75	____元
考核得分＜60	____元

三、福利

公司每位员工都享受国家规定的各项法定福利的待遇。

四、补充说明

特殊情况，须报上级公司批准后另行奖励。

编制日期：

审核日期：

实施日期：

6.3.6 区域销售主管考核与激励方案

区域销售主管考核与激励方案

为了充分地调动区域销售人员的工作积极性、主动性和创造性，保证公司收入任务的顺利实现，特制订本激励方案。

一、薪酬构成

本公司区域销售主管的薪酬由岗位工资、绩效工资及年终奖金三部分组成。

1. 岗位工资，设定为＿＿＿元/月，属固定工资部分。

2. 绩效工资，属于浮动工资部分，与当月绩效考核结果相关。

3. 年终奖金，属于浮动工资部分，与全年度绩效考核结果相关。

二、考核评估

对区域销售主管的评估，主要从销售业绩与管理成效两个方面来设计考核指标，具体考核内容与标准如下。

1. 销售业绩考核

（1）销售计划完成率需达到100%，每降低＿＿＿个百分点，减＿＿＿分；完成率＜60%，此项得分为0。

（2）新产品销售收入占比≥＿＿＿%，每降低＿＿＿个百分点，减＿＿＿分；完成率＜＿＿＿%，此项得分为0。

（3）销售毛利率不低于＿＿%，每降低＿＿个百分点，减＿＿分。

（4）销售货款回收率达到＿＿%，每降低＿＿个百分点，减＿＿分；完成率＜＿＿%，此项得分为0。

（5）销售费用率不高于＿＿%，每高出＿＿个百分点，减＿＿分。

（6）重点客户开发计划完成率≥＿＿%，每降低＿＿个百分点，减＿＿分；完成率＜＿＿%，此项得分为0。

2．管理成效考核

（1）部门员工出现严重违反企业规章制度的情形，减＿＿分/人次。

（2）出现员工考核结果与其实际工作表现严重不符的情况，减＿＿分/人次。

三、绩效工资发放

绩效薪酬按照如下标准发放。

1．考核得分在91～100分之间者，绩效工资予以全额发放。

2．考核得分在81～90分之间者，绩效工资按85%的比例发放。

3．考核得分在71～80分之间者，绩效工资按75%的比例发放。

4．年度考核得分在60～70分之间者，绩效工资按65%的比例发放。

四、年终奖金发放说明

年度内累计四次以上优秀或累计三次以上优秀，公司给予＿＿～＿＿元的年度奖励。

五、附则（略）

编制日期：

审核日期：

实施日期：

6.3.7 促销员考核与薪酬激励方案

促销员考核与薪酬激励方案

为强化促销人员的自我约束意识，激励员工的工作热情，以创造出更好的销售业绩，特设计出本考核激励方案。

一、日常工作考核

部门主管对入职后的促销员进行统一培训，培训后依据员工个人在日常工作中的表现，由部门主管根据制定出的《促销员岗位考核表》(见下表)对促销员的工作表现进行评估。

促销员岗位考核表

考核项目	考核内容	计分标准
产品销售情况	销售任务完成率	每低于目标值____个百分点，减____分
报表完成情况	工作报表提交的及时性与报表的准确性	未在规定时间内提交，减____分/次，报表的数据每有一处与实际不符，减____分/处
商品陈列情况	商品的陈列及整洁状况	未按照公司产品陈列要求者，减____分/项，产品及货架保持干净整洁，否则减____分
工作现场抽查情况	违例情况	工作行为符合《促销员工作手册》的相关规定，无任何违例情况，____分，有轻微的违例情况，____分，有严重的违例情况，0分

二、促销员薪酬构成

本公司促销人员的薪酬由"底薪+销售提成+奖金"三部分构成。

1. 底薪。公司促销人员的底薪设为三个档次，具体依据员工个人的工作经验、所具备的销售技能等多方面的因素综合确定。

2. 销售提成。促销员所得的销售提成依据其销售任务完成情况，按照不同的比例予以提成。在完成既定任务时，按照销售额的____%提成，超出任务额的部分，按照____%提成。

3. 奖金。依据员工的实际工作表现确定，主要包括月度奖励、合理化建议奖和优秀员工奖三项。

三、薪酬计发

1. 当员工月度考核在90分以上者，公司给予＿＿元的奖励；月度考核得分在80～90分（不含90分）以上者，公司给予＿＿元的奖励。

2. 如提出可行性建议，付诸实施并取得成效者，视贡献大小，给予＿＿～＿＿元不等的奖励。

3. 年度获得优秀员工称号的促销员，公司给予＿＿元的现金奖励。

4. 准时上下班，不迟到、不早退，迟到早退10分钟以内者，每次负激励＿＿元，10～30分钟者，每次负激励＿＿元，超过1小时及以上者，扣除当日底薪的＿＿%。

5. 无故旷工1天者，扣除＿＿天底薪。

6. 要主动热情地为顾客介绍公司产品，否则，对责任人施以相应的惩处，即每次从工资中扣除＿＿元。

7. 由于工作态度不好而遭到顾客投诉的，视情节轻重一次扣＿＿～＿＿元。

编制日期：

审核日期：

实施日期：

6.3.8 地产公司销售人员工资与提成方案

地产公司销售人员工资与提成方案

为了充分调动销售人员的积极性，将个人业绩与回报充分结合起来，××房地产项目销售人员实行低工资高提成的方式。具体方案如下。

销售人员薪酬由岗位工资、提成、奖金、保险福利四部分组成。其中：销售主管=岗位工资+提成（购房合同金额×提成比例）+管理提成（所管辖销售人员购房合同总额×提成比例）+奖金+保险福利；销售员=基本工资+提成（购房合同总金额×提成比例）+奖金+保险福利。

一、岗位工资

1. 岗位工资的确定

岗位工资根据工作评价确定每个工作（职位）的相对价值，并结合公司经营状况及外部市场薪酬水平等因素综合确定。具体标准如下。

岗位工资标准

岗位	岗位工资
销售主管	3000～4000元
销售员	2000～2500元

2. 岗位工资的调整

岗位工资的调整有以下四种方式。

（1）调职：根据调整（升/降）后职位的职等职级支付基本工资。

（2）调等：根据考核结果，在所在薪酬系列内调整职等，并按调整后的职等职级支付基本工资。

（3）调级：根据考核结果，在本职等内调整职级，并按调整后的职级支付基本工资。

（4）调整工资率：根据社会零售物价指数和公司经济效益进行调整，由薪资管理制度具体规定。

二、销售提成

提成根据房产销售人员每月完成的利润额多少，从中提取一定的比例作为提成。

1. 提成比例设计

公司按照下表设置的标准来计算房产销售人员的绩效工资，其具体内容如下。

提成比例

岗位	提成比例
完成规定的销售任务	＿＿＿‰
超额完成销售任务	在既定的销售任务内的业绩，按＿＿＿‰，超出的业绩按＿＿＿‰的比例计提

2. 销售提成的发放条件

销售提成的发放需符合如下两个条件。

（1）一次性付款客户付清＿＿＿%以上房款。

（2）分期付款客户付清首笔款项（首付＿＿＿%以上）。

三、奖金

为了严格执行销售现场管理制度，保障销售工作的正常有序开展，实现销售业绩的突破，对当月工作表现突出的业务员进行奖励。

1. 优秀员工评定标准

（1）成为当月销售冠军或在公司组织的员工个人测评中达到优秀的员工。

（2）无客户投诉。

（3）无违反工作制度的情况。

2. 奖励办法

公司对在工作中表现突出的优秀员工，除为其颁发相应的荣誉证书外，还将一次性给予现金＿＿＿元的奖励。

编制日期：

审核日期：

实施日期：

6.3.9 店面销售人员绩效与薪酬设计方案

店面销售人员绩效与薪酬设计方案

为激发店面员工工作的积极性、主动性，从而使公司的销售业绩得到进一步提升，特对店面的销售人员的绩效与薪酬管理做出如下规定。

一、薪酬固定部分

店面销售人员固定薪酬主要包括无责任底薪与补贴两部分，具体标准因岗而定。

固定薪酬设定的标准

岗位	固定薪酬		
	无责任底薪	补贴	总额
品类主管	＿＿＿元	＿＿＿元	＿＿＿元
门店销售员	＿＿＿元	＿＿＿元	＿＿＿元

二、薪酬变动部分

变动部分为绩效奖金部分，是与门店销售人员绩效考核结果直接挂钩的部分。

1. 考核内容

对门店销售人员的考核主要包括如下两类指标：业绩指标和本品类管理指标。具体内容见下表。

门店销售人员指标

考核维度	考核指标
销售业绩	商品销售计划达成率
	商品销售毛利率
商品管理	商品陈列的规范性
	规章制度遵守情况

对品类主管的考核，主要从小组销售业绩与管理绩效两个方面进行，具体内容如下。

品类主管考核指标

考核维度	考核指标
销售业绩	本品类商品销售计划达成率
	本品类商品销售毛利率
	主推任务完成量
管理绩效	制度执行率
	核心员工保有率

2．绩效工资计算标准

店面销售人员的绩效工资以完成的销售额为基础，按照一定的比例进行计发。具体内容如下表所示。

绩效工资计算标准

岗位	奖励提成比例				
	完成业绩指标的60%~90%	完成业绩指标的91%~100%	超过指标15%以上	超过指标30%以上	超过指标50%以上
品类主管	按销售额的____%计提	按销售额的____%计提	按销售额的____%计提	指标内部分，按销售额的____%计提；超出部分，按____%计提	指标内部分，按销售额的____%计提；超出部分，按____%计提
店面销售人员	按销售额的____%计提	按销售额的____%计提	按销售额的____%计提	指标内部分，按销售额的____%计提；超出部分，按____%计提	指标内部分，按销售额的____%计提；超出部分，按____%计提

三、薪资发放

公司的发薪日定为每月的____日。

编制日期：

审核日期：

实施日期：

6.3.10 网店客服人员考核与薪酬激励方案

网店客服人员考核与薪酬激励方案

为激励网店客服人员不断提升销售业绩，特制订本激励方案。

一、薪酬结构设计

网店客服人员的薪酬由如下三个部分组成。

1．基本工资

基本工资依据客服人员所处的级别不同而有所不同，即初级客服＿＿＿元/月、中级客服＿＿＿元/月、高级客服＿＿＿元/月、资深客服＿＿＿元/月。

2．销售提成

网店客服人员按照销售额的一定比例获得销售提成，其具体计算办法如下。

销售提成比例设计

产品	销售额	提成比例
A类产品	完成目标销售额	＿＿＿％
	超出目标销售额的＿＿＿％	目标内的部分按＿＿＿％计提；超出部分按＿＿＿％计提
B类产品	完成目标销售额	＿＿＿％
	超出目标销售额的＿＿＿％	目标内的部分按＿＿＿％计提；超出部分按＿＿＿％计提

3．绩效奖金

（1）绩效奖金额度：岗位工资的＿＿＿％。

（2）依据员工月度考核结果，公司为其发放相应的绩效奖金。

二、月度绩效考核管理

公司每月＿＿＿日前完成对网店客服人员上月绩效的考核工作，并以此作为员工绩效奖金的计算依据。

1．考核负责人

直属上级负责完成对下属当月的绩效考核。

2. 考核内容设计

对网店客服人员的考核，主要从销售业绩与服务质量两方面进行，设计出的考核表如下所示。

网店客服人员考核表

考核指标	权重	计分标准
客服的咨询转化率	20%	每低于目标值＿＿＿个百分点，减＿＿＿分
销售额达成率	40%	每低于目标值＿＿＿个百分点，减＿＿＿分
平均响应时间	20%	每高出目标值＿＿＿个单位，减＿＿＿分
咨询未回复数	10%	每有1项，减＿＿＿分
服务态度	10%	不按公司规定服务标准执行，减＿＿＿分/次

3. 绩效奖金计算

员工绩效奖金计算标准见下表。

员工绩效奖金计算标准

考核得分	绩效奖金发放比例
91分及以上	100%
81~90分	80%
71~80分	70%
60~70分	60%
60分以下	无

三、薪酬发放

员工的销售提成、绩效奖金每月随同其基本工资一同于下月的＿＿＿日发放。

编制日期：

审核日期：

实施日期：

第7章
市场人员绩效考核与薪酬激励

7.1 市场人员绩效考核量表设计

7.1.1 市场部经理绩效考核量表

岗位工作目标

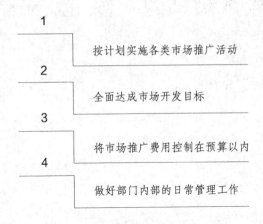

1 按计划实施各类市场推广活动

2 全面达成市场开发目标

3 将市场推广费用控制在预算以内

4 做好部门内部的日常管理工作

考核量表模板

姓名		岗位	市场部经理	所属部门	市场部
考核人			考核期限		
序号	KPI指标	权重	绩效目标值		考核得分
1	市场调研计划完成率	20%	达到100%		
2	市场拓展计划完成率	20%	达到100%		
3	市场占有率	10%	提升____个百分点		
4	品牌认知度	10%	达到____%		
5	市场拓展费用	15%	控制在预算以内		

续表

6	核心员工流失率	10%	低于____%	
7	员工培训计划完成率	5%	达到100%	
8	部门协作满意度	10%	不低于____分	
考核得分总计				
考核指标说明	市场推广费用的投入是绝对需要讲究投入产出比的，因而，企业需严格控制市场拓展费用的支出情况。需要特别说明的是，在对该项指标进行考核时，需对该项费用包括的内容作出清晰的界定			
被考核人 签字：　日期：	考核人 签字：　日期：		复核人 签字：　日期：	

7.1.2 市场调研主管绩效考核量表

岗位工作目标

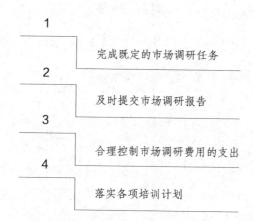

1　完成既定的市场调研任务

2　及时提交市场调研报告

3　合理控制市场调研费用的支出

4　落实各项培训计划

考核量表模板

姓名		岗位	市场调研主管	所属部门	市场部
考核人			考核期限		
考核项	**KPI指标**	**权重**	**绩效目标值**		**考核得分**
市场调研实施	市场调研计划完成率	30%	达到100%		
	市场信息反馈率	15%	达到100%		
	市场调研费用	15%	控制在预算以内		

续表

市场调研报告提交	市场调研报告提交及时率	10%	达到100%	
	领导对市场调研报告的满意度评价	20%	不低于＿＿＿分	
下属员工管理	员工培训计划完成率	10%	达到100%	
考核得分总计				
考核指标说明	市场信息反馈率＝$\dfrac{市场信息反馈量}{企业规定的应反馈的信息量}\times100\%$			

被考核人 签字：　　日期：	考核人 签字：　　日期：	复核人 签字：　　日期：

7.1.3 市场推广主管绩效考核量表

岗位工作目标

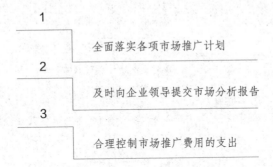

1　全面落实各项市场推广计划

2　及时向企业领导提交市场分析报告

3　合理控制市场推广费用的支出

考核量表模板

姓名			岗位	市场推广主管	所属部门	市场部
考核人				考核期限		

考核项	KPI指标	权重	绩效目标值	考核得分
市场推广活动实施	市场拓展计划完成率	25%	达到100%	
	市场信息反馈率	10%	达到100%	
	市场推广费用	15%	控制在预算以内	
	市场拓展投入产出比	20%	达到＿＿＿%	

续表

市场推广活动实施	品牌认知度	15%	达到_____%	
市场分析报告提交	市场分析报告提交及时率	5%	达到100%	
	领导对市场分析报告的满意度评价	10%	不低于_____分	
考核得分总计				
考核指标说明	市场拓展计划完成率=$\dfrac{市场拓展计划实际完成量}{计划完成量}\times100\%$			
被考核人签字：　　日期：		考核人签字：　　日期：		复核人签字：　　日期：

7.1.4 品牌主管绩效考核量表

岗位工作目标

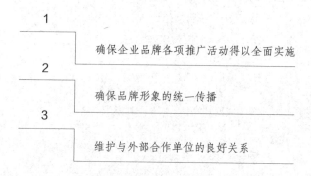

1　确保企业品牌各项推广活动得以全面实施

2　确保品牌形象的统一传播

3　维护与外部合作单位的良好关系

考核量表模板

姓名		岗位	品牌主管	所属部门	市场部
考核人			考核期限		
考核项	**KPI指标**	**权重**	**绩效目标值**		**考核得分**
品牌推广计划实施	品牌规划方案提交及时率	20%	达到100%		
	品牌推广计划完成率	30%	达到100%		
	大型公关活动次数	20%	不低于_____次		

续表

品牌推广效果	品牌价值增长率	10%	达到____%	
	品牌知名度	10%	达到____%	
	品牌认知度	10%	达到____%	
考核得分总计				
考核指标说明	检视企业品牌推广工作的效果，通常会用品牌知名度和品牌认知度来衡量。 1）所谓品牌知名度，就是人们对某一品牌名称的知晓的广度，具体地讲，就是在某个特定区域中，人们知晓该品牌所占的比例 2）所谓品牌认知度，是指大众对品牌相关信息知晓的深度，它是在知晓品牌名称的基础上对品牌的各方面信息的了解程度，诸如对品牌产品品质、服务水平、组织机构、品牌理念等的认知，它深深地影响着消费者的购买决策			
被考核人 签字： 日期：	考核人 签字： 日期：		复核人 签字： 日期：	

7.1.5 广告企划主管绩效考核量表

岗位工作目标

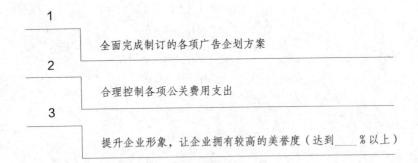

1 全面完成制订的各项广告企划方案

2 合理控制各项公关费用支出

3 提升企业形象，让企业拥有较高的美誉度（达到____%以上）

考核量表模板

姓名			岗位	广告企划主管	所属部门	销售部
考核人				考核期限		
考核项	**KPI指标**		**权重**	**绩效目标值**		**考核得分**
销售计划实施	销售计划完成率		20%	达到100%		
	销售回款率		15%	达到____%		

续表

销售计划实施	销售费用率	10%	控制在____%以内	
客户开发	大客户开发计划完成率	15%	达到100%	
	大客户保有率	15%	达到____%	
客户管理维护	大客户满意度评价	10%	不低于____%	
	客户投诉解决满意率	10%	达到____%	
	客户档案资料完整率	5%	达到100%	
考核得分总计				
考核指标说明	为了有效评估客户投诉处理效果，企业可设置"客户投诉解决满意率"这一指标来达到管理的目的，该指标的计算方法如下。 客户投诉解决满意率=$\dfrac{客户对投诉解决结果满意的数量}{客户总投诉数量}\times100\%$			
被考核人 签字： 日期：	考核人 签字： 日期：		复核人 签字： 日期：	

7.1.6 市场专员绩效考核量表

岗位工作目标

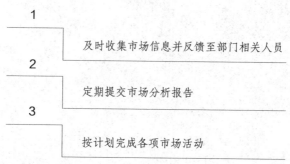

1 及时收集市场信息并反馈至部门相关人员

2 定期提交市场分析报告

3 按计划完成各项市场活动

考核量表模板

姓名		岗位	市场专员	所属部门	市场部
考核人			考核期限		
奖惩加减分	奖惩事由：				
	加/减分：				

续表

序号	考核指标	权重	考核标准	考核得分
1	市场信息收集的及时性与完整性	20%	未在规定时间内完成，减_____分/次；所收集的信息不全面，减_____分/处	
2	信息反馈及时率	15%	未在规定的时间内将信息反馈至相关人员，减_____分	
3	市场分析报告提交的及时性	10%	未在规定时间内提交，减_____分/次	
4	市场分析报告数据的准确性	20%	数据准确，可作下一步工作参考，_____分；大多数据可作下一步工作参考，_____分；相当多数据不可信，参考性差，_____分；不准确，分析报告失去意义	
5	市场拓展计划完成率	25%	每有一项工作未在规定的时间内完成，减_____分	
6	销售支持工作满意度	10%	每低目标值_____个百分点，减_____分	
考核综合得分				
考核者意见				

被考核人 签字： 日期：	考核人 签字： 日期：	复核人 签字： 日期：

7.2 市场人员薪酬设计

市场部人员的薪酬设计在管理实践中常采用结构工资制的薪酬管理模式。

7.2.1 固定薪酬设计

岗位工资是市场部员工薪酬的重要组成部分，它是为员工承担岗位职责所支付的薪酬，是员工岗位价值的体现。岗位工资与职位等级相对应，其示例如下。

市场部人员岗位工资等级表

岗位	岗位等级	岗位工资	占工资总额比例
市场部经理	7~8级	＿＿＿元 ＿＿＿元	60%
市场部主管	5~6级	＿＿＿元 ＿＿＿元	70%
市场调研员	3~4级	＿＿＿元 ＿＿＿元	80%
营销策划专员	3~4级	＿＿＿元 ＿＿＿元	80%
活动执行专员	3~4级	＿＿＿元 ＿＿＿元	80%
文案	3~4级	＿＿＿元 ＿＿＿元	80%

岗位工资的确定，需要做好如下两方面的工作。

▶ 工作评价

工作评价是在工作分析的基础上，对不同内容的工作，以统一尺度（标准），进行定量化评定和估价，对工作进行分类和分级，从而确定各项工作（各个岗位）的相对价值。

▶ 确定基薪

基薪的确定主要依据公司的经营状况、同行业相似岗位的薪酬状况等因素确定。

在做好上述两项工作的基础上，企业就可以测算出各岗位的岗位工资标准了。其示例如下表所示。

岗位工资标准的确定

岗位	工作评价得分	岗位价值系数 （工作评价得分/各评价因素之和）	基薪	岗位工资标准
市场部经理	550分	5.5		5500元
市场部主管	450	4.5	1000元	4500元
活动执行专员	200	2.8		2800元

7.2.2 浮动薪酬设计

浮动工资是与公司效益情况和员工工作业绩挂钩，在实施绩效考核的基础上发放的工资项目。

市场部由于并不直接参与产品的销售，但他们工作的好坏也会直接影响到销售部工作的开展，因而在薪酬设计工作中，除了根据绩效考核的结果来计发绩效工资外，还应将他们的收入与公司的销售业绩关联起来。其示例如下表所示。

市场部奖励标准

销售业绩	奖励	
	市场部奖励额度	市场部内部奖励办法
100万元以上	按销售额的_____%提成	
100万~200万元（不含200万元）	按销售额的_____%提成	依照绩效考核得分，来确定具体分配比例
200万元以上	按销售额的_____%提成	

7.2.3 员工福利设计

为员工提供优厚福利待遇也是吸引和留住优秀人才的有效措施之一。一般而言，员工除了能享受到法定福利项目的待遇外，企业还会设置一系列的自主福利项目，以便员工更好地开展工作。

考虑到市场部员工经常需要做一些市场调研、市场推广之类的活动，故公司可能会在交通补贴、通讯补贴等方面给予员工相应的补贴。其示例如下表所示。

企业自主福利设计示例（针对市场部人员）

福利项目	发放标准
午餐补贴	按_____元/天的标准计算
通讯补贴	主管级以上人员按_____元/月的标准计算；普通员工按_____元/月的标准计算
交通补贴	主管级以上人员按_____元/月的标准计算；普通员工按_____元/月的标准计算
出差补贴	依据出差地点、出差时间等的不同，给予数额不等的补贴

7.3 市场人员业绩考核与薪酬设计方案

7.3.1 市场部工作绩效考核办法

制度名称	市场部工作绩效考核办法	文件编号	
		执行部门	

　　为了规范市场部员工绩效考核管理，做到公平合理地对员工的工作进行考核，为市场部的正常合理运营提供制度保障，特制定本方案。

　　第1条　绩效考核目的

　　1. 改进工作，提高工作绩效。

　　2. 获取晋升或岗位调整的依据。

　　3. 获取确定工资、奖金的依据。

　　4. 获取潜能开发和参与相关培训的依据。

　　第2条　绩效考核内容

　　考核内容具体可分为工作绩效指标考核和行为指标考核两种。考核部门依据制定出的考核评分标准对市场部整体的工作情况进行考核，具体内容见附表1。

　　第3条　考核结果运用

　　依据考核结果，公司对市场部实施相应的绩效奖惩。其具体内容见附表2。

　　第4条　附则

　　本制度自下发之日起实施。

附表1　市场部考核表

考核项目	考核指标	目标值	考核计分办法
工作绩效指标考核	推广活动计划达成率	＿＿＿＿%	每降低＿＿个百分点，减＿＿分
	软文发表数量	＿＿＿＿篇	每少一篇，减＿＿＿分
	产品市场占有率	＿＿＿＿%	每降低＿＿个百分点，减＿＿＿分

续表

	营销报告的规范性	完全符合公司要求	每有1处不符合要求，减____分
	营销创新成功案例	____例	每少1例，减____分
	市场推广费用	控制在预算内	每超出预算____%，减____分
行为指标考核	部门员工出勤率	不低于____%	每降低____个百分点，减____分
	制度执行率	100%	每有1次，减____分/人次
	协作满意度	不低于____分	每低____分，减____分

附表2 考核结果的运用

考核等级	考核得分	绩效奖惩
卓越	得分≥95分	部门年度绩效奖金100%发放
优秀	80≤得分＜95	按80%的比例发放年度绩效奖金
良好	70≤得分＜80	按70%的比例发放年度绩效奖金
待改进	得分＜70分	无绩效奖金

编制部门		审核部门		批准部门	
编制日期		审核日期		批准日期	

7.3.2 市场调研主管考核细则

制度名称	市场调研主管考核细则	文件编号	
		执行部门	

第1条 考核目的

1. 公平、公正地评价市场调研主管的工作业绩。

2. 了解员工的工作能力，为公司人员的晋升、薪资调整、培训与发展等提供依据。

第2条 考核频次

1. 季度考核。一年四次，每季度第一个月的____日为考核时间。

2. 年度考核时间：下一年度1月的____日～____日对上年度工作进行绩效考核。

第3条 考核实施

1. 绩效评估

市场部经理根据调研主管在被考核期内的工作表现和考评标准进行评分，调研主管将自己的述职报告于考核期内交由人力资源部，人力资源部汇总并统计结果。

2．绩效审核

人力资源部对绩效考核结果进行审核，并负责处理绩效评估过程中所发生的争议。

第4条 考核内容和指标

1．工作业绩（70%）

市场调研主管工作业绩考核主要从市场调研工作的组织开展情况、《市场调研报告》完成情况两方面进行考核，具体内容如下。

××公司市场调研主管业绩考核表

考核内容	考核指标	目标值	计分标准	得分
调研工作开展情况	调研计划完成率	100%	计划内的事项每有1项未完成，减＿＿分	
	信息收集及时性与准确性	在规定时间内完成且信息准确无误	不能按时完成，大部分信息不准确，得＿＿分 调研有时不能完成，信息有时不准确，得＿＿分 调研基本能按时完成，信息准确完整，得＿＿分 调研按时保质完成，且实用效果较好，得＿＿分	
	市场调研费用	控制在预算内	每高出预算＿＿%，减＿＿分	
《市场调研报告》提交情况	报告提交及时率	100%	每有1次未在规定时间内提交调研报告的，减＿＿分	
	调研报告行文质量	30%	1．所采用的调研方法很不科学；存在很大的系统误差；反映问题未切中实质，报告参考性不大，得＿＿分	
			2．所采用的调研方法有一定的科学性，对调研数据的分析所采用的分析方法较为恰当；报告能为拟订市场方案提供一定支持，得＿＿分	
			3．所采用的调研方法较为科学，对调研数据的分析所采用的分析方法比较恰当；报告能为市场推广策略制定提供支持，得＿＿分	

续表

			4．所采用的调研方法科学；对调研数据的处理方法极为恰当，几乎没有大的误差；报告能为有效营销计划制订提供支持，得＿＿＿分	
《市场调研报告》提交情况	调研报告行文质量	30%		

2．工作能力与工作态度考核30%

（1）考核指标设置

对市场调研主管工作能力与工作态度这两项内容的考核，设计出的考核指标如下表所示。

考核指标

考核内容	考核指标
工作能力	信息收集与分析能力
	创新能力
	问题解决能力
工作态度	主动性
	责任感
	团队协作意识

（2）计分标准（略）

第5条 考核结果应用（略）

编制部门		审核部门		批准部门	
编制日期		审核日期		批准日期	

7.3.3 活动执行考核实施办法

制度名称	活动执行考核实施办法	文件编号	
		执行部门	

第1条 目的

为规范市场活动执行程序，确保预期效果的实现，特制定本考核办法。

第2条 考核内容及评分标准

1. 活动前期造势考核

（1）海报在指定处粘贴＿＿＿张以上。未达到要求者，减＿＿＿分。

（2）产品推广活动宣传手册有效发放数量不低于＿＿＿份，每少＿＿＿份，减＿＿＿分。

2. 活动执行考核

（1）活动人气数。活动现场观众以＿＿＿人为标准，超过此标准者加＿＿＿分，＿＿＿～＿＿＿人之间，加＿＿＿分，低于＿＿＿人，0分。

（2）与门店有良好的沟通，活动现场产品陈列整齐。因沟通不畅而影响活动顺利执行者，减＿＿＿分。

3. 活动后期跟进考核

（1）活动结束后的＿＿＿天之内，对相关的门店进行定期回访。否则，减＿＿＿分。

（2）做好活动总结，在活动结束后三日内上交总结报告。延迟提交者减＿＿＿分。

第3条 考核信息来源

考核依据由公司巡查人员的检查结果及活动专员提供的活动现场照片为依据。

第4条 考核结果运用

1. 活动执行评估在＿＿＿分以下的，无考核奖励。

2. 活动执行评估在＿＿＿分以下的，根据活动规模的大小，分别给予＿＿＿～＿＿＿元的奖励。

第5条 附则

本制度由市场部负责解释。

编制部门		审核部门		批准部门	
编制日期		审核日期		批准日期	

7.3.4 产品品牌管理考核办法

制度名称	产品品牌管理考核办法	文件编号	
		执行部门	

第1条 目的

为努力打造高美誉度、高知名度的品牌，力求在商品同质化的今天取得良好的竞争优势，特制定本考核办法。

第2条 适用范围

适用于本公司所拥有品牌的使用、维护及宣传等工作。

第3条 考核事项及标准

1. 品牌推广活动

公司总部制订出的统一推广的品牌活动方案得以有效落实，在预算范围内，自主策划的品牌推广活动至少有1次，_____分；在此基础上，在预算范围内，自主策划的品牌推广活动每增加1次，加_____分。

2. 媒体关系管理

在商业媒体上的发稿量不低于_____篇/月，否则，此项不得分。

3. 品牌形象维护

（1）未按照公司品牌视觉形象（VI）手册或品牌宣传推广标准手册使用者，减_____分/次。

（2）因公司员工的某些言行对公司的品牌形象造成负面影响者，减_____分/次，情况严重者，给予降职降薪直至辞退的惩处。

（3）发生品牌危机事件后，未及时处理或未能按照相关审批意见进行及时处理，减_____分/次，情况严重者，给予降职降薪直至辞退的惩处。

第4条 考核结果的效力（略）

第5条 附则（略）

编制部门		审核部门		批准部门	
编制日期		审核日期		批准日期	

7.3.5 网络营销推广绩效考核办法

制度名称	网络营销推广绩效考核办法	文件编号	
		执行部门	

第1条 考核目的

为了提高网络营销部人员的工作业绩，及时改进和提升工作品质，激励成绩突出的员工，鞭策落后员工，全面提高部门管理水平和经济效益，特制订本方案。

第2条 考核周期

月度考核。即下月的5日前完成对员工上个月的考核工作。

第3条 考核指标设计

对网络营销推广活动效果的考核，主要从网络推广与销售任务达成情况两方面进行，其具体考核指标及评价标准见附表。

第4条 考核实施说明

1. 考核总计分数为100分，达90分以上为优秀员工、80分以上为合格员工、60分以下则被评定为不合格。

2. 考核结果直接与员工当月的绩效工资挂钩。

3. 连续3个月被评为优秀员工将额外奖励_____元。

附表 网络营销推广考核指标及计分办法

考核指标	权重	计分办法
网络信息量	20%	与上一阶段相比，主要网站上有关公司品牌和产品的相关信息量大幅增加，_____分；与上一阶段相比，增幅明显，_____分；与上一阶段相比，增幅不显著，0分
关键词排名	20%	达到公司要求，_____分；略低于公司要求，_____分；与公司的要求相差较大，0分
产品信息发布数	10%	达到公司要求，_____分；略低于公司要求，_____分；与公司的要求相差较大，0分
论坛发帖量与博客更新量	10%	达到公司要求，_____分；略低于公司要求，_____分；与公司的要求相差较大，0分
网站浏览量	10%	达到公司要求，_____分；略低于公司要求，_____分；与公司的要求相差较大，0分
被其他网站链接的数量	20%	达到公司要求，_____分；略低于公司要求，_____分；与公司的要求相差较大，0分
网络销售计划达成率	10%	达到100%，_____分；每低于目标值_____个百分点，减_____分；低于50%，此项不得分

编制部门		审核部门		批准部门	
编制日期		审核日期		批准日期	

7.3.6 市场部薪酬激励实施方案

市场部薪酬激励实施方案

为充分调动市场部每一位员工的工作积极性，促进企业经营目标的达成，特制订本方案。

一、适用范围

市场部所有员工（市场部经理除外）。

二、薪酬构成

市场部人员薪资由"岗位工资+奖金+福利"三部分组成。

1. 岗位工资

岗位工资反映员工为公司工作所应得的部分，岗位工资根据每位员工所在的岗位、工作资历、学历等综合因素确定。

市场部员工岗位工资的确定

岗位	薪级	相关条件	岗位工资标准
市场主管	＿＿级	三年以上同岗位工作经验；市场营销专业大学本科以上学历	＿＿~＿＿元
市场策划专员	＿＿级	一年以上同岗位工作经验；市场营销专业大学本科以上学历	＿＿~＿＿元
品牌管理专员	＿＿级	一年以上同岗位工作经验；市场营销、品牌管理专业大学本科以上学历	＿＿~＿＿元
……	……	……	……

2. 奖金

奖金反映的是员工业绩突出，超额完成企业既定目标与任务后所获得的奖励。奖金分为季度奖金与年度奖金。

（1）季度奖金

季度奖金的核定以市场部季度绩效考核结果为重要的评定依据。季度考核分为优秀（1.2倍）、合格（1.0倍）、基本合格（0.5倍）和不合格（无）四档。奖金基数为岗位工资的30%。

（2）年度奖金

根据市场部员工全年的工作表现，依据公司制定的考核标准，对员工的年度工作绩效进行评估，再依据年度考核结果来计发员工的年度奖金。

年度考核分为优秀（1.5倍）、合格（1.2倍）、基本合格（0.8倍）和不合格（无）四档。奖金基数为岗位工资的30%。

3. 福利

福利反映的是企业对员工工作、生活、学习等方面提供的有力保障。具体内容见下表。

市场部员工福利设计

项目	具体内容
法定福利	按国家规定执行
企业自主福利	午餐补贴：____元/月 交通补贴：____元/月 通讯补贴：____元/月

三、薪资调整

当出现如下几种情况时，公司会对员工的薪酬做出调整。

1. 特殊调薪

对工作表现突出，为企业及市场部做出重大贡献者，由部门经理提出调薪建议，经人力资源部审核，总经理核准后，可以给予加薪，部门主管提报调薪的最高额度为人民币1000元。

2. 其他符合调薪的情况

当员工年度考核结果为优秀或符合晋升的条件时，公司也对其进行加薪。具体内容见公司调薪管理相关规定。

3. 降职降薪

当员工年度考核结果连续____次不合格或工作中出现重大失误时，公司会对其作出降职降薪的处理，具体内容见公司调薪管理相关规定。

编制日期：

审核日期：

实施日期：

7.3.7 市场经理考核与薪酬设计方案

市场经理考核与薪酬设计方案

一、岗位职责与任务

市场部经理主要职责，依据其工作内容，为了便于后期的考核管理，故对市场部经理的工作任务进行了一系列的分解，具体内容如下。

市场部经理工作任务分解表

项目 月份	量化任务	非量化任务	其他任务
1			
2			
3			
……	……	……	……

二、薪资设定

针对市场部经理一职，公司设计的年薪标准为：____万元。

每月固定发放薪水____元人民币；每月浮动部分全奖为____~____元人民币，根据月度KPI打分确定发放额度（考核表如下），并于当月发放。

市场部经理KPI考核表

考核项目	KPI指标	评价标准	考核得分
负责公司的市场和售前支持工作	工作计划的完备性	缺乏月度市场运作计划，减____分/次	
	产品市场占有率	每低____%，减____分	
	产品市场知名度	每低目标值____%，减____分	
对销售部门的工作进行支持	市场信息反馈的及时性	信息反馈及时性差被相关部门投诉减____分/次	
	部门协作满意度	因部门协作程度不够造成部门投诉的减____分/次	
公共关系维护	媒体曝光次数	每出现一次负面曝光事件，减____分	
	外部协作满意度	每有一次投诉，减____分	

续表

控制市场费用和本部门费用	市场费用	每高于预算____%，减____分；每出现一次计划外失控投入，减____分/次	
	部门费用	每高于预算____%，减____分	
考核总计得分			

三、绩效奖励

公司每半年根据市场部整体工作的情况对市场部经理发放一部分的绩效奖励。考核包括常规KPI指标及半年度重点工作任务完成情况两部分内容，考核由薪酬与绩效考核委员会实施并根据KPI评分结果对市场部经理实施绩效奖励。

四、补充说明

本方案未尽事宜，情况发生时在征求公司总经理意见后，由公司另行研究确定解决办法。

编制日期：

审核日期：

实施日期：

第8章
客户服务人员绩效考核与薪酬激励

8.1 客户服务人员绩效考核量表设计

8.1.1 客户服务部经理绩效考核量表

岗位工作目标

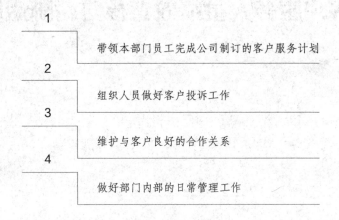

1 带领本部门员工完成公司制订的客户服务计划

2 组织人员做好客户投诉工作

3 维护与客户良好的合作关系

4 做好部门内部的日常管理工作

考核量表模板

姓名			岗位	客户服务部经理	所属部门	客户服务部
考核人				考核期限		

序号	KPI指标	权重	绩效目标值	考核得分
1	平均响应速度	10%	平均响应时间控制在＿＿分钟以内	
2	客户投诉处理率	20%	达到100%	
3	客户投诉处理满意率	20%	不低于＿＿%	
4	客户回访率	10%	达到100%	
5	客户信息准确率	15%	达到100%	

续表

6	客服标准有效执行率	10%	达到100%
7	培训计划完成率	5%	达到100%
8	部门协作满意度	10%	不低于____分

考核得分总计			
考核指标说明	客户投诉处理好坏作为衡量企业服务营销工作是否到位的重要依据之一，它对客户满意度的提升和企业营销的工作平稳有序发展起着重要的作用，因而，不妨赋予该指标相对较高的权重		

被考核人 签字：　　　日期：	考核人 签字：　　　日期：	复核人 签字：　　　日期：

8.1.2 客户关系主管绩效考核量表

岗位工作目标

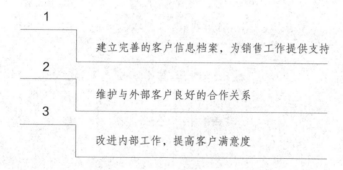

1　建立完善的客户信息档案，为销售工作提供支持

2　维护与外部客户良好的合作关系

3　改进内部工作，提高客户满意度

考核量表模板

姓名			岗位	客户关系主管	所属部门	客户服务部
考核人				考核期限		
考核项	KPI指标		权重	绩效目标值		考核得分
客户关系维护	客户回访率		10%	达到100%		
	客户保有率		30%	达到____%		
客户资料管理	客户信息完整率		15%	达到100%		
	客户信息准确率		15%	达到100%		
	客户信息更新及时率		10%	达到100%		

续表

下属员工管理	客服标准有效执行率	10%	达到100%	
	员工考核达标率	10%	达到100%	
考核得分总计				
考核指标说明	客户保有率是评价客户关系维护状况的一个重要指标。一般说来，客户保有率从正面反映了客户对企业服务的肯定和认可。需要注意的是，企业应根据自身特点设定正确的控制目标，使其真正发挥它应有的作用			
被考核人 签字：　　日期：		考核人 签字：　　日期：		复核人 签字：　　日期：

8.1.3 呼叫中心主管绩效考核量表

岗位工作目标

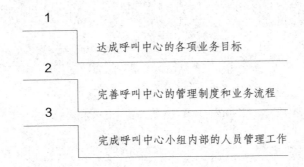

1　达成呼叫中心的各项业务目标

2　完善呼叫中心的管理制度和业务流程

3　完成呼叫中心小组内部的人员管理工作

考核量表模板

姓名		岗位	呼叫中心主管	所属部门	客户服务部
考核人			考核期限		
考核项	**KPI指标**	**权重**	**绩效目标值**		**考核得分**
业务管理	呼叫中心业务计划完成率	25%	达到100%		
	通话利用率	15%	达到____%		
	平均处理时长	15%	____分钟/次		
	一次解决率	15%	达到____%		
流程改进	服务流程改进建议被采纳的次数	10%	不低于____次		

续表

小组人员管理	培训计划完成率	10%	达到100%	
	制度执行率	10%	达到100%	
考核得分总计				
考核指标说明	1）通话利用率，可以用来考核排班人员和现场管理人员的工作绩效。如果本企业的通话利用率小于行业的通行标准，主管人员可能需要想想是不是人力有过剩，或是排班人员的班务出了问题，或是现场管理人员现场调度出了问题。 2）一次解决率是影响客户满意度最深的一项指标，它的含义是：客户来电当中，第一次就把客户问题解决的比率。			

被考核人 签字： 日期：	考核人 签字： 日期：	复核人 签字： 日期：

8.1.4 售后服务主管绩效考核量表

岗位工作目标

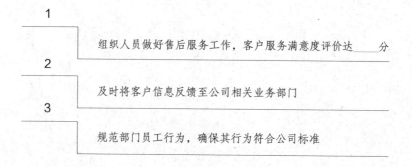

1 组织人员做好售后服务工作，客户服务满意度评价达＿＿分

2 及时将客户信息反馈至公司相关业务部门

3 规范部门员工行为，确保其行为符合公司标准

考核量表模板

姓名			岗位	售后服务主管	所属部门	客户服务部
考核人				考核期限		
考核项	**KPI指标**	**权重**		**绩效目标值**		**考核得分**
客户服务管理	服务响应时间	20%		平均响应时间控制在＿＿分钟以内		
	客户回访率	15%		达到100%		
	客户投诉解决率	20%		达到100%		
	客户投诉处理满意率	25%		不低于＿＿＿%		

续表

部门内部 人员管理	客服标准有效执行率	10%	达到100%	
	员工培训计划完成率	10%	达到100%	
考核得分总计				
考核指 标说明	客户回访率=$\dfrac{\text{实际回访的客户数量}}{\text{客户总数量}}\times100\%$			

被考核人 签字: 日期:	考核人 签字: 日期:	复核人 签字: 日期:

8.1.5 客户服务专员绩效考核量表

岗位工作目标

1 清晰、准确地解答客户的问题

2 受理客户投诉并对其做出妥善的处理

3 准确、完整地记录客户的资料

考核量表模板

姓名		岗位	客户服务专员	所属部门	客户服务部
考核人		考核期限			
奖惩加 减分	奖惩事由：				
	加/减分：				

序号	考核指标	权重	考核标准	考核得分
1	答复准确率	20%	每有一处错误，减____分	
2	投诉处理及时率	15%	未在规定时间内完成，减____分	
3	客户投诉解决率	15%	每低于目标值____个百分点，减____分	
4	客户投诉解决满意率	25%	每低于目标值____个百分点，减____分	
5	客户回访率	15%	每低于目标值____个百分点，减____分	

续表

6	客户档案完整率	10%	每有一处信息缺失,减_____分	
考核综合得分				
考核者意见				

被考核人 签字: 日期:	考核人 签字: 日期:	复核人 签字: 日期:

8.1.6 客户投诉专员绩效考核量表

岗位工作目标

1 妥善处理客户投诉

2 完成客户回访工作

3 做好客户投诉信息的记录与整理工作

考核量表模板

姓名		岗位	客户投诉专员	所属部门	客户服务部
考核人			考核期限		
奖惩加减分	奖惩事由:				
	加/减分:				

序号	考核指标	权重	考核标准	考核得分
1	答复准确率	20%	每有一处错误,减_____分	
2	投诉处理及时率	15%	未在规定时间内完成,减_____分	
3	客户投诉解决率	15%	每低于目标值_____个百分点,减_____分	
4	客户投诉解决满意率	25%	每低于目标值_____个百分点,减_____分	
5	客户回访率	15%	每低目标值_____个百分点,减_____分	
6	客户投诉记录完整率	10%	每有一处信息缺失,减_____分	

续表

考核综合得分	
考核者 意见	

被考核人 签字： 日期：	考核人 签字： 日期：	复核人 签字： 日期：

8.1.7 呼叫中心座席员绩效考核量表

岗位工作目标

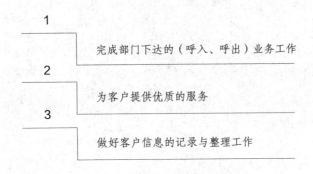

1　完成部门下达的（呼入、呼出）业务工作

2　为客户提供优质的服务

3　做好客户信息的记录与整理工作

考核量表模板

姓名		岗位	呼叫中心座席员	所属部门	客户服务部
考核人			考核期限		
奖惩 加减分	奖惩事由：				
	加/减分：				

序号	考核指标	权重	考核标准	考核得分
1	每小时呼叫次数	15%	每低于目标值_____个百分点，减_____分	
2	平均处理时长	15%	每高出目标值_____个单位，减_____分	
3	每通电话成本	10%	每高出目标值_____个单位，减_____分	
4	服务水平	20%	每低于目标值_____个百分点，减_____分	
5	呼叫放弃率	15%	每高目标值_____个百分点，减_____分	

续表

6	一次解决率	15%	每低于目标值＿＿个百分点，减＿＿分	
7	客户信息完整性	10%	每出现一处缺失，减＿＿分	
考核综合得分				

考核者意见	

被考核人 签字：　　　　日期：	考核人 签字：　　　　日期：	复核人 签字：　　　　日期：

8.2 客户服务人员薪酬体系设计

我们可以这样来概括客户服务工作的职能,即通过提供完善、良好的服务,帮助客户发现和解决出现的问题,保持和不断提升客户对企业的满意度,提升企业品牌知名度和美誉度,提高重复购买率,从而为企业创造源源不断的商机。关于这类员工的薪酬体系设计,我们主要从薪酬模式的选择、销售提成的设计两个方面来进行阐述。

8.2.1 客户服务人员薪酬模式设计

在管理实践中,不难发现,客户服务人员可将其划分为如下两大类:其一是他们的工作是与销售直接挂钩的;另一类是负责接受客户咨询,帮助客户解答疑惑,或者承担客户服务工作的专职人员。他们的工作对产品的销售起着支持性作用。鉴于此,在对这类人员进行薪酬设计时,就应该采取不同的薪酬模式。

客户服务人员薪酬模式设计

员工类别	薪酬模式的选择
客户服务人员的薪酬模式设计(销售类)	对这部分客户服务人员的薪酬设计,主要有如下5种模式:纯基薪模式、纯佣金模式、基本薪酬+佣金模式、基本薪酬+奖金模式、基本薪酬+佣金+奖金模式
客户服务人员的薪酬模式设计(非销售类)	对这部分客户服务人员的薪酬设计,下文提供了如下两种可供选择的模式: 1. 岗位工资+绩效奖金 2. 岗位工资+绩效工资+奖金

8.2.2 客户服务人员销售提成设计

考虑到客服部的主要职能是客户服务，他们并不直接参与具体的销售工作，但他们的工作对销售的实现也具有不容忽视的作用。因而为了最大限度地调动其客户服务人员的工作积极性，我们可以按照销售业绩的一定比例给予客户服务人员提成。其具体做法是：先计算整个部门提成比例，再在部门内部进行二次分配。

▶ 销售提成比例设计

销售提成比例设计示例如下表所示。

销售提成比例设计示例

实现的销售额	提成比例
＿＿＿万 ~ ＿＿＿万元	＿＿＿%
＿＿＿万 ~ ＿＿＿万元	＿＿＿%
＿＿＿万元以上	＿＿＿%

▶ 部门内部分配说明

销售提成在部门内部的分配有多种方式，下表提供了一个示例。

销售提成部门内部分配办法

分配目的：拉开同一部门内员工之间的薪酬差距，做到奖勤罚懒	
部门经理提成分配办法	部门员工提成分配办法
按销售提成总额的＿＿＿%计提	1．员工提成系数=员工考核得分/参与考核员工的考核得分总和 2．员工销售提成=提成系数×（销售提成总额－客户服务部经理提成额）

8.3 客户服务人员绩效考核与薪酬方案设计

8.3.1 客户服务部考核管理制度

制度名称	客户服务部考核管理制度	文件编号	
		执行部门	

第1条 目的

为了进一步加强客户服务部管理，提高客户服务水平和质量，为公司发展贡献部门力量，特制定客户服务部考核办法。

第2条 适用范围

适用于客户服务部员工的绩效考核工作。

第3条 职责划分

1. 公司总经理负责本制度的审核。

2. 客户经理/主管负责监督本制度的实施工作。

第4条 考核原则

1. 定量指标与定性指标相结合的综合考核。

2. 月度考评及年终考核相结合。

第5条 考核的内容

1. 考勤与规章制度遵守状况。

2. 客户服务质量。

第6条 考核实施程序

1. 客户服务部根据本部门工作计划及人力资源部制定的《绩效考核计划》，组织实施本部门的绩效考核工作，发出考核通知，说明考核的目的、对象、方式以及考核时间安排等。

2. 员工的绩效考评由客户经理按照有关检查标准和考评标准进行扣分，并填写《员工月绩效考核记录表》（见附表）和《员工月/年绩效考核情况统计表》。

第7条 考核等次划分

确定并划分考核结果的等次，本次绩效考核总分为100分，并将考核结果划分为优、良、好、合格、差5个等次。

第8条 考核结果反馈

考核结束后，由员工的直接主管通过面谈的形式将考核的结果告知考核者本人。在相互交换意见的基础上，制订出下一阶段的改进计划。

第9条 考核结果运用

客户服务部员工的绩效考核结果与绩效工资的发放、职位的晋升、培训管理等人事决策相关联。

第10条 附则

本制度的考核内容和标准如与公司考核管理制度相违背，以公司考核管理制度为准，并由相关部门及时对该制度进行修订。

附表 员工月绩效考核记录表

考核内容	考核标准	考核得分
出勤状况	迟到、早退1次，减＿＿＿分	
规章制度遵守情况	每出现1次违反公司规章制度的情况，减＿＿＿分	
客户服务质量	收集的客户信息准确、完整。每有1处错误或不完整，减＿＿＿分	
	客户投诉解决率达＿＿＿%，每低＿＿＿个百分点，减＿＿＿分	
	被客户投诉的次数每有1次，减＿＿＿分	
	客户投诉未在规定时间内处理完成，减＿＿＿分/次	
考核得分总计		

编制部门		审核部门		批准部门	
编制日期		审核日期		批准日期	

8.3.2 呼叫中心座席员考核实施办法

制度名称	呼叫中心座席员考核实施办法	文件编号	
		执行部门	

第1条 目的

通过有效的管理，提升员工的服务水平和服务技能，增强员工服务意识，保障呼叫中心的服务水平和质量。

第2条 考核频率

公司对呼叫中心座席员的考核采取月度考核的方式。

第3条 考核内容

对呼叫中心座席员的考核，主要从如下3个方面进行。

1. 工作数量，包括成功呼叫数量、工时利用率、一次解决率三项指标。

2. 工作质量，包括客户投诉量、话务抽查合格率、服务态度三项指标。

3. 工作态度，包括出勤率与违反企业规章制度的次数两项指标。

其具体考核标准见附表。

第4条 加减分项

对于在日常工作中有突出表现的员工，经由中心领导批准，可以进行加分。同时对于员工在日常工作中出现重大失误，造成不良后果的，经由中心领导批准，可以进行减分。加分和减分的分值最高不高于____分。

第5条 考核结果划分及运用（略）

附表 呼叫中心座席员考核标准

考核项目	考核指标	考核计分办法
工作数量	成功呼叫数量	每低于目标值____个百分点，减____分
	工时利用率	每低于目标值____个百分点，减____分
	一次解决率	每低于目标值____个百分点，减____分
	客户投诉量	≤____次，____分；____～____次之间，____分；≥____次，____分
	话务抽查合格率	每低于目标值____个百分点，减____分
工作质量	服务态度	1）对一般客户能按服务规范服务，对不礼貌的客户能以礼相待，对无理取闹的客户能晓之以理，____分
		2）对一般客户能按服务规范服务，对不礼貌的客户和无理取闹的客户能保持克制，态度平和，____分
		3）对待一般客户态度和蔼，不消极应付，举止大方，说话使用礼貌用语，____分

续表

工作态度	出勤率	每迟到早退一次，减＿＿＿分；旷工一次，减＿＿＿分
	违反企业规章制度的次数	每出现一次违反企业规章制度的情形，减＿＿＿分

编制部门		审核部门		批准部门	
编制日期		审核日期		批准日期	

8.3.3 客户服务专员考核实施办法

制度名称	客户服务专员考核实施办法	文件编号	
		执行部门	

第1条 目的

为客观地评价公司客服人员的工作业绩，同时创建一种争先创优的工作氛围，从而全面提升公司的客户服务质量，特制定本考核办法。

第2条 考核频率

基于客服岗位性质，公司对客服人员的绩效考核实施月度考核，具体时间为每月的＿＿＿日~＿＿＿日。

第3条 考核实施主体

对客服专员的考核，采取直接上级考核其直接下级的方式进行。

第4条 考核内容

对客服专员的考核，主要包括工作业绩与工作行为两个方面的内容。

1. 工作业绩考核

对客服专员工作业绩的考核主要从客户咨询服务、客户投诉处理、客户信息管理3个方面进行。

2. 工作行为考核

对客服专员工作行为的考核，主要包括规章制度遵守的情况与团队协作意识两方面的内容。

具体内容见附表。

第5条 考核结果等级划分

绩效考核结果划分为五个等级，划分标准如下所示。

1. 优秀：考核成绩≥90分

2. 良好：90分＞考核成绩＞80分

3. 合格：80分＞考核成绩＞70分

4. 待提高：70分＞考核成绩≥60分

5. 差：考核成绩＜60分

第6条 考核结果运用

1. 月度绩效奖金的计发

考核结果位于"优秀"级别，绩效工资全额发放；考核结果位于"良好"级别，绩效工资按＿＿＿%的额比例发放；考核结果位于"合格"级别，绩效工资按＿＿＿%的额比例发放。

2. 其他奖惩

（1）一年中有三个月绩效考核结果为"差"者，视情况予以降薪直至降职处分。

（2）连续三个月考核为"优秀者"，将其作为晋职的重点考虑对象，并另发放奖金＿＿＿元。

附表 客户服务专员绩效考核表

考核项目		考核内容
工作业绩	客户咨询服务	1. 及时接待客户，出现因服务态度恶劣被投诉的情况，减＿＿＿分/次
		2. 按照电话接听规范解答客户咨询内容，接听电话中每违反一项操作规范，减＿＿＿分
	客户投诉处理	1. 准确、客观地记录客户投诉，记录每出现一处错误，减＿＿＿分
		2. 客户投诉在规定时间予以答复，每延迟一次，减＿＿＿分
		3. 客户对投诉处理满意率不得低于＿＿＿%，每低＿＿＿%，减＿＿＿分
	客户资料保管	1. 做好客户资料的整理、归档工作，每发现一份缺失或遗漏的文件，减＿＿＿分
		2. 客户信息无泄露情况发生，否则，减＿＿＿分
工作行为	规章制度遵守情况	不遵守企业规章制度，视情节的严重程度，减＿＿＿~＿＿＿分
	团队协作意识	工作中缺乏团队协作意识，减＿＿＿分

编制部门		审核部门		批准部门	
编制日期		审核日期		批准日期	

8.3.4 客户回访考核实施细则

制度名称	客户回访考核实施细则	文件编号	
		执行部门	

第1条 目的

进一步规范客户回访工作，提高客户回访质量和水平，同时便于对客户回访人员作出客观公正的评价，特制定本考核细则。

第2条 考核方式

由客户服务部经理/主管采取抽查的方式对部门人员的回访工作实施考核。

第3条 考核内容及标准

对客户回访考核主要从客户回访工作完成的及时性、客户回访计划完成率、回访流程与规范、回访内容设计的质量、回访资料的完整性、回访费用控制等方面进行考核，具体内容及评价标准见附表。

第4条 考评等级划分

考核总分为100分，公司将员工的考核结果划分为5个等次，具体内容如下。

1. A（优秀）：90分以上，工作相当出色，几乎无可挑剔。
2. B（良好）：80~90（含）分，工作出色。
3. C（中等）：70~80（含）分，工作表现合格。
4. D（尚可）：60~70（含）分，工作有问题，须引起注意。
5. E（差）：60以下（含），工作存在较大的问题，亟须改正。

第5条 考评奖励及处罚

1. 考核等级为A等的员工，当月给予_____元的绩效奖励。
2. 考核等级为B等的员工，当月给予_____元的绩效奖励。
3. 考核等级为C等、D等的员工，当月不奖不罚。
4. 每季考评等级为E等的员工，责令限期做出改进。连续两次考核被评为E等的员工，当月扣除其绩效工资的_____%作为处罚。

附表 客户回访考核表

考核内容	计分办法	考核得分
客户回访工作完成的及时性	按制订的计划表实施客户回访工作，未按要求执行者减_____分/次	
客户回访计划完成率	因员工主观原因导致回访计划未完成者，减_____分/项	
工作流程遵守情况	严格执行《客户服务部客户回访管理制度》，违反回访流程及行为规范的，发现1次，减_____分；超过_____次，此项不得分	
客户回访内容设计的质量	回访内容设计不合理，减_____分/项	

续表

客户回访资料收集的完整性	回访记录每缺失1份，减＿＿＿分	
费用控制	客户回访费用控制在公司预算范围内；每超过预算＿＿＿％，减＿＿＿分；费用报销未严格按照报销手续操作者，减＿＿＿分/次	

编制部门		审核部门		批准部门	
编制日期		审核日期		批准日期	

8.3.5 客户服务中心星级评定考核办法

制度名称	客户服务中心星级评定考核办法	文件编号	
		执行部门	

第1条　目的

为规范服务现场的秩序，提高商场客服人员服务意识，现针对客户服务人员制定本"星级服务"考核评定办法。

第2条　考核频率

每月评定一次。

第3条　职责划分

1. 客服部负责人负责对客服人员每月考评及邀请顾客参与互动监督管理。

2. 公司人力资源部负责客服工作人员的奖金计发。

3. 公司总经理负责星级客服人员的审定。

第4条　星级员工的分类

星级员工分为一星级、二星级、三星级。

第5条　评选条件

1. 热爱公司，维护公司形象，以公司大局为重。

2. 认真执行公司各项规章制度，服从工作安排、爱岗敬业、团结同事。

3. 无顾客、供应商投诉，无违纪情况。

4. 完全胜任本职工作，配合同事完成各项工作，无较大工作失误。

5. 积极参加公司各项公益活动，出色完成交付的各项工作。

6. 热情周到，积极主动为顾客及公司同事服务。

7. 无迟到、早退、旷工现象。当月事假累计不超过＿＿＿天。

第6条　考核内容

公司对星级员工的评选，主要从工作任务、工作质量、工作技能、行为规范等4个方面进行。具体内容见附表。

第7条 奖励措施

1. 公司为星级员工颁发"星级员工服务牌",并作为年度先进工作者评选及职位晋升的主要依据之一。

2. 人力资源部制作"本月之星"的布告栏,置于明显地方,并给予"一星级"员工获得者奖励____元;给予"二星级"员工获得者奖励____元;给予"三星级"员工获得者奖励____元。

附表 星级客户服务人员评定表

姓名		岗位		部门
考核内容		绩效目标	考核得分	
工作任务		工作计划全面完成		
工作质量		无较大的失误、无客户投诉现象		
工作技能		熟练掌握工作所需的各项技能		
行为规范		无违反规章制度的现象		
考核得分汇总				
部门意见				
人力资源部意见				
公司领导意见				

编制部门		审核部门		批准部门	
编制日期		审核日期		批准日期	

8.3.6 客户服务质量考核实施管理办法

制度名称	客户服务质量考核实施管理办法	文件编号	
		执行部门	

第1条 目的

强化客服部工作行为，规范客服部作业流程，促进公司客服部内部管理规范运作，持续满足顾客不断变化的需求和期望。

第2条 适用范围

本办法适用于公司客服部服务质量的考核。

第3条 考核依据

以《员工手册》和《部门岗位职责、规章制度与服务规范》等有关规定为依据，制定出相应的《客服部服务质量考核细则》。

第4条 职责

人力资源部、客户服务部经理负责依据《客服部服务质量考核细则》对部门员工的工作表现进行考核。

第5条 考核内容

考核具体分为工作纪律、对客服务、环境卫生等方面。具体内容见附表。

第6条 考核实施流程

1. 人力资源部不定期对各部门进行服务质量检查、督导。

2. 客户服务部经理根据工作需要随时对员工进行服务质量考核。

3. 工作检查中发现违规情况及时纠正，并签发《客服部员工过失通知单》。

第7条 考核结果管理

1. 客户服务部经理每月月末汇总违规处理情况，填写《客服部员工违规处理情况汇总》交人力资源部。

2. 人力资源部依据考核结果，计算出客户服务人员的绩效工资。

3. 客户服务部经理对《客服部员工过失通知单》进行分析，从中找出问题根源所在，并进而制定纠正预防措施，以改善服务质量。

第8条 附则

本制度由公司客户服务部制定并负责解释。

附表 客户服务质量评价表

考核内容	计分办法
工作纪律	仪容仪表不符合公司规定，否则减_____分
	上班无故迟到、早退，减_____分/次
	未经上级批准随意调换班次，减_____分
	服从指挥调度，违者每次减_____分
对客服务	严格执行收费标准，不得乱收费，违者每次减_____分

続表

对客服务	接待客户时，不主动热情、语调生硬、解释业务不全、不耐心、问而不答、敷衍了事，每次减____分	
	接听电话未按规范要求或没有礼貌用语，减____分	
	服务过程中不说普通话或不用礼貌敬语，而使用服务禁语，减____分	
	因客观原因不能按时提供或完成服务的，要耐心向客户解释。因未能向客户说明原因而遭到投诉，减____分	
	客户投诉处理及时率达到100%，每有1次未在规定时间内解决，减____分	
环境卫生	工作台、设备等卫生区域要做到整洁、有序、美观。客户视线触及的范围内不得摆放与工作无关的物品，违者每次减____分	
	工作区域保持干净、整洁，否则减____分	

编制部门		审核部门		批准部门	
编制日期		审核日期		批准日期	

8.3.7 客户服务中心薪资与考核激励方案

客户服务中心薪资与考核激励方案

为激发客户服务人员的工作积极性，全面提高服务质量，特制订本激励方案。

一、适用范围

本方案适用于客户服务部各级主管及客户服务人员。

二、薪酬构成

客户服务中心员工的薪酬由基本工资、岗位工资、绩效工资、各项补贴、奖金构成。

1．**基本工资**：根据岗位、学历、职称、工作年限等因素确定。

2．**岗位工资**：根据职务高低、岗位责任确立，并根据公司经营业绩，适时调整。

3．**绩效工资**：根据任务绩效考核结果确定。

4．**补贴**：包括午餐补贴、加班补贴等项目。

5．奖金：获得部门优秀员工荣誉称号的员工，每月可获得公司给予的＿＿元的奖励。

三、薪酬考核办法

1．基本工资与岗位工资

当员工满月出勤时，公司发放全额的基本工资与岗位工资；当员工出勤少于规定的要求时，扣除缺勤天数的基本工资与岗位工资。

2．绩效工资

（1）公司按月对客户服务中心的员工进行考核。直属上级对下属岗位职责履行情况、出勤状况等方面进行考核，并以此来确定员工的绩效工资。当月的绩效工资随同员工的固定工资一并发放。

（2）新招聘的员工，原则上试用期为2个月。试用期结束后，由人力资源部根据对其在试用期的表现进行考核，考核合格者，重新确定其薪酬水平。

3．补贴

（1）午餐补贴标准：＿＿元/天。

（2）加班补贴：按照国家规定的标准执行。

四、薪资发放

公司每月＿＿日发放员工上月的工资，遇节假日提前至节假日前的一个工作日发放。

编制日期：

审核日期：

实施日期：

8.3.8 客户服务经理考核与薪酬激励方案

客户服务经理考核与薪酬激励方案

为提升客户服务质量，打造良好的企业形象，特制订本激励方案。

一、工作目标

结合任职者的岗位职责及企业的年度发展目标，针对财务经理一职，制订出的年度工作目标如下。

1. 部门规章制度健全。

2. 及时处理客户投诉，提升客户满意度。

3. 做好客户信息管理工作，为其他部门工作的开展提供有力的支持。

4. 各项成本支出控制在预算范围内。

……

二、薪酬设定

本公司针对客户服务经理一职，其薪酬主要由如下三个部分组成。

1. 每月固定发放薪水_____元。

2. 每月浮动部分全奖为_____元，根据月度KPI评估确定发放额度。其考核内容及发放标准如下表所示。

浮动工资计发标准

考核内容	浮动工资发放标准
平均响应速度 客户投诉处理率 客户投诉处理满意率 客户回访率 客户信息准确率 客服标准有效执行率	浮动工资发放标准=考核得分/100×月度浮动工资总额

3. 绩效奖励。其额度为0~_____万元，公司每半年根据客户服务部经理的业绩评定结果进行计发。

（1）考核指标设定

结合客户服务部经理的工作职责，在对其半年度的工作实施考核时，设计出的考核指标如下表所示。

半年度绩效考核指标设定

考核指标	权重	目标值	计分说明
客户投诉解决率	30%	不低于____%	每低____个百分点，减____分
客户满意度	30%	不低于____%	每低____个百分点，减____分
部门协作满意度	20%	不低于____%	每低____个百分点，减____分
部门费用支出	20%	控制在预算以内	每高出____个百分点，减____分

（2）发放标准

绩效奖励的发放标准如下。

① 年度各项工作目标均得以实现，绩效奖励按全额的标准发放。

② 年度工作目标考核得分在90分以上，绩效奖励按90%的比例计发。

③ 年度工作目标考核得分在80分以上，绩效奖励按80%的比例计发。

④ 年度工作目标考核得分在70分以上，绩效奖励按70%的比例计发。

⑤ 年度工作目标考核得分在60分以上，绩效奖励按60%的比例计发。

⑥ 年度工作目标考核得分在60分以上，无绩效奖励。

三、附则

本方案未尽事宜，情况发生时在征求公司总经理意见后，由公司另行研究解决办法。

编制日期：

审核日期：

实施日期：

第9章

工程项目人员绩效考核与薪酬激励

9.1 工程项目人员绩效考核量表设计

9.1.1 工程部经理绩效考核量表

岗位工作目标

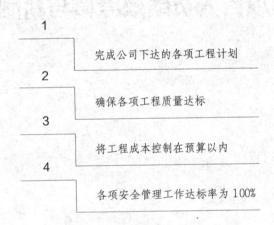

1 完成公司下达的各项工程计划

2 确保各项工程质量达标

3 将工程成本控制在预算以内

4 各项安全管理工作达标率为100%

考核量表模板

姓名		岗位	工程部经理	所属部门	工程部
考核人			考核期限		
序号	KPI指标	权重	绩效目标值		考核得分
1	工程量	10%	达到____平方		
2	施工进度目标按时完成率	10%	达到100%		
3	工程一次验收合格率	15%	达到____%		
4	工程质量合格率	15%	达到100%		
5	工程项目优良品率	15%	达到____%		

续表

6	施工设备完好率	5%	达到____%	
7	工程成本	10%	控制在预算内	
8	工程安全事故发生次数	20%	0次	
考核得分总计				
考核指标说明	工程一次验收合格率=$\dfrac{一次验收合格数}{验收工程总数}\times100\%$			
被考核人 签字： 日期：	考核人 签字： 日期：		复核人 签字： 日期：	

9.1.2 项目主管绩效考核量表

岗位工作目标

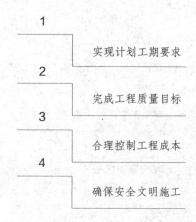

1 实现计划工期要求

2 完成工程质量目标

3 合理控制工程成本

4 确保安全文明施工

考核量表模板

姓名		岗位	项目主管	所属部门	工程部
考核人			考核期限		
考核项	**KPI指标**	**权重**	**绩效目标值**		**考核得分**
工程进度管理	工程进度计划完成率	15%	达到100%		
	工程项目计划完成率	15%	达到100%		
工程质量与成本管理	工程成本	20%	控制在预算内		
	施工项目质量等级	20%	至少需达到"合格"的标准		

续表

安全文明 施工管理	安全事故发生次数	20%	0次	
	制度执行率	10%	达100%	
考核得分总计				
考核指标说明				
被考核人 签字: 日期:		考核人 签字: 日期:		复核人 签字: 日期:

9.1.3 土建工程师绩效考核量表

岗位工作目标

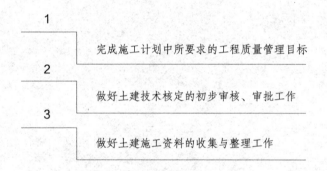

1 完成施工计划中所要求的工程质量管理目标

2 做好土建技术核定的初步审核、审批工作

3 做好土建施工资料的收集与整理工作

考核量表模板

姓名		岗位	土建工程师	所属部门	工程部
考核人			考核期限		
奖惩 加减分	奖惩事由:				
	加/减分:				

序号	考核指标	权重	考核标准	考核得分
1	施工图纸审核及时率	10%	未在规定的时间内完成，减____分	
2	工程进度计划完成率	20%	未按计划完成，减____分	
3	（土建施工）工程验收合格率	30%	验收不合格，减____分/项	
4	材料设备合格率	10%	出现不合格者，减____分/项	

续表

5	技术问题处理及时率	20%	每有一次延迟，减＿＿＿分	
6	施工记录完整率	10%	每有一处缺失，减＿＿＿分	
考核综合得分				
考核者意见				
被考核人 签字：　　日期：		考核人 签字：　　日期：		复核人 签字：　　日期：

9.1.4 水暖工程师绩效考核量表

岗位工作目标

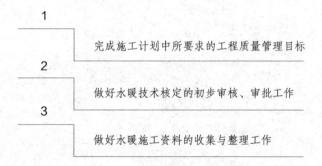

1　完成施工计划中所要求的工程质量管理目标

2　做好水暖技术核定的初步审核、审批工作

3　做好水暖施工资料的收集与整理工作

考核量表模板

姓名		岗位	水暖工程师	所属部门	工程部
考核人			考核期限		
奖惩加减分	奖惩事由：				
	加/减分：				

序号	考核指标	权重	考核标准	考核得分
1	施工图纸审核及时率	10%	未在规定的时间内完成，减＿＿＿分	
2	工程进度计划完成率	20%	未按计划完成，减＿＿＿分	
3	（水暖施工）工程验收合格率	30%	验收不合格，减＿＿＿分/项	
4	（水暖）材料设备合格率	10%	出现不合格者，减＿＿＿分/项	

续表

5	技术问题处理及时率	20%	每有一次延迟，减＿＿＿分	
6	施工记录完整率	10%	每有一处缺失，减＿＿＿分	
考核综合得分				
考核者意见				
被考核人 签字： 日期：		考核人 签字： 日期：		复核人 签字： 日期：

9.1.5 电气工程师绩效考核量表

岗位工作目标

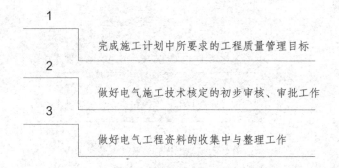

1　完成施工计划中所要求的工程质量管理目标

2　做好电气施工技术核定的初步审核、审批工作

3　做好电气工程资料的收集中与整理工作

考核量表模板

姓名		岗位	电气工程师	所属部门	工程部
考核人			考核期限		
奖惩 加减分	奖惩事由：				
	加/减分：				

序号	考核指标	权重	考核标准	考核 得分
1	施工图纸审核及时率	10%	未在规定的时间内完成，减＿＿＿分/次	
2	工程进度计划完成率	20%	未按计划完成，减＿＿＿分	
3	（电气）工程验收合格率	30%	验收不合格，减＿＿＿分/项	
4	（电气）材料设备合格率	10%	出现不合格者，减＿＿＿分/项	

续表

5	技术问题处理及时率	20%	每有一次延迟，减____分	
6	施工记录完整率	10%	每有一处缺失，减____分	
考核综合得分				
考核者意见				
被考核人 签字： 日期：		考核人 签字： 日期：		复核人 签字： 日期：

9.1.6 工程预算员绩效考核量表

岗位工作目标

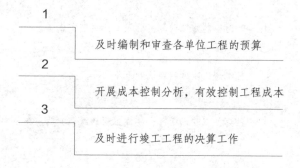

1　及时编制和审查各单位工程的预算

2　开展成本控制分析，有效控制工程成本

3　及时进行竣工工程的决算工作

考核量表模板

姓名		岗位	工程预算员	所属部门	工程部
考核人			考核期限		
奖惩 加减分	奖惩事由： 加/减分：				

序号	考核指标	权重	考核标准	考核 得分
1	预算编制及时率	20%	未在规定的时间内完成，减____分/次	
2	资料提供的及时性	15%	每有一次延迟，减____分	
3	工程决算与预算的差异	30%	每偏离目标值____个百分点，减____分/次	
4	工程成本降低率	10%	每低于目标值____个百分点，减____分	
5	工程预算档案资料归档率	15%	每低于目标值____个百分点，减____分	

续表

6	部门协作满意度	10%	每出现一起有效投诉，减＿＿＿分	
考核综合得分				
考核者 意见				
被考核人 签字：　　　　日期：	考核人 签字：　　　日期：		复核人 签字：　　　日期：	

9.1.7 施工员绩效考核量表

岗位工作目标

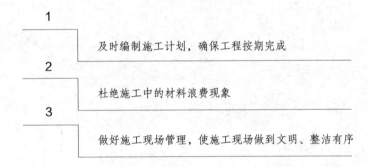

1 及时编制施工计划，确保工程按期完成

2 杜绝施工中的材料浪费现象

3 做好施工现场管理，使施工现场做到文明、整洁有序

考核量表模板

姓名			岗位	施工员	所属部门	工程部
考核人				考核期限		
奖惩加 减分	奖惩事由：					
	加/减分：					

序号	考核指标	权重	考核标准	考核得分
1	施工进度完成率	20%	每有1次未按计划达成，减＿＿＿分	
2	工程验收合格率	25%	每有1项分项工程不合格， 减＿＿＿分	
3	材料设备合格率	15%	每有1批次不合格物资（设备）， 减＿＿＿分	
4	施工安全事故发生次数	20%	每发生1次一般性的施工事故，减 ＿＿＿分；重大施工事故另行相关规定处理	

5	工程技术交底及时率	10%	未在规定时间内提交，减_____分	
6	施工资料归档率	10%	施工资料每缺失1项，减_____分	
考核综合得分				
考核者意见				
被考核人 签字：　　日期：		考核人 签字：　　日期：		复核人 签字：　　日期：

9.1.8 项目质检员绩效考核量表

岗位工作目标

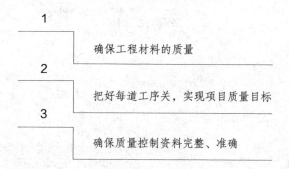

1 确保工程材料的质量

2 把好每道工序关，实现项目质量目标

3 确保质量控制资料完整、准确

考核量表模板

姓名		岗位	项目质检员	所属部门	工程部
考核人			考核期限		
奖惩加减分	奖惩事由：				
	加/减分：				

序号	考核指标	权重	考核标准	考核得分
1	工程材料合格率	10%	每低于目标值_____个百分点，减_____分	
2	分项工程一次性验收合格率	15%	每低于目标值_____个百分点，减_____分	
3	返工损失率	20%	每高出目标值_____个百分点，减_____分	

续表

4	质量问题整改率	15%	每有一项问题未得到解决，减____分	
5	工程质量合格率	30%	每低于目标值____个百分点，减____分	
6	质量记录的完整性	10%	每有一处缺失，减____分	
考核综合得分				
考核者意见				
被考核人 签字： 日期：		考核人 签字： 日期：		复核人 签字： 日期：

9.1.9 材料员绩效考核量表

岗位工作目标

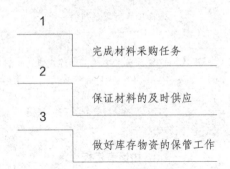

1 完成材料采购任务

2 保证材料的及时供应

3 做好库存物资的保管工作

考核量表模板

姓名		岗位	材料员	所属部门	工程部
考核人			考核期限		
奖惩 加减分	奖惩事由：				
	加/减分：				
序号	考核指标	权重	考核标准		考核得分
1	采购成本	15%	每超出预算____个百分点，减____分		
2	采购计划完成率	20%	每有一项物资的采购未按计划完成，减____分		

3	材料供应及时率	15%	因施工材料供应不及时而影响施工进程者，减____分/次	
4	进厂材料质量合格率	25%	每低于目标值____个百分点，减____分	
5	材料发放错误的次数	10%	每出现一次错误，减____分	
6	库存材料完好率	15%	每低于目标值____个百分点，减____分	
考核综合得分				

考核者意见		
被考核人 签字：　　日期：	考核人 签字：　　日期：	复核人 签字：　　日期：

9.2 工程项目人员薪酬体系的设计

在建筑施工企业中，项目经理部（以下简称项目部）是企业的重要组成部分。通过在项目管理中建立科学合理的薪酬管理制度来吸引、留住人才、激发员工的工作热情，这对企业的发展至关重要。

9.2.1 工程项目人员薪酬设计

公司项目部所承建的工程项目，由于规模不同，产值不同，产生的经济效益与付出也不同。因而，为了构建出的薪酬体系能起到应有的激励作用，企业管理人员需构建一套合理的绩效评价体系。

▶ 建立合理的绩效评价体系

结合工程项目的特点，下表给出了一个简单的示例。

工程项目绩效评价指标

一级指标	二级指标
进度指标	实际进度
	形象进度
质量指标	工程实物质量
	所获得的质量奖项
安全指标	安全管理
	文明施工

	成本降低额
成本指标	总成本支出

依据构建的绩效评价指标体系，对员工在项目施工过程中的表现进行评估，并将员工的薪酬水平和业绩考核结果直接挂钩，这样才能更好地激励员工提高工作效率，促进项目部整体经济效益的提高。

▶ **工资制度模式的选择**

目前，项目部所采取的工资制度模式有多种，如岗位绩效工资制、项目工资制等。下面，我们就项目工资制这一模式做如下阐述。

项目工资制的基本形式：收入＝基本工资＋项目奖金

（1）**基本工资**

基本工资可依据公司薪资结构定薪，另外，考虑到个体能力的差异，还可将每一岗位工资分高、中、初三个级别。新员工定为初级，如有外聘特殊人才起薪可以定位为高级的薪酬水平。

（2）**项目奖金**

项目奖金根据公司所接项目的大小、开发周期、难易程度、经济效益等确定项目奖励金额。

在奖金的分配上，不同专业在同一个项目中所拿奖金根据专业、所负责的具体工作不同会有所区别。比如一个住宅设计项目，建筑设计师会拿项目奖金总额的30%，结构设计师拿项目奖金总额的20%。

9.2.2 项目人员风险工资设计

风险工资适用于公司中高层管理岗位员工以及业务岗位员工，风险工资一般根据目标责任完成情况确定。下面是一则示例。

某工程项目经理风险工资兑现办法

1. 风险工资计算办法

项目部经理风险工资＝风险工资标准×目标责任考核系数×岗位季度绩效考核系数平均值

2. 目标责任考核系数计算

项目经理的风险工资须与工程项目的工期、质量、安全、文明施工、经济效益等因素挂钩。因而，对其目标责任考核系数的计算，也需从如下6个方面进行。

（1）项目质量指标没达到，K＝0；质量合格及以上，K值为1。

（2）项目进度指标没达到，非外部原因导致项目工期延迟（工期半年内项目延期1个月以上，工期超过半年以上项目延期2个月以上），K值减0.2。

（3）项目管理指标没达到，根据事件严重程度，K值减0.2～0.5。

（4）文明施工与安全生产指标。发生重大安全生产责任事故，K值为0，一般性的安全生产事故，K值减0.2。

（5）员工管理指标，根据情况，K值减0.2～0.5。

（6）工程完工财务决算后，经济指标未达到基本目标的，目标责任考核系数为K＝0；经济指标超过基本目标的，则K＝1＋（实际利润－基本目标）/（争取利润－基本目标），另外，在此项中，K值最高为2。

9.3 工程项目人员业绩考核与薪酬方案设计

9.3.1 工程技术人员考核办法

制度名称	工程技术人员考核办法	文件编号	
		执行部门	

第1条 目的

为加强对项目工程的管理，不断提高工程技术人员的专业能力，特制定本办法。

第2条 适用范围

公司工程管理部编制内的工程技术人员。

第3条 考核实施主体

项目经理及其他相关人员。

第4条 考核评分细则

1．按图纸施工出错率。考核期内出错率控制在____%以内，每高出目标值____%，减____分。

2．项目施工期间，因技术原因而导致的质量事故每发生1次，减____分。

3．工程验收合格率。考核期内工程验收合格率达____%，每低于目标值____%，减____分。

4．（施工记录）缺失率。考核期内相关记录缺失率为____%，每高出目标值____%，减____分。

5．技术问题解决率。考核期内技术问题解决率达到____%以上，每低于目标值____%，减____分。

6．施工按计划完成率。考核期内计划完成率达到100%，每延期1次，减____分。

7．施工材料设备合格率。考核期内材料设备质量合格率达到____%，每低于目标值____%，减____分。

8．隐蔽工程检查情况，考核期内隐蔽工程优良率达到____%，每低于目标值____%，减____分。

9．安全文明施工管理情况。责任范围内，每有1处不符合文明施工管理规定，减____分。

10．对工程总监交代的事项在没有正当理由的情况下而未完成者，减____分/次。

第5条 考核结果反馈

考核结果反馈以面谈为主，考核者与被考核者就绩效成绩与能力提升改进进行沟通，本次沟通应实现如下两个目的。

1. 让被考核者了解自身工作的优、缺点。
2. 面谈双方对下一阶段工作的期望达成一致意见。
第6条 考核结果与应用
考核结果直接与员工当月绩效奖金挂钩。

编制部门		审核部门		批准部门	
编制日期		审核日期		批准日期	

9.3.2 工程施工员考核实施细则

制度名称	工程施工人员考核实施细则	文件编号	
		执行部门	

第1条 目的
为提高施工员的业务知识水平，规范施工员的行为，特制定本考核细则。

第2条 评分细则
对施工员按以下条例进行考核采用百分制方式，总分100分。

1. 每天按时签到。每缺勤1次，减＿＿＿分；未按规定时间上下班的，减＿＿＿分；旷工1次，减＿＿＿分。

2. 没有详细认真记载施工日志及安全方面的情况，每次减＿＿＿分。

3. 对施工现场安全工作检查和监督不力或未到位，造成严重后果，减＿＿＿分。

4. 每月未将实际施工进度准确汇报，减＿＿＿分。

5. 施工过程中出现工程质量问题未及时制止，每次根据实际情况减＿＿＿～＿＿＿分。

6. 发现违章作业不制止，有安全隐患不汇报也未积极协助相关人员排除，每次根据实际情况减＿＿＿～＿＿＿分。

7. 在保证工程质量的前提下，根据各项材料计划严格控制材料用量。若存在浪费现象，根据实际情况减＿＿＿～＿＿＿分。

8. 按照施工管理的要求，做好施工现场管理。施工现场存在材料堆放混乱等现象，根据实际情况减＿＿＿～＿＿＿分。

9. 不能按时完成每月规定应完成的工作，每次减＿＿＿分。

10. 如有不服从上级领导的指挥和统一安排的，每次减＿＿＿分，造成严重后果，并追究其责任。

11. 因工作态度差而被他人投诉，减＿＿＿分/次。

第3条 考核结果管理
考核结果与被考核者的绩效工资、评先评优、职位调整等直接挂钩。

编制部门		审核部门		批准部门	
编制日期		审核日期		批准日期	

9.3.3 工程项目施工考核管理办法

制度名称	工程项目施工考核管理办法	文件编号	
		执行部门	

第1条 目的

为规范工程项目的管理行为，加强项目过程控制，提高项目管理水平以及提高企业的经济效益，特制定本办法。

第2条 考核类别

结合项目施工特点，对项目部的考核分为日常绩效考核和项目周期绩效考核两类。

第3条 日常绩效考核

1. 日常绩效考核是指质量管理部及其相关部门人员以不定期方式，按照制定的标准对项目部现场进行检查。

2. 检查时采取观感、实测、查阅有关资料询问等方法。

3. 项目减分最多以应得分为度。

4. 日常绩效考核占整个项目绩效考核总分的40%。

第4条 项目周期考核

1. 项目周期考核是指在项目结束时或某一节点时对项目部各项指标完成情况的考核。

2. 为加强工程项目考核工作，公司成立工程项目考核小组。组长：由公司主要领导担任。副组长：由分管施工生产的领导担任。组员：由工程管理部、安全质量管理部、财务、人力资源部等有关人员组成。

3. 考核内容包括工程进度、工程质量、安全生产、经济效益、文明施工、党群工作、日常管理等，具体考核指标及标准见附表1。

4. 日常绩效考核占整个项目绩效考核总分的60%。

第5条 考核结果运用

1. 日常绩效考核结果主要用于施工人员项目津贴的发放，其具体奖惩办法见附表2。

2. 项目周期考核主要运用于绩效奖金的分配，其中，项目经理的绩效奖金占绩效奖金总额的20%，项目副经理、技术负责人、质检负责人占30%，其他项目施工组成员占50%。具体发放数额按以下考核标准兑现，具体办法见附表3。

附表1 项目施工考核表

考核项目	分值	计分办法	考核得分
工程进度	20分	按计划完成相应的施工任务，____分；否则每延期____天，减____分	
	20分	有合理的施工计划且分工合理，____分；未制订出明确的施工计划，减____分	
工程质量	30分	分项、总体工程质量合格率达100%，____分，否则，每有1处不符合质量要求，减____分	

续表

工程质量	30分	分项、总体工程质量合格率达100%，____分，否则，每有1处不符合质量要求，减____分	
		制定完善的质量管理制度，____分，否则，减____分	
		每发生1起一般性的质量事故，减·____分	
安全施工	20分	安全管理机构健全，管理制度完善，____分	
		特殊工种经过培训后做到持证上岗，____分	
		定期开展安全检查，整改工作及时、到位，____分	
		未发生1起施工事故，____分	
文明施工	10分	每有1处不符合文明施工的要求，减____分	
工程成本	20分	各项经费开支控制在工程项目管理单位下达的指标内，____分，每超____%，减____分	
		严格遵守贯彻了企业财务和资金管理制度，无违规现象，____分，否则，减____分/次	

附表2 施工津贴发放标准

考核等级	优秀	良好	好	合格	不合格
发放比例	150%	130%	120%	100%	60%

附表3 绩效奖金发放标准

考核等级	优秀	良好	好	合格	不合格
发放比例	100%	80%	70%	60%	0

编制部门		审核部门		批准部门	
编制日期		审核日期		批准日期	

9.3.4 安全生产与文明施工奖惩办法

制度名称	安全生产与文明施工奖惩办法	文件编号	
		执行部门	

第1条 目的

为推动各项健康安全环保措施的落实，规范现场作业安全标准，提升文明施工管理水平，创造安全舒适的工作环境，特制定本办法。

第2条 职责

公司安全监察部负责制定《施工现场文明施工考核标准》，并依据该标准对项目部文明施工管理效果实施相应的奖惩。

第3条 奖励

1. 贯彻执行国家的安全生产方针、政策、法规、条例和本企业制定的安全文明施工管理程序，成绩显著，年度无重伤、伤亡和重大未遂事故，年终对贡献突出的个人或项目组一次性给予_____～_____元的奖励。

2. 在改善劳动条件或防止工伤事故、职业病等方面成绩显著的项目组一次性给予_____～_____元的奖励。

3. 在排除事故隐患、避免重大事故及事故抢险中，使员工生命和公司财产免受损失者，视情节随时给予一次性奖励：_____～_____元。

4. 对劳动保护、安全生产工作提出行之有效的重大合理化建议，视效益大小给予一次性奖励：_____～_____元。

5. 专（兼）职安全管理员，在履行本职工作中，严格把关尽职尽责，认真贯彻本工程的各项安全文明生产规章制度，成绩显著，年终由公司给予奖励：_____～_____元。

第4条 惩罚

1. 进入施工现场必须戴安全帽，严禁穿拖鞋。如发现有未戴安全帽、穿拖鞋上班者罚款_____元。

2. 特殊工种必须持证上岗，无证操作罚款_____元。

3. 对现场道路不及时清理，对责任人每次处_____元的罚款。

4. 施工现场文明标识牌、安全警示牌、机械操作规程牌、文明工地宣传标语等挂放按规范，合理整齐到位，否则，视情节严重程度，对项目组处_____～_____元的罚款。

5. 现场消防器材必须按消防规定配置齐全，按现场平面图位置设立，不得随意覆盖、挪动或作为他用，违者对项目组罚款_____～_____元，并限期整改完善。

6. 对现场存在的安全隐患，安全管理人员指出后不能整改到位者，对责任单位处_____元的罚款。

第5条 附则

本办法自公布之日起实施。

编制部门		审核部门		批准部门	
编制日期		审核日期		批准日期	

9.3.5 工程项目部员工薪酬激励方案

工程项目部员工薪酬激励方案

为全面客观地评价工程部人员的工作绩效，规范项目薪酬分配秩序，充分发挥薪酬的保障、调节和激励作用，从而调动员工工作积极性，以达到增强公司凝聚力和竞争力的目的，特制订本激励方案。

一、薪酬分配原则

坚持按劳分配、效率优先、兼顾公平的原则，突出岗位责任和工作绩效对员工工资收入的决定作用，合理确定各类人员分配关系。

坚持考核与分配相结合的原则，考核结果作为收入分配调整的重要依据。

二、适用对象

本方案适用于公司所属工程项目部在岗员工（不含项目部领导班子成员，下称项目部员工）。

三、薪酬构成

项目部员工实行岗位绩效工资制，其工资由基本生活保障工资、岗位工资、绩效工资、工龄工资四个单元组成。

1. 基本生活保障工资

基本生活保障工资是员工在岗工作时保障其基本生活需要的劳动报酬，根据当地公布的最低工资标准确定。

2. 岗位工资

岗位工资是根据员工工作岗位确定的劳动报酬，按岗位工资基数、岗位系数确定。

员工月岗位工资＝岗位工资基数×对应岗位系数×项目系数

其中，岗位的岗位工资基数与对应岗位系数按公司制定的标准执行，项目系数的确定标准按下表制定出的标准执行。

项目系数的确定	
工程项目规模	项目系数
200万元以下（不含200万元）	＿＿＿
200万～500万元之间（不含500万元）	＿＿＿
……	……
1000万元以上	

3．绩效工资

绩效工资是根据项目效益、员工工作业绩和遵守规章制度情况等，并经过绩效考核后浮动计发的激励性劳动报酬。

项目部员工的绩效工资也可等同于员工所获得的项目奖金，它与项目生产、安全质量和效益等指标完成情况进行挂钩，经考核后，在公司审批的综合管理奖总额内，根据对员工个人考核后的考核情况自主进行再分配。

4．工龄工资

在本公司连续工作满一年的员工每月工龄工资为＿＿＿元，在本公司工作每增加一年，每月工龄工资相应增加＿＿＿，累计＿＿＿年封顶。

四、其他补充说明

根据项目的施工生产任务完成情况、是否发生重大安全或质量事故、是否兑现节点工期以及因员工个人原因给公司造成经济损失和影响信誉的严重程度，公司及项目部可决定减发或停发员工除基本生活保障工资外的各工资单元。

编制日期：

审核日期：

实施日期：

9.3.6 项目经理考核与薪酬激励方案

项目经理考核与薪酬激励方案

为规范工程项目部经理的管理行为，提高其项目管理水平，特制订本激励方案。

一、目标设定

工作期限，项目经理须尽力达成如下5项目标，具体内容如下。

1. 工程进度管理：在规定的时间内完工，无延期现象。

2. 质量管理目标：工程验收合格。

3. 文明施工与安全生产目标：施工现场符合《文明施工管理》的规定，且无重大财产损失、无重大安全事故发生。

4. 成本控制：没有超出预算的标准。

5. 项目管理：没有严重违反公司管理制度的行为发生。

二、考核办法

1. 考核实施部门。项目经理的考核由公司高层领导牵头，由财务部、质量管理部等部门参与组成考核小组，按月或进度对项目经理进行考核。

2. 考核实施。考核小组会采取工程经常性检查、工程阶段性考核和工程竣工后工程总体评定相结合的方式对项目经理进行考核评定。

（1）工程经常性检查：由考核小组每月组织各专业人员对项目经理进行例行检查，例行检查的目的是了解项目经理的日常管理情况，保证工程处于受控状态。

（2）工程阶段性考核：由公司考核小组从工程进度、工程质量、安全文明施工管理等方面对项目经理进行全面检查和考核，考核采用综合考评和单项考评相结合的综合评分制。

（3）工程总体评定：工程竣工后公司将组织有关专家和部门对工程进行总体评定，是对项目经理整个工程建设管理工作的最终评定。

三、奖惩

根据目标责任人完成项目指标情况，公司按照制定的奖惩规定给予责任人相应的奖励或处罚。

1. 月固定工资，按公司制定的标准发放。

2. 公司根据工程项目的进度情况，在适当的时候对项目经理的工作表现进行考核，并根据考核结果发放绩效奖励，额度为0 ~ _____万元，其具体发放标准如下。

（1）各项工作目标均得以实现，绩效奖励按全额的标准发放。

（2）工作目标考核得分在90分以上，绩效奖励按90%的比例计发。

（3）工作目标考核得分在80分以上，绩效奖励按80%的比例计发。

（4）工作目标考核得分在60分以上，无绩效奖励。

四、相关事项说明

1．公司根据经营条件的变化，在征得目标责任人本人同意的基础上，可以对本方案进行调整。

2．本方案在遇到特殊情况致使目标责任无法达成时，则由公司总经理与目标责任人共同协商处理。

编制日期：

审核日期：

实施日期：

9.3.7 工程技术人员薪酬与考核方案

工程技术人员薪酬与考核方案

为提高工程技术人员的工作积极性，激发其工作热情，特制订本激励方案。

一、薪酬构成

本公司项目施工管理工程技术人员薪酬由基本工资和效益工资两部分构成。

二、基本工资设计

依据技术人员的职称、工作经验、工作能力等综合因素，公司对各类工程技术人员设定了不同的薪酬标准，具体内容见下表。

工程技术人员基本工资标准

岗位	薪酬待遇		
	一档	二档	三档
土建工程师	_____元	_____元	_____元

续表

水暖工程师	____元	____元	____元
电气工程师	____元	____元	____元
……	……	……	……

三、效益工资设计

1. 效益工资的计算

效益工资=效益工资基数×考核项目实际得分总和÷100。

2. 考核实施说明

公司定期对项目施工管理的工程技术人员实行考核，考核总分为100分。具体考核内容及评分标准见下表。

工程技术人员考核内容及评分说明

考核项目	分值	计分说明
工程质量	30分	施工技术资料齐全，每缺失1项，减____分
		若被公司出具质量整改通知书，减____分/次
		工程竣工验收时若被评定为不合格，减____分
工程进度	20分	因施工安排不当或各方面关系协调不当造成工期延误者，每延期1天，减____分
施工安全	25分	未按培训计划实施安全教育者，减____分/次
		轻伤频率控制在____‰以内，高出此标准者，减____分
		隐患整改率达到100%，每有1处未落实者，减____分
工程成本	15分	每造成1宗浪费（包括返工），减____分
相关方的投诉情况	10分	施工过程中每有1起投诉（包括书面投诉与口头投诉），减____分

四、薪酬发放

工程技术人员效益工资按以上核算方法逐月核算，于次月与基本工资一并发放。

编制日期：

审核日期：

实施日期：

9.3.8 工程项目部奖金设计方案

工程项目部奖金设计方案

为加强对工程项目的管理，充分调动项目部人员的主动性与积极性，特制订本奖励方案。

一、奖项设置

本方案设置的奖励类别包括工程项目管理奖金、工程成本节约奖金、工期进度奖、工程项目质量奖及文明施工奖5种。

二、绩效考核组织

公司成立绩效考核小组，对工程项目部所属人员进行考核。考核小组由公司总经理或其授权人、工程项目部经理和人力资源部等相关人员组成，考核结果由人力资源部汇总，并依据考核结果计发项目部人员的奖金。

三、工程项目管理奖金

公司按照工程项目金额的____%设为项目部的工程项目管理奖金。项目部人员按照设定的奖金总额的一定比例予以提取，其具体分配比例如下表所示。

项目部人员工程项目管理奖金计提比例

人员	项目经理	项目总工	工程师	施工员	质检员	安全员	材料员	资料员
计提比例	____%	____%	____%	____%	____%	____%	____%	____%

四、工程成本节约奖金

这部分奖金来源是由通过项目管理各相关人员通过加强管理、提高工艺水平、采用新工艺等方法降低了项目总成本所产生。

1. 发放条件

（1）项目竣工验收合格。

（2）所完成的项目在质量、安全、文明施工等方面均符合公司的要求。

2. 发放额度

成本结余部分×____%作为项目组奖金，在项目组内部的分配，依据项目组成员考核结果而定。

五、工期进度奖

各项目组应严格按照项目部编制的工程进度计划，合理安排施工，在保证安全施工和质量合格的前提下，每比计划提前一天完成，奖励＿＿元。

六、工程项目质量奖

经验收达到国优标准的，按工程造价的＿＿％予以奖励项目组，达到省优标准的，按工程造价的＿＿％予以奖励项目组，达到优良标准的，按工程造价的＿＿％予以奖励项目组。

七、文明施工奖

考核小组定期对各项目施工组进行安全生产检查，按照制定的考核标准进行评比，得分达到优良者，每次奖励＿＿元。

八、附则

1. 各施工班组可根据本制度制定具体实施措施。

2. 本规定自发文之日起执行。

编制日期：

审核日期：

实施日期：

9.3.9 工程质量奖惩实施方案

工程质量奖惩实施方案

为了确保工程（产品）质量，提高企业信誉，促使管理水平再上新台阶、质量超过国家标准，特对工程（产品）质量和技术管理作如下奖惩规定。

一、适用范围

本方案适用于项目部及施工单位的质量奖罚管理。

二、奖金设置

公司设立质量奖励基金，按公司产值的＿＿％计提，由公司财务部统一收取，质量罚款所得亦列入质量奖励基金，并做到专款专用。

三、职责

质量管理部负责对各项目施工单位质量管理的考核及质量奖罚的管理。

四、奖励规定

1．"优质工程"质量奖

项目部对各分包工程进行优质工程评定，特设立了"优质工程"质量奖。优质工程质量奖由项目部技质办负责组织考核，报项目部批准后生效。

（1）评选条件

① 优质工程首先要满足设计图纸、规范、质量验评之规定要求，并且在同类工程中具有领先水平。

② 优质工程观感质量要好。

③ 工程的施工记录、质量验评资料、共检资料要完整、准确、齐全、整洁。

（2）奖励金额

对获得"优质工程奖"的项目，公司一次性给予项目组＿＿＿～＿＿＿元的奖励，具体金额视工程造价金额的不同而有所不同。

2．其他质量奖

（1）所施工的项目被甲方提出书面表扬的，每次给予＿＿＿元的奖励。

（2）在甲方或上级组织的质量大检查中受到表彰的，每次给予＿＿＿～＿＿＿元的奖励。

3．其他奖励

本公司员工（不包括专兼职质检人员及中层以上领导）发现质量问题或缺陷并反馈到质量管理部，每次给予＿＿＿元～＿＿＿元的奖励。

五、处罚细则

1．工程质量惩罚

（1）工程验收前＿＿＿天，公司质量管理部组织相关人员进行内部验收，如发现有不合格的分项工程，每项工程罚款＿＿＿元。

（2）凡出现工程质量事故的，其返工造成的经济损失在＿＿＿元以内的，按其损失金额的＿＿＿%对项目组施以惩罚，如经济损失金额超过＿＿＿元以上的，视情节轻重程度，分别追究项目经理、当事人及相关人员的责任。

2．质量行为处罚

（1）凡出现下列情况之一时，处罚直接指挥者＿＿＿～＿＿＿元。

① 不按图纸和技术文件，凭经验盲目施工。

② 没有编制施工技术(方案)措施或未进行技术交底而施工。

③ 设计变更未经设计部门认定或擅自修改设计图纸。

④ 施工中上道工序不合格，不按规定进行返工、强令继续施工。

⑤ 不主持分项、分部工程评定。

⑥ 不认真处理质量事故和隐患。

（2）凡出现下列情况之一时，给予责任人＿＿＿～＿＿＿元的处罚。

① 违反规程，不按技术交底进行施工操作。

② 施工中使用无合格证书的材料、配件、设备。

③ 不按规定进行自检。

④ 上、下工序不进行交接而造成返工。

⑤ 故意隐瞒质量问题或缺陷。

⑥ 专职质检员由于工作失职，发生错检、误检、漏检或标准掌握不严，造成质量问题。

六、附则

本方案自发布之日起执行。

编制日期：

审核日期：

实施日期：

第10章
财务人员绩效考核与薪酬激励

10.1 财务人员绩效考核量表设计

10.1.1 财务经理绩效考核量表

岗位工作目标

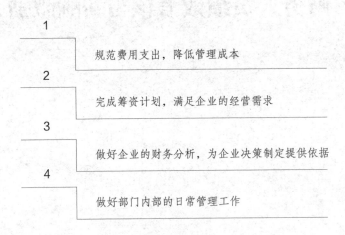

1　规范费用支出，降低管理成本

2　完成筹资计划，满足企业的经营需求

3　做好企业的财务分析，为企业决策制定提供依据

4　做好部门内部的日常管理工作

考核量表模板

姓名		岗位	财务经理	所属部门	财务部
考核人			考核期限		
序号	KPI指标	权重	绩效目标值		考核得分
1	财务费用率	15%	低于＿＿＿＿%		
2	财务预算达成率	10%	达到＿＿＿＿%		
3	财务管理制度的完善性	15%	无因财务管理制度不完善而出现较明显的财务运作混乱的情况		
4	筹资计划完成率	15%	达到＿＿＿＿%		

续表

5	财务报表完成的及时性与准确性	20%	在规定的时间内完成财务报表的编制，且报表数据准确	
6	应收账款回收率	10%	达到____%	
7	部门协作满意度	10%	不低于____分	
8	员工培训计划完成率	5%	达到100%	
考核得分总计				
考核指标说明	财务费用率= $\dfrac{财务费用}{主营业各收入} \times 100\%$			
被考核人签字： 日期：		考核人签字： 日期：		复核人签字： 日期：

10.1.2 财务主管绩效考核量表

岗位工作目标

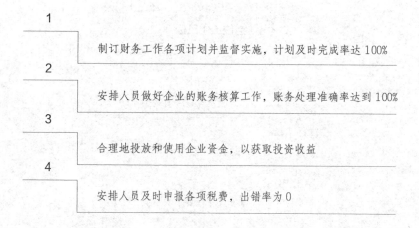

1 制订财务工作各项计划并监督实施，计划及时完成率达100%

2 安排人员做好企业的账务核算工作，账务处理准确率达到100%

3 合理地投放和使用企业资金，以获取投资收益

4 安排人员及时申报各项税费，出错率为0

考核量表模板

姓名		岗位	财务主管	所属部门	财务部
考核人			考核期限		
考核项	**KPI指标**	**权重**	**绩效目标值**		**考核得分**
财务报表管理	账务处理及时率与准确率	20%	在规定时间内完成账务处理工作，且处理无差错		

续表

财务报表管理	财务报表及分析报告编制及时性	5%	在规定时间内完成	
	财务报表数据的准确性	15%	无差错	
成本控制	投资收益率	15%	达到_____%	
	成本降低率	20%	达到_____%	
税款申报与缴纳	税款申报的及时性	10%	在规定时间内完成	
	税款申报的准确性	15%	无差错	
考核得分总计				
考核指标说明	$账务处理及时率 = \dfrac{账务及时处理次数}{账务处理总次数} \times 100\%$			
被考核人签字: 日期:		考核人签字: 日期:		复核人签字: 日期:

10.1.3 投资主管绩效考核量表

岗位工作目标

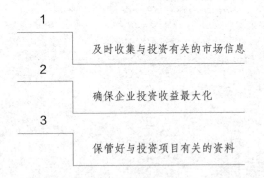

1 及时收集与投资有关的市场信息

2 确保企业投资收益最大化

3 保管好与投资项目有关的资料

考核量表模板

姓名		岗位	投资主管	所属部门	财务部
考核人			考核期限		
考核项	**KPI指标**	**权重**	**绩效目标值**		**考核得分**
可行性分析	市场信息收集的及时性与准确性	20%	在规定时间内完成市场信息的收集工作,且收集的信息全面、准确		

续表

可行性分析	投资方案通过率	20%	达到____%	
投资计划实施	投资计划完成率	20%	达到____%	
	投资收益率	30%	不低于____%	
资料管理	财务档案的完整性	10%	无缺失	
考核得分总计				
考核指标说明	投资收益率＝$\dfrac{投资收益}{投资成本}$×100%			
被考核人 签字：　　日期：		考核人 签字：　　日期：		复核人 签字：　　日期：

10.1.4 会计绩效考核量表

岗位工作目标

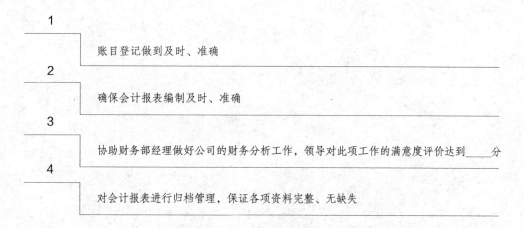

1

账目登记做到及时、准确

2

确保会计报表编制及时、准确

3

协助财务部经理做好公司的财务分析工作，领导对此项工作的满意度评价达到____分

4

对会计报表进行归档管理，保证各项资料完整、无缺失

考核量表模板

姓名		岗位	会计	所属部门	财务部
考核人			考核期限		
奖惩加减分	奖惩事由：				
	加/减分：				

续表

序号	考核指标	权重	考核标准	考核得分
1	账务处理的及时性	10%	每有1次延迟，减____分	
2	会计报表完成的及时性	10%	每有1次延迟，减____分	
3	会计报表的准确性	20%	每有1处错误，减____分	
4	总账登记的及时性与准确性	30%	每有1次延迟或差错，减____分	
5	企业领导对财务分析工作的满意度评价	20%	每低于目标值____个百分点，减____分	
6	会计凭证归档率	10%	每低于目标值____个百分点，减____分	
考核综合得分				

考核者意见		
被考核人 签字：　　日期：	考核人 签字：　　日期：	复核人 签字：　　日期：

10.1.5 出纳绩效考核量表

岗位工作目标

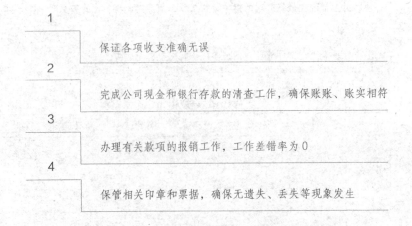

1　保证各项收支准确无误

2　完成公司现金和银行存款的清查工作，确保账账、账实相符

3　办理有关款项的报销工作，工作差错率为0

4　保管相关印章和票据，确保无遗失、丢失等现象发生

考核量表模板

姓名			岗位	出纳	所属部门	财务部
考核人			考核期限			

奖惩加减分	奖惩事由：					
	加/减分：					

序号	考核指标	权重	考核标准			考核得分
1	现金业务办理差错次数	30%	每出现1次差错，减_____分			
2	账实不相符的次数	15%	每出现1次差错，减_____分			
3	银行结算办理及时率	20%	每有1次延迟，减_____分			
4	费用报销及时率	10%	每有1次延迟，减_____分			
5	会计凭证的完整性	15%	每有1份资料缺失，减_____分			
6	员工满意度评价	10%	每低于目标值_____个百分点，减_____分			
考核综合得分						

考核者意见	

被考核人签字： 日期：	考核人签字： 日期：	复核人签字： 日期：

10.1.6 税务专员绩效考核量表

岗位工作目标

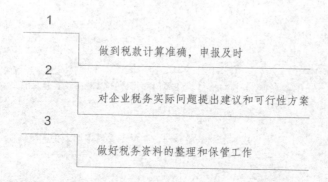

1 做到税款计算准确，申报及时

2 对企业税务实际问题提出建议和可行性方案

3 做好税务资料的整理和保管工作

考核量表模板

姓名			岗位	税务专员	所属部门	财务部
考核人				考核期限		
奖惩加减分	奖惩事由：					
	加/减分：					

序号	考核指标	权重	考核标准	考核得分
1	税款申报与缴纳的及时性与准确性	30%	每有1次延迟或出现1次差错，减____分	
2	账务处理的及时性	20%	每有1次延迟，减____分	
3	账务处理差错率	20%	每出现1次差错，减____分	
4	合理化建议被采纳数量	10%	合理化建议得到采纳，加____分/条	
5	账务资料的完整性	20%	每有1份资料缺失，减____分	
考核综合得分				
考核者意见				
被考核人签字：　　日期：		考核人签字：　　日期：		复核人签字：　　日期：	

10.1.7 成本管理专员绩效考核量表

岗位工作目标

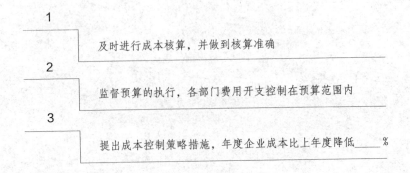

1　及时进行成本核算，并做到核算准确

2　监督预算的执行，各部门费用开支控制在预算范围内

3　提出成本控制策略措施，年度企业成本比上年度降低____%

考核量表模板

姓名		岗位	成本管理专员	所属部门	财务部
考核人			考核期限		

奖惩加减分	奖惩事由：				
	加/减分：				

序号	考核指标	权重	考核标准	考核得分
1	账务处理及时率	15%	每有1次延迟，减____分	
2	账务处理差错率	20%	每出现1次差错，减____分	
3	会计单据出错率	20%	每出现1次差错，减____分	
4	财务预算达成率	20%	每偏离目标值____个百分点，减____分	
5	成本降低率	15%	每低于目标值____个百分点，减____分	
6	财务资料完整率	10%	每缺失1份资料，减____分	
考核综合得分				
考核者意见				

被考核人签字：	日期：	考核人签字：	日期：	复核人签字：	日期：

10.1.8 审计专员绩效考核量表

岗位工作目标

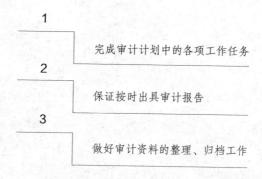

1 完成审计计划中的各项工作任务

2 保证按时出具审计报告

3 做好审计资料的整理、归档工作

考核量表模板

姓名		岗位	审计专员	所属部门	财务部
考核人			考核期限		
奖惩 加减分	奖惩事由：				
	加/减分：				

序号	考核指标	权重	考核标准		考核得分
1	审计计划执行率	20%	每有1项工作未按计划完成，减____分		
2	审计报告一次性通过率	15%	每低于目标值____个百分点，减____分		
3	审计问题追踪检查率	20%	每有1项工作未按计划完成，减____分		
4	审计结果准确性	20%	审计结果更正的次数为0，每出现1次，减____分		
5	审计报告证据的充分性	15%	因审计证据不足而使审计结果被推翻的情形每出现1次，减____分		
6	审计报告归档率	10%	每低于目标值____个百分点，减____分		
考核综合得分					
考核者 意见					
被考核人 签字：　　　日期：		考核人 签字：　　　日期：		复核人 签字：　　　日期：	

10.1.9 资金管理专员绩效考核量表

岗位工作目标

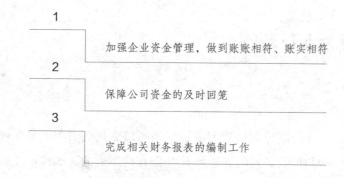

1 加强企业资金管理，做到账账相符、账实相符

2 保障公司资金的及时回笼

3 完成相关财务报表的编制工作

考核量表模板

姓名		岗位	资金管理专员	所属部门	财务部
考核人			考核期限		
奖惩加减分	奖惩事由：				
	加/减分：				

序号	考核指标	权重	考核标准	考核得分
1	业务核算差错次数	15%	每出现1次差错，减____分	
2	资金供应及时性	20%	因资金供应不及时而影响公司经营活动顺利进行的情况每出现1次，减____分	
3	资金支付手续办理延迟次数	15%	未在规定时间内完成，减____分	
4	货币收支准确度	20%	每出现1次差错，减____分	
5	账实不符的次数	15%	每出现1次，减____分	
6	资金使用分析报告提交及时率	15%	报表未在规定时间内提交，减____分	
考核综合得分				
考核者意见				

被考核人签字： 日期：	考核人签字： 日期：	复核人签字： 日期：

10.2 财务人员薪酬设计

随着经济全球化趋势的加强和市场竞争的白热化，财务人员在现代公司治理结构中的作用和地位日益增强，设计一套有竞争力的薪酬体系无疑更能激发起财务人员的工作积极性。

10.2.1 岗位工资设计

依据职位在企业内的相对价值为员工付酬是企业为财务人员设计薪酬的常见方式。基于这样一种薪酬支付方式，岗位工资便成为财务人员工资构成中的主要部分。

在岗位评价及外部市场薪酬调查的基础上，结合企业财务状况，公司制定出各岗位的岗位工资标准，其形成的岗位工资表如下所示。

财务人员岗位工资表

工资标准	薪酬等级	管理系列			专业技术系列				
		高层	中层	基层	资深	高级	中级	初级	员级
____元	1	总经理							
____元	2	副总经理							
____元	3	……							
____元	4	……							
____元	5		财务经理						

___元	6				岗			
___元	7					会计		
___元	8						出纳	
……	……							

10.2.2 绩效工资设计

财务人员在企业里面的角色定位比较特殊，一方面他们要坚持财务原则、财务守则，为企业做好财务风险防控，这是一个偏专业型的定位；另一方面他们又是其他部门的服务人员，要为其他部门做好费用报销、相关财务信息提供等服务，服务的对象包括销售部、客服部等所有内部部门。鉴于其职能还有一部分属于服务的性质，为了让财务人员能更好地为其他人员服务，因而在其薪酬结构上，应有一部分工资体现这方面的内容。

财务人员的绩效工资与绩效考核结果挂钩，通常情况下，公司对所属财务人员的考核，主要从工作质量、工作及时性、勤勉性和积极性、协调和服务意识等方面加以评定。

绩效工资一般按月/季发放。其计算公式如下：财务人员实得绩效工资=绩效工资标准×浮动比率。

10.3 财务人员业绩考核与薪酬设计方案

10.3.1 财务部绩效考核管理制度

制度名称	财务部绩效考核管理制度	文件编号	
		执行部门	

第1条 目的

为规范财务人员的业务流程和行为,加强业务技能,促进公司财务工作规范化,为企业的发展提供强有力的保障,特制定本考核制度。

第2条 考核实施主体

财务部经理对各中心的主管、初级主管和财务部本部工作人员进行考核和综合打分;各中心主管对其下属工作人员进行考核和综合打分。

第3条 考评的内容和分值

考核的内容由以下三部分组成。

1. 岗位工作:岗位职责中描述的工作内容,由直接上级进行考评。

2. 重要任务工作完成情况:本季度内完成的重要工作。

3. 工作态度:指本职工作内的协作精神、积极态度等。

第4条 月度考核实施

1. 考核内容

(1)岗位职责履行情况(80%)

(2)企业各项规章制度遵守情况(20%)

另外,主管人员工作绩效考核得分为本中心全体人员平均分,占80%;经理定性考核占20%。

2. 考核标准

各岗位的考核标准详见各岗位责任书。

3. 月度绩效考核结果运用

(1)优秀(91分及以上):享受被考核人双倍浮动工资。

(2)良好(81~90分):享受被考核人1.5倍浮动工资。

(3)合格(60~80分):享受被考核人1倍浮动工资。

(4)有待改进(60分以下):享受被考核人50%浮动工资,第二次则无相应的奖励。

第5条 年度考核实施

1. 考核内容

对财务部员工的年度考核，主要包括工作业绩、工作能力、工作态度三个方面的内容，具体内容见附表。

2. 考核评分标准（略）

3. 考核组织

对财务部人员年度绩效的考核，由公司人力资源部组织实施，财务部经理具体负责本部门人员的考核工作。

4. 考核结果运用（略）

第6条 附则

本办法自发布之日起实行。

附表 财务部员工年度考核内容

考核内容 / 岗位	工作业绩	工作能力	工作态度
财务主管	财务预算管控情况 员工培养情况 ……	判断和决策能力 沟通与协调能力 ……	工作主动性 工作责任感 ……
会计	会计核算质量 报表编制的及时性与准确性 ……	财会专业知识掌握情况 财务软件应用能力 ……	工作主动性 工作责任感 ……
出纳	现金收付的差错率 各种票据与印鉴管理情况 ……	财会专业知识掌握情况 细节把控能力 ……	工作主动性 工作责任感 ……
……			

编制部门		审核部门		批准部门	
编制日期		审核日期		批准日期	

10.3.2 会计岗位考核标准

制度名称	会计岗位考核标准	文件编号	
		执行部门	

第1条 目的

为规范对会计人员的考核，特制定如下考核规定。

第2条 考核频率

月度考核与年度考核。

第3条 月度考核内容与标准

对会计人员的月度考核，主要由职责目标、出勤、工作态度三个要素构成，其具体内容如下。

1. 未按照规定设置总账、明细账、日记账及备查账簿，减＿＿＿分/项。

2. 会计核算每出现1次差错，减＿＿＿分。

3. 关于会计凭证填制

（1）记账凭证内容不完整，抽查时每发现1次，减＿＿＿分。

（2）记账凭证的填制方法不符合会计规范要求，抽查时每发现1次，减＿＿＿分。

（3）记账凭证不按规定的方法更正错误，每出现1次，减＿＿＿分。

（4）记账凭证不按规定签章装订，每出现1次，减＿＿＿分。

4. 编制的会计报表每出现1处错误，减＿＿＿分。

5. 未按规定对会计资料进行定期收集、整理、立卷、归档，减＿＿＿分/次。

6. 按时上下班，每迟到早退（＿＿＿分钟以内）1次，减＿＿＿分。

7. 无故不接受工作安排，减＿＿＿分/次。

第4条 年度考核实施说明

对会计人员的年度考核，除了需要考核岗位责任人职责目标完成情况外，还需从其工作能力与工作态度两方面进行考核。具体内容见附表1。

第5条 考核结果运用

依据员工绩效考核结果，公司对其实施相应的绩效奖惩，具体内容见附表2。

附表1 会计人员工作能力与工作态度考核

考核项目	考核内容	计分办法
工作能力	业务知识掌握情况	1. 掌握会计基础知识，＿＿＿分 2. 熟悉财务规章制度，＿＿＿分 3. 熟悉会计操作、会计核算流程与管理，＿＿＿分
	岗位胜任情况	1. 表现差强人意，＿＿＿分 2. 基本胜任本职工作，＿＿＿分 3. 完全符合岗位任职资格条件，可以提升，＿＿＿分

续表

工作态度	工作主动性	1. 需要他人监督才能按时完成工作，＿＿分 2. 能自觉做好分内的工作，＿＿分 3. 除积极做好本职工作外，还乐意承担一些分外的工作，＿＿分

附表2 考核结果运用

考核得分	月度绩效奖惩	月度绩效奖惩
91分以上	全额发放绩效工资	薪酬提升＿＿级或给予晋升
81~90分	按85%的比例发放绩效工资	薪酬提升＿＿级或给予晋升
71~80分	按75%的比例发放绩效工资	薪酬提升＿＿级
60~70分	按65%的比例发放绩效工资	薪酬保持不变
60分以下	当月无绩效工资	薪酬下调1个等级

编制部门		审核部门		批准部门	
编制日期		审核日期		批准日期	

10.3.3 出纳考核实施细则

制度名称	出纳考核实施细则	文件编号	
		执行部门	

第1条 目的

为加强公司对出纳日常工作的规范与管理，同时做到奖优罚劣，根据公司实际情况，特制定本制度。

第2条 考核方式

考核采取"百分"制的形式对出纳的绩效表现实施量化考核。

第3条 考核频率

对出纳岗位的考核，每月一次。即下月的＿＿日前完成对员工上个月绩效的考核。

第4条 考核实施主体

对出纳员的工作考核由其直属主管负责，并将结果交由人力资源部存档。

第5条 考核细则

1. 按规定每日登记现金日记账，并且每日清理库存现金，做到账实相符。否则依据差错大小一次扣＿＿~＿＿分。

2. 根据会计出具的收付款单据办理现金收付业务，违规一次扣____分。

3. 费用报销数额错误，扣____分/次；发现未按公司费用报销规定进行费用报销，扣____分/次。

4. 规范管理各种空白票据，若造成损毁或填写错误，扣____分/次；妥善保管财务印鉴，若管理混乱造成遗失扣____分。

5. 严格执行各项财务制度，违规一次扣____分。

6. 因工作原因被公司同事或客户投诉，扣____分/次。

7. 严格按照公司的考勤制度上下班，否则，迟到早退（在____分钟以内），扣____分/次。

第6条 考核结果运用

考核结果划分为五个档次，具体内容如下。

考核结果运用

考核得分	绩效工资发放
优秀（91分及以上）	绩效工资全额发放
良好（81~90分）	按80%的比例发放绩效工资
好（71~80分）	按70%的比例发放绩效工资
合格（60~70分）	按60%的比例发放绩效工资
待改进（60分以下）	当月无绩效工资

第7条 附则

1. 出纳员借工作之便徇私舞弊，损害公司利益，一经发现，将给予严肃处理。

2. 本制度自____年____月____日起实行。

编制部门		审核部门		批准部门	
编制日期		审核日期		批准日期	

10.3.4 会计核算中心量化考核管理制度

制度名称	会计核算中心量化考核管理制度	文件编号	
		执行部门	

第1条 目的

为了进一步规范会计核算工作，提高会计核算工作质量，提升服务水平，依据《会计基础工作规范》及其他有关规定，结合本企业具体工作实际，制定本考核管理办法。

第2条 考核实施单位

为保证考核工作顺利进行，中心组成考核领导小组，负责考核工作，具体组成人员如下：组长：×××、副组长：×××、成员：×××。

第3条 考核方式

本考核办法以量化计分的方法进行，满分为100分，依据被考核者实际工作结果及制定的考核标准，对各项考核内容实行相应的扣减。

第4条 评分细则

1. 会计核算质量考核（80分）

对于会计核算质量的考核主要从核算的真实性、准确性等5个方面进行，具体内容如下。

（1）对会计核算的真实性的考核（____分）

故意弄虚作假的每有1次，减____分；每漏记1项经济业务内容，减____分；每记错1项经济业务内容，减____分；每发现1项经济业务重复记录，减____分。

（2）对会计核算的合法性的考核（____分）

不使用规定的票据，减____分/次；票据上应当填写的项目未填全，减____分；票据上的印章使用不规范，减____分/次；记录的经济业务每有1项不符合财经法律法规规定，减____分/项。

（3）对会计核算的规范性的考核（____分）

每发现1处计算错误，减____分；错账更正每有1处不符合规范，减____分；每发现1张记账凭证填写不规范，减____分；每发现1处业务数量、单价、金额关系不对应，减____分；账务核算"账账、账据、账实、账表、内外账"中，每有1处不符的，减____分；每发现1处钩稽关系不符处，减____分。

（4）对会计核算的完整性的考核（____分）

报销凭证手续不完备的，减____分；所附单据内容不完整或票据不齐全者，减____分。

（5）对会计核算的及时性的考核（____分）

每发现1次未及时录入会计数据、审核凭证及记账，减____分；若出现因未及时办理会计核算业务造成严重影响，每出现1次，减____分。

2. 会计核算人员日常工作行为考核（20分）

（1）迟到、早退或脱岗1次减____分，旷工1次减____分。

（2）分配的工作无故不能按时完成，减____分/次。

（3）因工作态度恶劣而受到投诉，减____分/次。

（4）上班时间从事与工作无关的事情，减____分/次。

第5条 考核结果应用

考核得分分为优、良、中、差四个等级，并根据考核等级进行相关奖惩。对于表现优异的员工除了给予相应的荣誉称号外，还给予一定的物质奖励，对于表现不佳的员工，将扣发一定数额的绩效工资。

第6条 附则

本考核制度由公司财务部负责解释。

编制部门		审核部门		批准部门	
编制日期		审核日期		批准日期	

10.3.5 财务报告绩效考核管理实施办法

制度名称	财务报告绩效考核管理实施办法	文件编号	
		执行部门	

为提高财务报表质量，更好地为集团公司的经营决策提供准确、及时的财务信息，特制定本办法。

一、考核单位

集团直属及下属各单位财务部门。

二、考核频率

1. 公司每季度定期对财务部门编制的财务报表进行考核。

2. 不定期考核。采取临时抽检的方式进行。

三、考核内容与标准

对财务报告的考核，主要从报告编制的及时性、规范性、完整性及准确性4个方面来评定。具体评分标准见附表。

四、考核结果管理（略）

五、补充说明

经审计、财务检查后发现有违反财务法规，弄虚作假，虚报瞒报财务数据行为的，取消评比资格，情节严重的按照财务法规的有关规定处理。

考核评分标准

考核内容	分值	计分标准
报告编制的及时性	10	从规定时限起，超过____小时，按迟报一天计。出现此种情况，减____分

续表

报告编制的规范性	20	各种报表的上报、格式、登记等方面要规范，每有1处不符合规范要求，减____分
财务报告的完整性	30	未按要求撰写财务情况分析说明，减____分，报表不完整，每发现1处，减____分，本项总分扣完为止
财务报告的准确性	40	下列情况中每发现1处错误减____分，本项总分扣完为止 （1）报表各项数据客观真实，符合逻辑关系，无估计填列项目 （2）报表表内各项指标关系和表间指标关系严格按规定设置，指标关系平衡，无随意调整修改现象 （3）对账、对应关系一致，包括上下级单位之间，账、表、物之间对账关系，财务报表之间对应关系

编制部门		审核部门		批准部门	
编制日期		审核日期		批准日期	

10.3.6 财务部经理考核与薪酬激励方案

财务部经理考核与薪酬激励方案

为加强企业的财务管理，完善财务管理各项规章制度和操作程序，确保企业年度经营目标得以实现，特制订本激励方案。

一、工作目标

结合任职者的岗位职责及企业的年度发展目标，针对财务经理一职，制定出的年度工作目标如下。

1. 企业内部财务制度健全。

2. 各项成本支出控制在预算范围内。

3. 督促相关部门做好回款工作，呆坏账比率控制在____%以内。

4. 疏通融资渠道，满足企业经营运作中的资金需求。

......

二、薪酬设定

本公司针对财务经理一职，其薪酬主要由如下3个部分组成。

1. 每月固定发放薪水＿＿元

2. 每月浮动部分全奖为＿＿元，根据月度KPI评估确定发放额度。其考核内容及发放标准如下表所示。

浮动工资计发标准

KPI指标	浮动工资发放标准
财务制度完善性 财务报表完成的及时性与准确性 企业领导对财务工作的满意度评价 ……	浮动工资发放标准=考核得分/100×月度浮动工资总额

3. 奖金。公司每半年根据财务部经理的业绩评定结果进行计发。

三、奖金发放标准

公司每半年对财务部经理的工作表现进行考核，并根据考核结果发放绩效奖励，额度为0～＿＿万元，具体发放标准如下。

（1）年度各项工作目标均得以实现，绩效奖励按全额的标准发放。

（2）年度工作目标考核得分在90分以上，绩效奖励按90%的比例计发。

（3）年度工作目标考核得分在80分以上，绩效奖励按80%的比例计发。

（4）年度工作目标考核得分在70分以上，绩效奖励按70%的比例计发。

（5）年度工作目标考核得分在60分以上，绩效奖励按60%的比例计发。

（6）年度工作目标考核得分在60分以上，无绩效奖励。

四、附则

本方案未尽事宜，情况发生时在征求公司总经理意见后，由公司另行研究解决办法。

编制日期：

审核日期：

实施日期：

10.3.7 财务会计人员薪酬激励实施方案

财务会计人员薪酬激励实施方案

为进一步完善公司财务会计人员的薪酬管理，有效调动财务会计人员的工作积极性，提升公司的财务管理效益，依据国家相关法律、法规的规定及公司实际，特制订本方案。

一、适用范围

本方案所指的财务会计人员指除实行年薪制以外的公司所有财务会计人员。

二、薪酬构成

岗位工资依据岗位测评的结果，不同岗位享受不同的等级工资。不同岗位标准工资和绩效工资的确定标准具体如下表所示。

财务会计人员薪酬构成

岗位 管理工资		工资标准		
		岗位工资	绩效工资	总工资
财务主管	1	＿＿＿元	＿＿＿元	＿＿＿元
	2	＿＿＿元	＿＿＿元	＿＿＿元
……	……	……	……	……
会计	1		＿＿＿元	＿＿＿元
	2		＿＿＿元	＿＿＿元

三、绩效工资设计

公司财务会计人员绩效工资的发放标准见下表。

绩效工资发放标准

考核得分	91分及以上	81~90分	71~80分	70分以下
浮动比率（％）	110	100	80	考核实际得分/100

四、新员工定薪规定

1．当员工新入职时，应为财务人员安排相应的专业技能考试，因此按专业相对应的级别进入相应级别的初级，如遇特殊人才，也可破格以中级或高级方式入职。

2．管理级别，按所担任职务的初级入职，如遇特殊人才，也可破格以中级或高级方式入职。

五、薪酬调整

1．岗位调薪：员工岗位发生变动，根据薪酬制度中的"薪随岗动，岗变薪变"的原则，给予调薪。

2．绩效调薪：指依据员工绩效综合评定成绩、专业能力的提升等因素，对绩效优秀或落后员工予以调薪，绩效调薪指员工进行薪等、薪点的调整，不涉及职务变动。

3．职务调薪：指员工管理职务发生了变化，被任命/免除具有管理职能的职务（如部长、组长等）后薪等、薪点相应调整，分为职务晋升和职务下降调薪。

4．特殊调薪：指由公司总经理审批，对为企业做出重大贡献或为企业挽回重大损失的员工，给予的加薪奖励。

5．公司普调：考虑到集团经济效益、外部环境的变化，对各岗位薪资进行的普遍性调整。

编制日期：

审核日期：

实施日期：

第11章
行政人事人员绩效考核与薪酬激励

11.1 行政人事人员绩效考核量表设计

11.1.1 行政部经理绩效考核量表

岗位工作目标

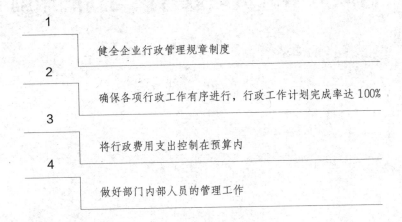

1 健全企业行政管理规章制度

2 确保各项行政工作有序进行，行政工作计划完成率达100%

3 将行政费用支出控制在预算内

4 做好部门内部人员的管理工作

考核量表模板

姓名		岗位	行政部经理	所属部门	行政部
考核人			考核期限		
序号	KPI指标	权重	绩效目标值		考核得分
1	行政管理制度的完善性	15%	年度内因规章制度的不完善导致管理出现失误的次数不得超过____次		
2	行政费用预算达成率	10%	达到100%		
3	行政工作计划完成率	20%	达到100%		
4	办公用品采购按时完成率	10%	达到100%		

续表

5	行政办公设备完好率	10%	不低于____%	
6	安全（非生产）、消防等事故发生次数	10%	0次	
7	员工培训计划完成率	5%	达到100%	
8	部门协作满意度	10%	不低于____%	
9	员工满意度	10%	不低于____%	
考核得分总计				
考核指标说明	办公用品采购按时完成率＝$\dfrac{\text{办公用品采购按时完成量}}{\text{办公用品应采购量}}\times100\%$			
被考核人签字：　　日期：		考核人签字：　　日期：		复核人签字：　　日期：

11.1.2 行政主管绩效考核量表

岗位工作目标

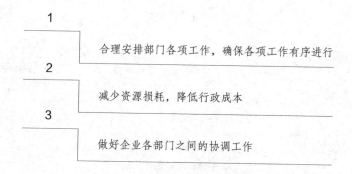

1　合理安排部门各项工作，确保各项工作有序进行

2　减少资源损耗，降低行政成本

3　做好企业各部门之间的协调工作

考核量表模板

姓名			岗位	行政主管	所属部门	行政部
考核人				考核期限		
考核项	**KPI指标**		**权重**	**绩效目标值**		**考核得分**
行政费用控制	办公费用预算达成率		15%	达到100%		
	车辆维修成本		15%	控制在预算以内		

续表

行政工作完成情况	文件处理及时率	20%	达到100%	
	办公用品采购按时完成率	15%	达到100%	
	办公用品发放出现差错的次数	10%	0次	
内部关系协调	部门协作满意度	15%	满意度评价达到____分	
	员工满意度	10%	员工对行政支持工作的满意度评价不得低于____分	
考核得分总计				
考核指标说明	文件处理及时率=$\dfrac{\text{在规定时间内处理完成的文件数}}{\text{在规定时间内应完成的文件数}} \times 100\%$			
被考核人签字： 日期：		考核人签字： 日期：		复核人签字： 日期：

11.1.3 后勤主管绩效考核量表

岗位工作目标

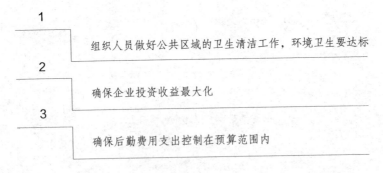

1　组织人员做好公共区域的卫生清洁工作，环境卫生要达标

2　确保企业投资收益最大化

3　确保后勤费用支出控制在预算范围内

考核量表模板

姓名		岗位	后勤主管	所属部门	行政部
考核人			考核期限		
考核项	**KPI指标**	**权重**	**绩效目标值**		**考核得分**
成本控制	后勤管理费用	15%	控制在预算以内		

续表

考核项	KPI指标	权重	绩效目标值	考核得分
后勤工作管理	设施设备检修计划完成率	10%	达到100%	
	维修及时率	15%	达到100%	
	环境卫生达标率	10%	达到100%	
	后勤安全事故发生次数	20%	0次	
员工食宿管理	员工对食宿管理的满意度	15%	不低于____%	
	服务投诉次数	15%	0次	
考核得分总计				
考核指标说明	环境卫生达标率= $\dfrac{环境卫生检查达标次数}{环境卫生检查总次数} \times 100\%$			
被考核人签字： 日期：	考核人签字： 日期：		复核人签字： 日期：	

11.1.4 车辆主管绩效考核量表

岗位工作目标

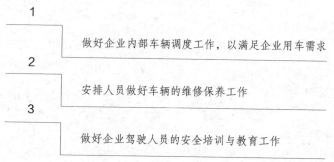

1 做好企业内部车辆调度工作，以满足企业用车需求

2 安排人员做好车辆的维修保养工作

3 做好企业驾驶人员的安全培训与教育工作

考核量表模板

姓名		岗位	车辆主管	所属部门	行政部
考核人			考核期限		

考核项	KPI指标	权重	绩效目标值	考核得分
日常车辆管理	车辆调度合理性	15%	各职能部门因车辆调度不合理而对行政部投诉的次数为0	

续表

日常车辆管理	出车及时率	10%	达到100%	
	办理车辆年检等手续的及时性	10%	达到100%	
	车辆耗油控制限额	15%	车辆百公里耗油控制在限额内	
车辆维修与保养管理	车辆保养计划按时完成率	20%	达到100%	
	车辆完好率	10%	不低于____%	
员工管理	安全培训计划完成率	10%	达到100%	
	制度执行率	10%	达到100%	
考核得分总计				
考核指标说明	出车及时率= $\dfrac{在规定时间内准确无误完成出车任务次数}{完成出车任务的次数} \times 100\%$			
被考核人 签字: 日期:	考核人 签字: 日期:		复核人 签字: 日期:	

11.1.5 绿化主管绩效考核量表

岗位工作目标

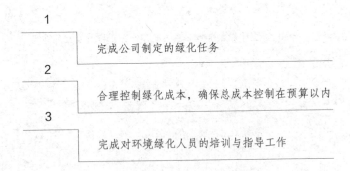

1 完成公司制定的绿化任务

2 合理控制绿化成本，确保总成本控制在预算以内

3 完成对环境绿化人员的培训与指导工作

考核量表模板

姓名		岗位	绿化主管	所属部门	行政部
考核人			考核期限		
考核项	**KPI指标**	**权重**	**绩效目标值**		**考核得分**
绿化工作完成情况	绿化工作计划完成率	30%	达到100%		

续表

绿化工作完成情况	绿化完好率	15%	达到____%	
	绿化满意率	15%	达到____%	
成本控制	绿化成本	20%	控制在预算之内	
工作指导	培训计划完成率	10%	达到100%	
工作指导	员工考核达标率	10%	达到100%	
考核得分总计				
考核指标说明				
被考核人 签字： 日期：		考核人 签字： 日期：		复核人 签字： 日期：

11.1.6 行政专员绩效考核量表

岗位工作目标

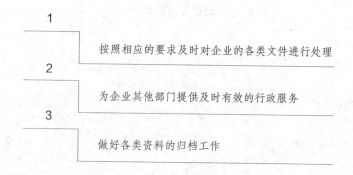

1 按照相应的要求及时对企业的各类文件进行处理

2 为企业其他部门提供及时有效的行政服务

3 做好各类资料的归档工作

考核量表模板

姓名		岗位	行政专员	所属部门	行政部
考核人			考核期限		
奖惩加减分	奖惩事由：				
	加/减分：				
序号	考核指标	权重	考核标准		考核得分
1	文件处理及时率	15%	每有1项工作未在规定时间内完成，减____分		
2	文件处理差错次数	20%	每出现1次差错，减____分		

续表

3	办公用品发放出现差错的次数	15%	每出现1次差错，减___分	
4	办公设备完好率	20%	每低于目标值___个百分点，减___分	
5	部门满意度	15%	每出现1起投诉，减___分	
6	文件资料归档率	15%	每低于目标值___个百分点，减___分	
考核综合得分				

考核者意见	

被考核人 签字： 日期：	考核人 签字： 日期：	复核人 签字： 日期：

11.1.7 行政秘书绩效考核量表

岗位工作目标

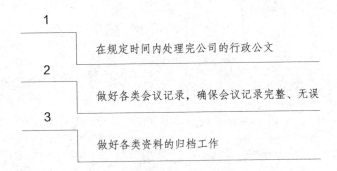

1 在规定时间内处理完公司的行政公文

2 做好各类会议记录，确保会议记录完整、无误

3 做好各类资料的归档工作

考核量表模板

姓名		岗位	行政秘书	所属部门	行政部
考核人			考核期限		
奖惩加减分	奖惩事由：				
	加/减分：				
序号	考核指标	权重	考核标准		考核得分
1	文件处理及时率	20%	每有1项工作未在规定时间内完成，减___分		

续表

2	文件处理差错次数	20%	每出现1次差错，减____分	
3	会议记录完整率	15%	每有1处信息缺失，减____分	
4	会议记录的准确率	15%	每有1处信息错误，减____分	
5	文件资料归档率	15%	每低于目标值____个百分点，减____分	
6	领导满意度	15%	每低于目标值____个百分点，减____分	
考核综合得分				
考核者意见				
被考核人 签字：　　日期：		考核人 签字：　　日期：		复核人 签字：　　日期：

11.1.8 前台接待绩效考核量表

岗位工作目标

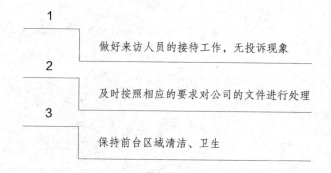

1 做好来访人员的接待工作，无投诉现象

2 及时按照相应的要求对公司的文件进行处理

3 保持前台区域清洁、卫生

考核量表模板

姓名			岗位	前台接待	所属部门	行政部
考核人				考核期限		
奖惩加减分	奖惩事由：					
	加/减分：					

序号	考核指标	权重	考核标准	考核得分
1	接待服务质量	30%	每有1起投诉，减____分	
2	文件收发及时率	15%	每有1次延迟，减____分	

续表

3	服务响应时间	15%	每有1次因未能及时提供行政支持而引起的投诉，减____分	
4	文件督办成功率	15%	每低于目标值___个百分点，减____分	
5	环境卫生合格率	15%	每有1处卫生不合格，减____分	
6	文件资料归档率	10%	每低于目标值___个百分点，减____分	
考核综合得分				
考核者意见				
被考核人 签字：　　　日期：		考核人 签字：　　　日期：		复核人 签字：　　　日期：

11.1.9 人力资源经理绩效考核量表

岗位工作目标

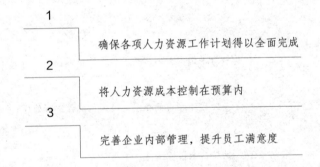

1　确保各项人力资源工作计划得以全面完成

2　将人力资源成本控制在预算内

3　完善企业内部管理，提升员工满意度

考核量表模板

姓名		岗位	人力资源经理	所属部门	人力资源部
考核人			考核期限		
序号	KPI指标	权重	绩效目标值		考核得分
1	制度和流程的书面化比率	10%	达到100%		
2	招聘计划完成率	15%	达到100%		
3	培训计划达成率	15%	达到100%		
4	员工绩效计划按时完成率	15%	达到100%		
5	人事费用率	5%	≤____%		

续表

6	核心员工流失率	10%	≤＿＿＿%	
7	人工成本总额	5%	控制在预算内	
8	劳动纠纷解决率	15%	达到＿＿＿%	
9	部门协作满意度	5%	达到＿＿＿%	
10	员工满意度	5%		
考核得分总计				
考核指标说明	人事费用率＝$\dfrac{人工成本总额}{销售收入}\times100\%$			
被考核人 签字：　　　　日期：	考核人 签字：　　　　日期：		复核人 签字：　　　　日期：	

11.1.10 人力资源主管绩效考核量表

岗位工作目标

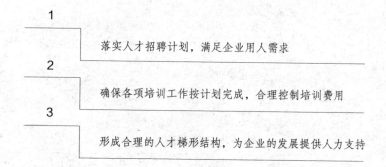

1 落实人才招聘计划，满足企业用人需求

2 确保各项培训工作按计划完成，合理控制培训费用

3 形成合理的人才梯形结构，为企业的发展提供人力支持

考核量表模板

姓名		岗位	人力资源主管	所属部门	人力资源部
考核人			考核期限		
考核项	KPI指标	权重	绩效目标值		考核得分
招聘计划实施	招聘计划完成率	15%	达到100%		
	关键岗位人员储备率	20%	达到＿＿＿%		
培训管理	培训计划完成率	15%	达到100%		
	培训费用	20%	控制在预算内		

续表

其他人力	制度和流程的书面化比率	20%	达到100%	
资源事务	部门协作满意度	10%	达到____%	
考核得分总计				
考核指标说明				
被考核人签字:	日期:	考核人签字:	日期:	复核人签字: 日期:

11.1.11 招聘主管绩效考核量表

岗位工作目标

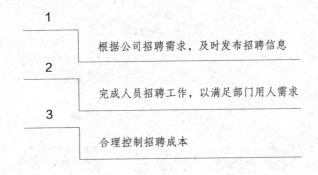

1 根据公司招聘需求，及时发布招聘信息

2 完成人员招聘工作，以满足部门用人需求

3 合理控制招聘成本

考核量表模板

姓名		岗位	招聘主管	所属部门	人力资源部
考核人			考核期限		
考核项	**KPI指标**	**权重**	**绩效目标值**		**考核得分**
招聘计划实施	招聘计划完成率	15%	达到100%		
	关键岗位人员储备率	20%	达到____%		
培训管理	培训计划完成率	15%	达到100%		
	培训费用	20%	控制在预算内		
其他人力资源事务	制度和流程的书面化比率	20%	达到100%		
	部门协作满意度	10%	达到____%		

续表

考核得分总计		
考核指标说明		
被考核人 签字：　　日期：	考核人 签字：　　日期：	复核人 签字：　　日期：

11.1.12 培训主管绩效考核量表

岗位工作目标

1

督导各项培训计划的实施，确保各项培训计划按时完成

2

合理使用培训经费，将费用控制在预算以内

3

做好培训资料的整理与归档工作

考核量表模板

姓名		岗位	培训主管	所属部门	人力资源部
考核人			考核期限		

考核项	KPI指标	权重	绩效目标值	考核得分
培训计划实施	培训计划完成率	20%	达到100%	
	人均培训时间	15%	达到＿＿＿小时/人	
	培训成本	15%	控制在预算内	
培训组织管理与培训效果	员工培训参与率	10%	≥＿＿＿%	
	员工满意度	10%	达到＿＿＿%	
	员工培训考核达标率	20%	达到＿＿＿%	
培训资料管理	文件资料归档率	10%	达100%	
考核得分总计				

考核指标说明	员工培训考核达标率＝$\dfrac{培训考核达标的人数}{参加培训考核的总人数} \times 100\%$	
被考核人 签字：　　日期：	考核人 签字：　　日期：	复核人 签字：　　日期：

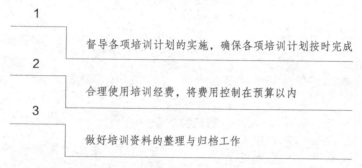

11.1.13 绩效与薪酬主管考核量表

岗位工作目标

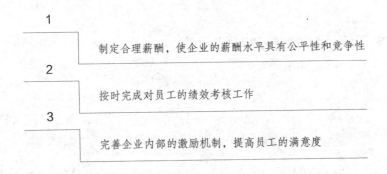

1 制定合理薪酬，使企业的薪酬水平具有公平性和竞争性

2 按时完成对员工的绩效考核工作

3 完善企业内部的激励机制，提高员工的满意度

考核量表模板

姓名			岗位	绩效与薪酬主管	所属部门	人力资源部
考核人				考核期限		
考核项	KPI指标		权重	绩效目标值		考核得分
绩效管理	绩效考核计划按时完成率		25%	达到100%		
	绩效考核数据准确率		15%	达到100%		
	公司KPI辞典更新的及时性		15%	达到100%		
薪酬管理	薪酬总量预算安排达成率		25%	达到100%		
	员工工资计算差错次数		10%	0次		
	合理化建议数量		10%	不少于____条		
考核得分总计						
考核指标说明	绩效考核计划按时完成率=$\dfrac{\text{按时完成的绩效考核工作量}}{\text{绩效考核计划工作总量}}\times100\%$					
被考核人签字：　　日期：		考核人签字：　　日期：			复核人签字：　　日期：	

11.1.14 员工关系专员绩效考核量表

岗位工作目标

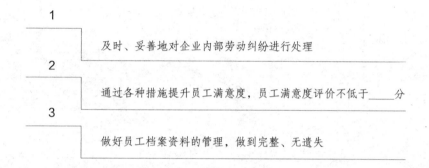

1. 及时、妥善地对企业内部劳动纠纷进行处理

2. 通过各种措施提升员工满意度，员工满意度评价不低于_____分

3. 做好员工档案资料的管理，做到完整、无遗失

考核量表模板

姓名		岗位	员工关系专员	所属部门	人力资源部
考核人			考核期限		
奖惩加减分	奖惩事由：				
	加/减分：				

序号	考核指标	权重	考核标准	考核得分
1	劳动合同签订率	30%	每有1份劳动合同未按时签订，减_____分	
2	劳动争议发生次数	15%	每超出目标值_____个单位，减_____分	
3	劳动纠纷解决率	15%	每低于目标值_____个百分点，减_____分	
4	员工满意度	15%	每低于目标值_____个百分点，减_____分	
5	领导满意度	15%	每低于目标值_____个百分点，减_____分	
6	员工档案资料完整率	10%	每低于目标值_____个百分点，减_____分	
考核综合得分				
考核者意见				
被考核人 签字：　　　日期：		考核人 签字：　　　日期：		复核人 签字：　　　日期：	

11.1.15 人事专员绩效考核量表

岗位工作目标

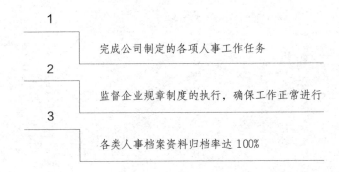

1　完成公司制定的各项人事工作任务

2　监督企业规章制度的执行，确保工作正常进行

3　各类人事档案资料归档率达 100%

考核量表模板

姓名		岗位	人事专员	所属部门	人力资源部
考核人			考核期限		
奖惩加减分	奖惩事由：				
	加/减分：				

序号	考核指标	权重	考核标准	考核得分
1	招聘计划完成率	15%	每低于目标值＿＿个百分点，减＿＿分	
2	培训计划完成率	15%	每低于目标值＿＿个百分点，减＿＿分	
3	员工工资表编制的及时率	15%	每有1次延迟，减＿＿分	
4	绩效考核数据准确率	15%	每有1处错误，减＿＿分	
5	员工出勤率	10%	每低于目标值＿＿个百分点，减＿＿分	
6	员工入职、离职手续办理的规范性	20%	未按规定办理，减＿＿分/次	
7	员工满意度	10%	每低于目标值＿＿个百分点，减＿＿分	
考核综合得分				

考核者意见	

被考核人 签字：　　日期：	考核人 签字：　　日期：	复核人 签字：　　日期：

11.1.16 培训讲师绩效考核量表

岗位工作目标

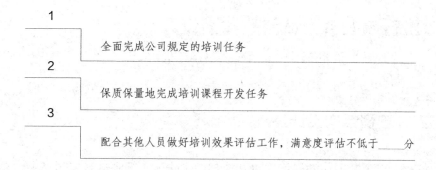

1　全面完成公司规定的培训任务

2　保质保量地完成培训课程开发任务

3　配合其他人员做好培训效果评估工作，满意度评估不低于_____分

考核量表模板

姓名		岗位	培训讲师	所属部门	人力资源部
考核人			考核期限		
奖惩加减分	奖惩事由：				
	加/减分：				

序号	考核指标	权重	考核标准		考核得分
1	培训计划完成率	30%	每低于目标值_____个百分点，减_____分		
2	员工培训参与率	20%	每低于目标值_____个百分点，减_____分		
3	培训考核达标率	15%	每低于目标值_____个百分点，减_____分		
4	学员满意度	15%	每低于目标值_____个百分点，减_____分		
5	部门协作满意度	10%	每低于目标值_____个百分点，减_____分		
6	培训资料完整率	10%	每低于目标值_____个百分点，减_____分		
考核综合得分					
考核者意见					

被考核人 签字：　　　　日期：	考核人 签字：　　　　日期：	复核人 签字：　　　　日期：

11.2 行政人事人员薪酬体系设计

11.2.1 工资结构设计

行政人事人员工作的好坏，对其他部门工作能否顺利进行起到至关重要的作用。他们的工作相较于其他部门的工作，呈现出如下3个特点。

1. 工作难以量化。行政人事人员的工作结果较难用定量的数据来衡量，往往需要通过定性指标来判断。

2. 工作内容往往为某项事件的过程，成果不显化。

3. 需要协调横向、纵向的相关部门开展工作。行政人事人员工作的开展，需要协调好企业内外部各方的关系，协调的质量会影响到相关部门的业绩，甚至企业的业绩。

鉴于以上3项特点，在管理实践中，企业对行政人事人员的薪酬设计，通常会采取以岗位工资为主体的结构工资制度的管理模式。即行政人事人员薪酬构成=岗位工资+绩效工资

岗位工资属于员工固定工资的重要组成部分，它是在岗位测评的基础上，参照外部薪酬状况加以测算得出。其示例如下。

岗位工资测算标准表

岗位	岗位等级	50P处值	岗位工资
行政部经理	___级	___元	___元
人力资源主管	___级	___元	___元
行政文员	___级	___元	___元
……	……	……	……

绩效工资体现了员工在某一考核期内的工作绩效，它与员工的绩效考核结果紧密挂钩，其示例如下表所示。

绩效工资计算

考核结果等级	A等	B等	C等	D等
实发绩效工资	120%×绩效工资	100%×绩效工资	80%×绩效工资	60%×绩效工资

另外，在岗位工资与绩效工资之间的比例设置上，对于行政事务型岗位，一般采取高固定、低浮动的薪酬结构，这样有利于增强员工的稳定感与安全感。

11.2.2 薪酬水平调整

薪酬水平调整是指在薪酬结构、薪酬构成等不变的情况下，对薪酬水平进行的调整。薪酬水平调整包括薪酬整体调整、薪酬部分调整以及薪酬个人调整3个方面。

▶ 薪酬整体调整

薪酬整体调整是指公司根据国家政策和物价水平等宏观因素的变化、行业及地区竞争状况、企业发展战略变化、公司整体效益情况以及员工工龄和工龄变化，而对公司所有岗位人员进行的调整。其调整方式一般有如下图所示的3种，具体内容如下。

薪酬整体调整的三种方式

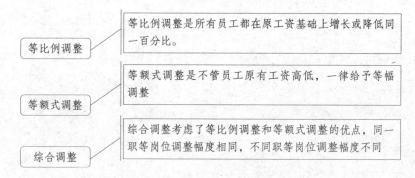

等比例调整	等比例调整是所有员工都在原工资基础上增长或降低同一百分比。
等额式调整	等额式调整是不管员工原有工资高低，一律给予等幅调整
综合调整	综合调整考虑了等比例调整和等额式调整的优点，同一职等岗位调整幅度相同，不同职等岗位调整幅度不同

▶ 薪酬部分调整

薪酬部分调整是指定期或不定期根据公司发展战略、公司效益、部门及个人业绩、人力资源市场价格变化、年终绩效考核情况，而对某一类岗位任职员工进行的调整，可以是某一部门员工，也可以是某一岗位序列员工，抑或是符合一定条件的员工。

▶ 薪酬个人调整

薪酬个人调整是由于个人岗位变动、绩效考核或者为公司作出突出贡献，而给予岗位工资等级的调整。

11.3 行政人事人员绩效考核与薪酬方案设计

11.3.1 行政部车队司机考核办法

制度名称	行政部车队司机考核办法	文件编号	
		执行部门	

第1条 目的

为进一步加强对公司驾驶员的管理,调动驾驶员的工作积极性,提高车辆使用效率,特制定本考核办法。

第2条 考核实施

1. 对行政部司机的考核,由其直接上级车队长来实施评估,每月进行一次。

2. 行政主管负责所有人员考核的复核,若员工对考核评分结果有异议的,可向行政主管或人力资源部申诉(员工绩效考核申诉表见附表2)。

3. 考核数据由车队长于每月10日前提交上个月的数据给行政主管审核,行政部相关考核人员于每月的15日前完成对员工上个月的考核工作。

第3条 考核内容

对行政部车队司机的考核,主要包括如下3个方面的内容:安全驾驶、车辆保养、日常行为,具体内容见附表1。

第4条 考核结果运用

依据车队司机的考核结果,公司为其核算当月的绩效工资,具体计算标准如下。

1. 96～100分,发放绩效工资的100%,

2. 91～95分,发放考核工资的90%,

3. 81～90分,发放考核工资的70%,

4. 71～80分,发放考核工资的50%,

5. 60～70分,发放考核工资的40%,

6. 60分以下,发放为0,并考虑辞退。

附表1 车队司机考核标准

考核项目	考核标准
安全驾驶	要求司机严格按照交通规则要求行车，严禁酒后驾车，发现一次扣____分；违反一次交通规则扣____分
	若发生交通事故，车队司机负主要责任，扣除全额绩效工资，并视事故损失情况作进一步处理；司机负次要责任，一次扣____分
车辆保养及费用核算	如车辆在外发生抛锚，影响工作的，每次扣3分；要求司机保持车辆清洁，每天至少清洗一次，如领导或办公室发现车辆不洁，影响形象的情况，每次扣0.5分
	车辆实行单车费用核算制，每超出预算额度____个百分点，扣____分
	做好日常出车的行车公里数、停车费等信息的登记工作，每发现一处不实，扣____分
日常行为管理	每发现脱岗一次扣1分；若因值班脱岗造成工作重大损失，一次扣5分
	下班后要求车辆准时返回，若下班后车辆未返回又未请假，每一次扣1分
	未经领导同意，私自用车或擅自把车借给他人使用，发现一次扣4分
	服从统一领导、管理、调度，做到随叫随到（16分），无正当理由不服从一次扣2分，扣完为止
	热诚服务、树立优质服务意识(10分)，与客户吵架、损害公司声誉，一次扣2分；受到客户投诉或公司员工反映情况属实，一次扣5分，扣完为止

附表2 员工绩效考核申诉表

申诉人		岗位		所属部门		申诉日期	
申诉事由	受理人签字： 受理日期：						
处理结果							
申诉人对申诉处理的意见							
编制部门		审核部门		批准部门			
编制日期		审核日期		批准日期			

11.3.2 行政秘书考核实施细则

制度名称	行政秘书考核实施细则	文件编号	
		执行部门	

第1条 目的

为规范本公司行政秘书考核工作，特制订本考核方案为考核之依据。

第2条 考核频率

对行政部秘书的考核，采取季度考核与年度考核相结合的形式。具体内容如下。

1. 季度考核

对上一季度的工作表现进行考核，考核实施时间为下季度第一个月的＿＿＿日之前。

2. 年度考核

考核期限为全年，考核实施时间为下一年度1月＿＿＿日之前。

第3条 季度考核

公司主要从文件录入打印、公文处理、文件管理、出差人员旅程安排、会议管理、公务用车管理等6个方面对行政部秘书的季度工作绩效进行考核，其具体内容见附表。

第4条 年度考核

对行政秘书的年度考核，除需考核其工作完成情况外，还需将其工作能力与工作态度的内容纳入考核范畴中来。对其工作能力与工作态度的考核，具体内容见附表2。

第5条 考核实施

由被考核者的直接上级对行政秘书实施考核。考核者根据被考核者的日常工作表现对其工作进行评估，并将评估结果报人力资源部。

第6条 考核结果运用

1. 季度考核结果运用

（1）连续两季度考核合格及以上者，为其发放＿＿＿元的绩效奖励。

（2）连续两季度考核基本合格者，不奖不罚。

（3）连续两季度考核中，若一个季度考核合格及以上，另一个季度考核基本合格，按两次考核的累计平均分计算为合格者，为其发放＿＿＿元的绩效奖励。

（4）连续两季度考核均为不合格者，其岗位工资下调＿＿＿个等级。

2. 年度考核结果运用

（1）年度考核分数为＿＿＿分以上的人员，次年度可晋升1～2级工资，视企业的整体工资制度规划而定。

（2）拟晋升职务等级的人员其年度考核分数应高于＿＿＿分。

（3）年度考核分数在＿＿＿分以下者，应加强岗位训练，以提升工作绩效。

第7条 附则

本办法于＿＿＿年＿＿＿月＿＿＿日起执行。在公司新的考核办法未出台之前，按本办法执行。

附表1 行政秘书季度考核表

考核指标	指标说明	评价标准
写作能力	能否保证文书写作的规范性，文字流畅、简练	1. 按时完成文书写作工作，所写文书符合公文写作规范，得＿＿分 2. 文件书写规范，表达清晰，有条理，文笔流畅，得＿＿分
操作办公自动化设备能力	对打印机、复印机、扫描仪等办公自动化设备的操作熟练程度	1. 能够操作办公自动化设备，但不熟练，得＿＿分 2. 熟练使用办公自动化设备，得＿＿分
自律性	能否严格遵守公司规章制度	1. 考核期内严格遵守规章制度，无违纪现象，得＿＿分 2. 考核期内违纪现象在＿＿次以内，得＿＿分 3. 考核期内违纪超过＿＿次，该项得分为0
责任心	是否具备很强的责任心，工作尽职尽责	1. 对本职工作有一定的责任感，能够按时完成工作，得＿＿分 2. 工作时尽职尽责，能够保质保量地完成本职工作，得＿＿分 3. 从企业的整体利益出发，关注本职外工作的完成质量，得＿＿分

编制部门		审核部门		批准部门	
编制日期		审核日期		批准日期	

11.3.3 食堂主管考核实施细则

制度名称	食堂主管考核实施细则	文件编号	
		执行部门	

第1条 目的

为进一步加强食堂餐饮工作的管理，使食堂工作人员更好地为员工提供优质规范的服务，特制定本考核细则。

第2条 考核频率

对食堂主管的考核是季度考核和年度考核相结合的形式。

第3条 考核项目

对食堂主管的考核，包括两部分的内容：业绩考核与行为规范考核。

1. 业绩考核

（1）食堂采购价格的控制：同类产品与市场价格基本保持持平，员工无价格投诉，_____分；市场调查不及时，与同类产品有较大价格偏差，_____分；价格出现很大偏差，员工投诉严重，_____分。

（2）厨具设备完好率：每低于目标值_____个百分点，减_____分。

（3）卫生抽查合格率：每低于目标值_____个百分点，减_____分。

（4）食堂现场管理效果：工作环境整洁卫生，日常检查没有不合格项，_____分；_____项不合格，_____分；_____项以上不合格，_____分。

2. 行为规范考核

（1）迟到、早退一次，减_____分，旷工一天，减_____分。

（2）进入操作间必须着工作服，戴工作帽，否则减_____分/次。

（3）服从企业领导的分配，认真做好领导安排的工作，如无正当理由不服从者，减_____分/次。

第4条 考核结果等级划分

考核结果等级被划分为三等：一等为优秀（≥81分），二等为合格（60~80分），三等为不合格（<60分）。

第5条 有以下情形的，认定为当月考核不合格

1. 发生重大质量事故。

2. 就餐者满意度调查不满意率大于_____%。

第6条 考核结果运用

通过对食堂和管理人员的考核，对食堂和管理人员的工作做出基本评价，明确成绩，找出差距或不足，并作为确定食堂和管理人员年终奖、是否续聘和工作调整的依据。

编制部门		审核部门		批准部门	
编制日期		审核日期		批准日期	

11.3.4 后勤工作考核细则

制度名称	后勤工作考核细则	文件编号	
		执行部门	

第1条 目的

为进一步加强和规范后勤管理，增强服务意识，特制定本考核细则。

第2条 考核原则

1. 实事求是的原则；

2. 公开、公平、公正的原则；

3. 考核绩效与奖惩相结合的原则。

第3条 考核方式

考核者根据制定的考核细则，对员工的实际表现进行评分。

第4条 评估细则

1. 不能按时完成领导交代的任务，扣＿＿＿分/次。

2. 无正当理由不服从领导工作安排，扣＿＿＿分/次。

3. 违反工作程序，扣＿＿＿分/次。

4. 不按规范要求使用和保护各种设施设备及器具，扣＿＿＿分/次，造成人为损坏，视损坏程度，责任人还需赔偿一定的损失。

5. 工作纪律松弛，不按规定时间上下班，不坚守工作岗位，扣＿＿＿~＿＿＿分；无故缺席会议和规定活动，一次扣＿＿＿分；无故旷工一天，扣＿＿＿分。

6. 服务态度恶劣而受到员工投诉，经查属实，扣＿＿＿分。

7. 节约意识差，造成公司物资浪费，扣＿＿＿分。

8. 履行职责不力，酿成安全事故，扣＿＿＿分，同时扣发责任人当月岗位津贴，取消年终评优资格，并送交有关部门处理。

第5条 考核等次设定

考核结果划分为四个等次，具体内容如下。

1. 优秀：（年考核评估成绩≥95分）

2. 合格：（年考核评估成绩95分以下~80分）

3. 基本合格：（年考核评估成绩80分以下~60分）

4. 不合格：（年考核评估成绩60分以下）

第6条 考核结果的使用

后勤人员的绩效考核结果，适用于绩效工资分配，并可作为评定各类先进的参考依据。

编制部门		审核部门		批准部门	
编制日期		审核日期		批准日期	

11.3.5 招聘工作量化考核办法

制度名称	招聘工作量化考核办法	文件编号	
		执行部门	

第1条 目的

为绩效评估和工作改进提供依据，从而促进招聘工作向规范化、专业化的方向发展。

第2条 考核分工

由公司人力资源部经理完成招聘工作的评估工作，并将评估结果提交至公司总经理审核。

第3条 考核实施细则

1. 制订的招聘计划中无重要缺失项，_____分；否则，减_____分/项。

2. 因事先工作准备不足而影响招聘工作正常进行，减_____分/次。

3. 主管级以上人员的职位空缺，在_____天内招到的比例不得低于_____%，且不能滥竽充数，否则，每少一人，减_____分。

4. 新入职员工试用期合格率达到_____%，每低于标准_____个百分点，减_____分。

5. 因招聘不及时而遭到公司其他部门投诉，减_____分/次。

6. 关键岗位储备率不得低于_____%，否则减_____分。

7. 考核期内，各项招聘成本控制在预算内，否则，每高出预算_____个百分点，减_____分。

8. 用人部门满意度评价不得低于_____分，否则，每比目标值低_____分，减_____分。

9. 及时做好招聘评估工作，每有延迟，减_____分/次。

第4条 考核结果管理（略）

第5条 附则（略）

编制部门		审核部门		批准部门	
编制日期		审核日期		批准日期	

11.3.6 培训工作考核实施办法

制度名称	培训工作考核实施办法	文件编号	
		执行部门	

第1条 目的

为加强与规范公司的员工培训管理工作，提升培训部门服务水平，特制定本考核办法。

第2条 适用范围

适用于所有被培训管理体系覆盖的培训活动。

第3条 职责

人力资源总监负责对培训部的工作进行考核。

第4条 考核周期

季度考核。

第5条 考核内容

考核总分为100分，考核分5个部分：培训计划制订情况、培训计划实施情况、培训组织情况、培训讲师授课情况、部门协作满意度情况。具体内容及评价标准见附表。

第6条 附则

本办法自公布之日起实施。

附表 培训工作考核评分表

考核内容	评分标准
培训计划的制订	培训计划的制订缺乏培训需求调查的依据，扣____分
	制订的培训计划，缺少对关键性事项的说明，扣____分/项
	未在规定时间内提交培训计划，扣____分/次
培训工作组织	培训所需的各类设施设备、资料准备妥当，否则，出现因准备工作不足而影响培训工作开展的情形，扣____分/次
	培训学员出勤率低于____%，扣____分
培训计划实施	每有一次未按培训计划实施且没有任何理由说明，扣____分
	培训计划完成率达100%，每有一项计划未完成，扣____分
	培训效果无考核，扣____分/次
培训讲师授课情况	培训教学大纲完整，满足培训需求，否则，扣____分
	学员满意度评价不得低于____分，否则，扣____分
部门协作满意度	因工作支持不力遭到投诉，扣____分/次
	学员对培训工作组织开展情况的满意率低于____%，扣____分

编制部门		审核部门		批准部门	
编制日期		审核日期		批准日期	

11.3.7 企业食堂管理考核制度

制度名称	企业食堂管理考核制度	文件编号	
		执行部门	

第1条 目的

为进一步加强食堂餐饮工作的管理，使食堂工作人员更好地为员工提供优质的服务，特制定本办法。

第2条 考核频率

考核工作是一项常规工作，每月进行一次，公司行政部会同人力资源部门做好对员工食堂工作情况的考核。

第3条 考核办法

考核采用百分制计分办法，最小计分单位为1分。

第4条 考核内容

考核小组主要从饭菜质量、环境卫生、服务质量、炊具设施的使用、员工个人工作行为等方面来对食堂工作人员的绩效进行评估，其具体考核标准见附表。

第5条 附则

此规定即日起执行，未尽事宜，另行通知。

附表 食堂管理考核内容及评分标准

考核内容	评分标准
饭菜质量	发现有变质食品、"三无食品"进入食堂，每单项扣____分
	生熟食品未按规定分开存放，扣____分
环境卫生	食堂操作间、售饭间必须保持卫生清洁，如发生卫生死角，扣____分
	按照餐饮卫生制度要求洗刷餐具，若未按规定执行，扣____分/次
	剩饭剩菜要及时运走，保证餐厅无异味，否则扣____分/次
	工作人员个人卫生状况良好，卫生不合格，扣____分/人
服务质量	因服务态度差而遭到投诉，扣____分
	出现开饭时间延迟的情况，扣____分/次
炊具设施的使用	因操作不当造成设施损坏，扣____分，同时还需按照一定比例给予赔偿
	有长流水、长明灯等现象，扣____分/次
工作行为	进入食堂工作时不戴工作帽不穿工作服，每次扣____分
	在操作间及工作时间饮酒，一次扣____分/人次，操作间吸烟，一次扣____分/人次

编制部门		审核部门		批准部门	
编制日期		审核日期		批准日期	

11.3.8 行政部经理考核与薪酬激励方案

行政部经理考核与薪酬激励方案

为充分发挥行政管理系统的支持保障作用，同时更好地调动行政部经理的积极性和创造精神，进一步提高行政部的工作质量与效率，特制订本激励方案。

一、考核期限

_____年____月____日 ~ _____年____月____日。

二、薪酬设定

1. 年薪为____万元，其中固定薪酬占70%，浮动薪酬占30%。

2. 每月固定发放薪水____人民币；浮动部分根据季度考核结果确定发放额度。

3. 考核期内，目标责任人的相关福利按照公司有关规定执行。

三、绩效考核

考核实行百分制量化评分的方法，具体评分标准如下。

1. 行政管理费用支出总额控制在预算内，每超____%，减____分。

2. 后勤服务员工满意度达到____分以上，否则，每降低____分，减____分。

3. 公文处理及时、准确。考核期内出现处理延迟或错误的情况，减____分/次。

4. 办公用品计划的编制、分发、保管等工作每出现一次失误，减____分。

5. 其他部门因行政部工作配合不当进行投诉的情况，每出现一次，减____分；协作部门对行政经理工作的满意度评价需达到____分以上，每降低____分，减____分。

6. 因对外部客户接待不周给企业造成负面影响，此情况每发生一次，减____分。

7. 加强部门内部管理，因工作失误或管理不到位，给企业造成不良影响，视情节严重程度，减____ ~ ____分。

8. 因行政制度不完善导致出现的各种状况每发生一次，根据事情的严重程度不同，减____ ~ ____分。

9. 保证各项制度在本部门的贯彻落实，若部门员工存在严重违反企业的规章制度的情形，减____分。

10. 根据企业的考核制度对下属实施考核。考核应做到客观、公正，不当或错误的评价，每出现一人次，减____分。

11. 完成各项临时性任务，未按时、按要求完成，减____分/次。

四、浮动工资发放标准

依据员工的考核结果，确定出的浮动工资的发放比例如下表所示。

浮动工资发放标准

考核得分	考核结果运用
≥90分	浮动工资按100%比例发放
75≤考核得分＜90分	浮动工资按____%比例发放
60≤考核得分＜75分	浮动工资按____%比例发放
60分以下	无绩效工资

五、附则

本方案未尽事宜，情况发生时在征求公司总经理意见后，由公司另行研究解决办法。

编制日期：

审核日期：

实施日期：

11.3.9 人力资源经理考核与薪酬激励方案

人力资源经理考核与薪酬激励方案

为提升企业人力资源管理水平，使其能为公司经营发展战略目标提供人力保障，特制订本激励方案。

一、工作目标

结合任职者的岗位职责及企业的年度发展目标，针对人力资源经理一职，制定出的年度工作目标如下。

1. 企业内部各项规章制度健全。

2. 各项人力成本支出控制在预算范围内。

3. 及时满足各部门的人员需求，关键岗位储备率不低于____%。

4. 培训计划完成率达100%。

5. 各项考核计划按时完成。

6. 员工满意度达到____%以上。

……

二、薪酬设定

本公司针对人力资源经理一职,其薪酬主要由如下3个部分组成。

1. 每月固定发放薪水____元。

2. 每月浮动部分全奖为____元,根据月度KPI评估确定发放额度。

3. 奖金。公司每半年根据人力资源部经理的业绩评定结果进行计发。

三、奖金发放标准

公司每半年对人力资源部经理的工作表现进行考核,并根据考核结果发放绩效奖励,额度为0~____万元,其具体发放标准如下。

(1)年度各项工作目标均得以实现,绩效奖励按全额的标准发放。

(2)年度工作目标考核得分在90分以上,绩效奖励按90%的比例计发。

(3)年度工作目标考核得分在80分以上,绩效奖励按80%的比例计发。

(4)年度工作目标考核得分在70分以上,绩效奖励按70%的比例计发。

(5)年度工作目标考核得分在60分以上,绩效奖励按60%的比例计发。

(6)年度工作目标考核得分在60分以上,无绩效奖励。

四、附则

本方案未尽事宜,情况发生时在征求公司总经理意见后,由公司另行研究解决办法。

编制日期:

审核日期:

实施日期:

11.3.10 宿舍管理员考核与薪酬激励方案

宿舍管理员考核与薪酬激励方案

为调动员工宿舍管理员的积极性，做好宿舍管理工作，为员工创造一个良好的生活环境，特制订本激励方案。

一、薪酬构成

公司宿舍管理员的薪酬主要由基本工资、绩效工资两部分组成。其中，基本工资每月为___元，绩效工资标准设为___元，具体发放额度要依据员工的工作表现而定。

二、绩效工资奖惩细则

1. 行政部主管会对员工宿舍的环境卫生进行抽查，若发现宿舍内部混乱、卫生状况差，则每次扣除宿舍管理员绩效工资___元。

2. 员工若存在离职不离厂的现象，如无特殊原因，则每次扣除宿舍管理员绩效工资___元。

3. 如果宿舍的公共设施出现故障或损坏，宿舍管理员应及时联系人员维修，否则，若造成员工投诉，每次扣除宿舍管理员绩效工资___元。

4. 若宿舍公共设施丢失没有及时发现或及时上报，每次扣除宿舍管理员绩效工资___元。

5. 宿舍管理员对宿舍的乱贴、乱倒、违规用电、损坏公物、打架斗殴等违纪行为要及时发现和制止，因不及时制止而致使事态进一步扩大，一次扣___~___元。

6. 外来人员未登记，并且未得到许可就进入宿舍，每发现一次扣除宿舍管理员绩效工资___元。

7. 宿舍管理员要认真做好宿舍区域公共场所的卫生清扫和保洁工作。保持招待间、水房等公共区域地面无污垢、墙面无灰尘，否则一次扣除宿舍管理员绩效工资___~___元。

8. 宿舍管理员每月要对公共设施（包括公司招待间）中水、电表进行抄录，并做到准确无误。否则，扣其绩效工资___元/次。

9. 宿舍管理员因工作原因被公司同事或客户投诉，经查实，视情节轻重，扣___~___元/次。

10. 工作中发现各类隐患不及时汇报处理，扣___元/次。

11. 值班记录、交接班记录填写不清、不详或空缺，扣＿＿＿元/次。

12. 宿舍管理员违反公司管理制度及工作流程，扣＿＿＿元/次。

三、其他相关说明

1. 本考核办法一月进行一次考核，其考核结果与宿舍管理员的绩效工资挂钩。

2. 本方案由公司行政部负责解释。

编制日期：

审核日期：

实施日期：

11.3.11 培训讲师考核与薪酬激励方案

培训讲师考核与薪酬激励方案

为了充分调动培训讲师的工作积极性，本着能者多劳、多劳多得的原则，特制订本激励方案。

一、培训讲师津贴与奖励

1. 内部培训讲师按照培训部门的规定完成培训任务，将给予培训津贴，每人每次为＿＿＿元（初级以上每增加一级增加＿＿＿，依次类推），次月随工资一同发放。其级别评定标准如下表所示。

培训讲师级别评定说明

级别	评定说明
初级讲师	指至少讲授一门以上（含一门）专业技能培训的课程，表达清晰，在公司需要时能够担任这门课程讲师，课后学员满意度达到＿＿＿%以上
中级讲师	指至少讲授两门以上（含两门）专业技能培训的课程，表达清晰，有一定的授课技巧，课后学员满意度达到＿＿＿%以上
高级讲师	指至少讲授两门以上（含两门）专业技能培训的课程，表达清晰，有较高的授课技巧，并能总结出授课方法以指引培训讲师，课后学员满意度达到＿＿＿%以上

2. 每次培训结束后，培训部门将采取调查问卷、岗位抽查等方式对培训完成情况进行考核，考核成绩在合格以上者可享受相应的奖励。

二、培训讲师考核

每年末人力资源部将对培训讲师进行综合评定，其考核内容及评分办法见下表。

培训讲师考核表

考核内容	评分标准
培训工作任务	按时完成规定的培训授课任务，否则，扣____分/项
授课准备	着装整洁，精力充沛，____分
	无迟到、早退现象，____分
培训教学情况	注意学员能力培养，善于因材施教；根据课程特点，善于利用各种培训方法，____分
	能做到因材施教，较注重学员能力的培养；能利用各种培训方法开展教学，____分
	部分知识陈旧，不能做到因材施教，培训方法单一，____分
指导实践作用	培训课程对于实际工作的指导作用非常强，可完全应用到工作实践中，____分
	培训课程对于实际工作有一定的指导作用，部分培训内容可应用到工作实践中，____分
	培训课程对于实际工作的指导作用一般，能应用到工作实践中的培训内容较少，____分

三、考核结果应用

1. 高级培训讲师____年度考核评分低于____分，降为中级培训讲师；中级培训讲师____年度考核评分低于____分，降为初级培训讲师；初级培训讲师年度考核评分低于____分，公司将取消其培训讲师资格。

2. 公司根据考核结果，每年度从培训讲师队伍中评选出三名优秀培训讲师，并给予一定的奖励，其奖励标准如下：第一名，一次性给予____元的现金奖励；第二名，一次性给予____元的现金奖励；第三名，一次性给予____元的现金奖励。

编制日期：

审核日期：

实施日期：

11.3.12 招聘专员考核与薪酬激励方案

<table>
<tr><td colspan="3" align="center">**招聘专员考核与薪酬激励方案**</td></tr>
</table>

招聘专员考核与薪酬激励方案

为提升招聘人员的工作积极性，确保招聘质量，特制定如下激励办法。

一、薪酬构成

招聘专员的薪酬由"岗位工资+绩效工资"两部分构成。

1. 岗位工资设定为＿＿元/月，当员工出勤天数不足当月应出勤天数，将扣除相应的考勤工资。

2. 绩效工资设定为＿＿元/月，它与员工当期的绩效表现紧密相连。

二、考核内容

公司按照制订的考核计划，定期对招聘专员的工作进行考核，具体内容如下。

招聘专员绩效考核内容

考核指标	分值	考核得分
人员需求调查的及时性与全面性	10分	
招聘职位的周期	10分	
招聘计划完成率	30分	
招聘合格率	40分	
招聘成本	10分	

三、绩效工资计发

根据员工的考核结果，公司按照不同的比例来计发招聘专员的绩效工资，其具体标准如下。

绩效工资计算比例

考核结果等级	A等	B等	C等	D等
实发绩效工资	＿%×绩效工资	＿%×绩效工资	＿%×绩效工资	＿%×绩效工资

四、薪酬发放

绩效工资会同员工的岗位工资于每月的＿＿日一同发放。

编制日期：

审核日期：

实施日期：

第12章
不同行业绩效考核与薪酬激励管理

12.1 房地产企业绩效考核与薪酬

12.1.1 指标体系设计

▶ 项目部KPI设计

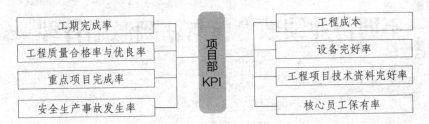

▶ 造价部KPI设计

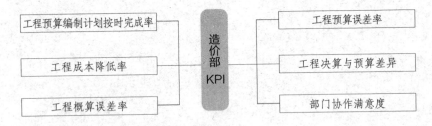

▶ 技术部KPI设计

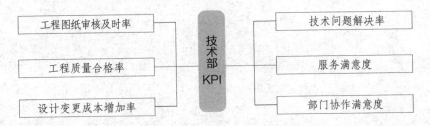

▶ **销售部KPI设计**

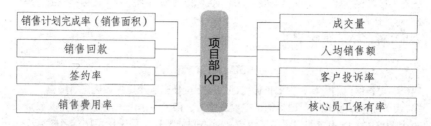

12.1.2 房地产企业绩效考核制度

制度名称	房地产企业绩效考核制度	文件编号	
		执行部门	

第1章 总则

第1条 目的

为提高房地产企业的项目运作效率，提高公司员工的业绩，帮助员工提高素质能力和工作绩效，全面贯彻落实房地产公司战略与各项管理制度和工作计划，调动员工的工作积极性，特制定本制度。

第2条 适用范围

本公司的所有员工均需参加考核。总经理由董事会负责考核，不在本办法考核范围之内。

第3条 考核职责划分

1. 绩效管理委员会：是本公司最高考核机构，负责公司管理人员经营和管理绩效的考核工作。

2. 人力资源部：负责本公司考核体系构建、考核制度的制定、考核工作的组织实施、综合协调并负责考核结果的管理与归档。

3. 部门负责人：部门负责人负责考核下属员工。

第2章 考核类别

第4条 部门考核

1. 对部门的考核，具体又可分为如下两类。

（1）项目考核。由于房地产开发行业的特殊性，对于某些部门适宜以项目的形式进行考核。从公司目前的情况来看，适宜采用这种方式进行考核的部门包括——开发设计部、工程项目部、市场部、推广部、销售部、预决算部、计核部。

（2）职能部门考核。除上述部门外，公司的其他部门作为行政支持部门，包括客户服务部、行政部、人力资源部、财务部等。

2. 对部门的考核，由公司成立的绩效管理委员会负责进行。

第5条 员工考核

对员工的考核，也分为如下两类。

1. 对项目经理、副经理的考核

此类人员考核主要考核其与公司签订的《目标责任书》中的各项指标的完成情况。

2. 对其他员工的考核

由其直属上级对其实施考核。

第3章 考核内容

第6条 对各部门的考核，主要依据《部门目标责任书》规定的内容进行考核。

第7条 对非项目管理人员的考核，主要从绩效、能力、态度三个维度对其实施评估。而这每一个考核维度由相应的测评指标组成，对不同的考核对象采用不同的考核维度、不同的测评指标。

1. 绩效：指被考核人员通过努力所取得的工作成果，从以下三个方面考核。

（1）任务绩效：体现本职工作任务完成的结果。每个岗位都有对应岗位职责的任务绩效指标。

（2）周边绩效：体现对相关部门服务的结果。

（3）管理绩效：体现管理人员对部门工作管理的结果。

2. 能力：指被考核人完成各项专业性活动所具备的特殊能力和岗位所需要的素质能力。能力维度考核分为素质能力和专业技术能力。

3. 态度：指被考核人员对待工作的态度和工作作风。态度考核分为积极性、协作性、责任心、纪律性考核。

第4章 考核实施

第8条 考核频率

1. 实行项目制管理模式的部门，按照项目计划书中的相关节点实施考核。

2. 除上述情况外，其他部门及人员采取季度考核与年度考核相结合的形式来实施考核。

（1）季度考核时间。

① 第一季度考核：4月1日~10日。

② 第二季度考核：7月1日~10日。

③ 第三季度考核：9月20日~30日。

④ 第四季度考核：1月1日~10日。

（2）年度考核。年度考核得分=前三季度考核平均分×50%+第四季度考核分×50%

第9条 实施程序

1. 按照制订的考核计划，考核责任主体对考核对象进行考核评分。

2. 人力资源部统计汇总所有人的评分，然后将统计结果反馈给相关主管。

3. 主管根据得分确定被考核人的综合评定等级，上报人力资源部。

4. 人力资源部将所有综合评定结果报考核管理委员会审批后反馈到部门。

5. 由部门管理人员将最终考核结果反馈给被考核人。

第5章 考核结果管理与运用

第10条 考核评分

考核评分表中的所有考核指标均按照A、B、C、D四个等级评分，具体定义和对应关系如下表。

考核等级划分

等级	优良	好	合格	差
考核得分	91分及以上	81~90分	60~80分	60分以下

第11条 考核结果运用

1. 季度考核结果直接影响下一季度的绩效工资，间接影响年度考核结果。

2. 依据考核结果的不同，公司对每个员工给予不同的处理，一般有以下三类。

（1）职务升降。年度考核为"优良"的员工，优先列为职务晋升对象。

（2）工资升降。连续两年内考核结果累计一"优良"一"好"或以上者，以及连续三年考核结果为"好"者，工资等级在本职系本职称系列内晋升____级。对于连续两年考核结果为"不合格"的员工给予降薪处理。

（3）年度奖金分配。在年度奖金分配时不同的考核结果对应不同的考核系数。

第6章 附则

第12条 本制度由公司人力资源部负责制定，经公司总经理批准后实施，修改时亦同。

编制部门		审核部门		批准部门	
编制日期		审核日期		批准日期	

12.1.3 房地产企业薪酬管理方案

房地产企业薪酬管理方案

一、设计目的

为建立科学合理的薪酬体系，激励员工的积极性，留住并吸引优秀人才，推动公司的快速发展，特制订本方案。

二、设计原则

1. 按照各尽所能，按劳分配的原则，坚持工资增长幅度与公司经济效益增长同步。

2. 以员工岗位责任、劳动绩效、劳动技能、工作年限等指标综合考核员工报酬。适当向能力突出的优秀人才和责任重大、技术含量高的关键岗位倾斜。

三、薪酬体系

公司员工分成6个职系，分别为管理职系、技术职系、财会职系、行政事务职系、销售/营销职系和工勤职系。针对这6个职系，薪酬体系分别采取3种不同类别的薪酬管理模式，即与企业年度经营业绩相关的年薪制；与年度绩效、季度绩效相关的岗位绩效工资制；与销售业绩相关的提成工资制。

薪酬制度的选择

薪酬制度	适用对象
年薪制	以年度为周期对经营工作业绩进行评估并发放相应的薪酬的员工，包括管理职系中的总经理、中高层管理人员
岗位绩效工资制	技术职系、财会职系、行政事务职系的员工均采用此种薪酬制度
提成工资制	在公司从事销售工作的员工

四、年薪制

1. 年薪总额的确定：依据企业的经营效益、岗位责任等综合因素确定，具体标准详见各岗位的《经营业绩合同》《岗位目标责任书》。

2. 年薪制的构成：员工的薪酬收入=基本年薪+效益年薪。

3. 薪酬的发放：根据企业经营情况及员工的考核结果，按照不同的比例发放。具体参见本企业制定的《年薪制实施办法》及各岗位的目标责任书。

五、岗位绩效工资制

岗位绩效工资由五部分构成：保障工资、职位工资、绩效工资、工龄工资、年终奖金。

1. 保障工资是员工提供正常劳动，公司为其支付的、保障其基本生活水平的劳动报酬。保障工资依据当地最低工资水平制定，并随其调整而调整。

2. 职位工资是员工完成职位工作取得的、与职位责任相对应的劳动报酬。职位工资的确定包括如下4个步骤。

（1）依据职位评估，确定公司职位序列及职位等级。

（2）依据公司整体经济状况确定职位工资等级标准。

（3）依据岗位的聘用要求确定员工职位工资等级。

（4）依据员工工作表现调整职位工资等级。

3. 绩效工资是对员工职位工作完成情况进行考核而确定的工资收入。

（1）绩效工资 = 职位工资 ×考核系数

（2）考核系数与员工的考核结果挂钩，具体标准见下表。

考核系数的设定

考核等级	优	良	好	合格	差
考核系数	1.3	1.2	1	0.6	0

4. 工龄工资按员工为企业服务年限长短确定，鼓励员工长期、稳定地为企业工作；工资根据工龄长短，分段制定标准；本公司员工每增加一年工龄，工资每月增加＿＿＿元，＿＿＿年封顶。

5. 年终奖金。每年年末，公司对辛勤工作的所有在岗员工发放年终双薪。

六、提成工资制

为了充分调动公司销售人员的工作积极性，实现在短期内迅速完成销售的工作目标，在薪酬结构设计上，本公司销售体系员工的薪酬由底薪、提成、奖励三部分构成。

1. 底薪。依据销售人员的工作经验、工作能力等的不同，在底薪的设计上，公司也将其划分为三个档次。

2. 提成。为了进一步提高销售人员的工作积极性，本企业的佣金提成标准采用累加提成方式，具体内容如下。

提成比例

销售业绩	提成比例
完成销售1～＿＿＿套	佣金提成按＿＿＿‰计算
完成销售＿＿＿～＿＿＿套	佣金提成按＿＿＿‰计算
完成销售＿＿＿套以上	佣金提成按＿＿＿‰计算
销售主管按总销售提成，提成标准为：总销售金额的＿＿＿‰～＿＿＿‰（完成销售计划佣金提成按＿＿＿‰执行，未完成按＿＿＿‰执行）	

3. 奖励

（1）优秀员工奖励

为了严格执行销售现场管理制度，保障销售工作的正常有序开展，实现销售业绩的突破，对当月工作表现突出的销售人员给予＿＿＿元的奖励。

评选为优秀员工，需符合以下5项条件。

① 完成公司下达的个人销售任务，或为当月销售冠军。

② 在营销经理组织的员工个人测评中达到优秀。

③ 无客户投诉。

④ 无工作失误。

⑤ 未违反工作制度。

（2）销售主管奖励

对当月表现优秀的销售团队，公司给予销售主管＿＿＿元的奖励。

七、薪酬调整

1. 薪酬定期调整

公司实行薪酬定期调整制度，调整日期为每年的＿＿＿月＿＿＿日。

对员工薪酬的定期调整根据年度考核结果确定。

具有提薪资格的员工，有下列情况之一者不得提薪。

① 长期休假者（各类请假天数年累计30天以上）。

② 考核期内受＿＿＿以上处分者。

2. 薪酬个人调整

对有特别表现或特殊贡献、业绩显著的员工，或因个人过失给公司业务或声誉造成重大损失的员工，其薪酬可进行特殊调整，不受时间限制。

八、薪资发放

员工薪资采用月薪制，于次月6日前以工资卡形式委托银行发放。如遇法定节假日或公休日，提前在最近的工作日发放。

九、附则

1. 本方案由人力资源部负责解释。

2. 对于本方案所未规定的事项，则按人力资源管理规定和其他有关规定予以实施。

12.2 生产制造企业绩效考核与薪酬

12.2.1 指标体系设计

▶生产部KPI设计

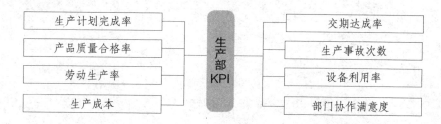

▶技术部KPI设计

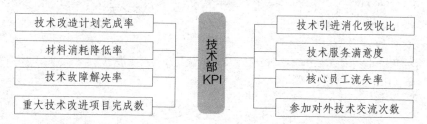

▶研发部KPI设计

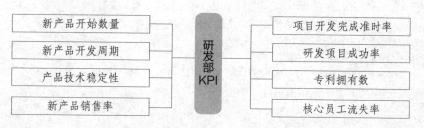

▶ **质量管理部KPI设计**

▶ **售后服务部KPI设计**

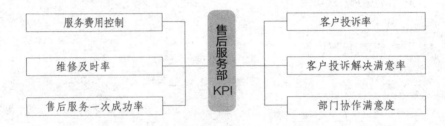

12.2.2 生产制造企业绩效考核制度

制度名称	生产制造企业绩效考核制度	文件编号	
		执行部门	

第1条 目的

为加强和提升员工工作绩效和公司运营绩效,提高劳动生产率,增强企业活力,调动员工的工作积极性,特制订本方案。

第2条 适用范围

本公司全体员工。

第3条 考核的组织形式

1. 公司的绩效考核采取分层考核的形式进行。第一层根据公司战略确认,制定出公司年度目标,分解总经理应承担的公司整体绩效目标,由公司董事会对总经理进行考核。

2. 从公司目标着手,分解制定部门绩效目标。在此基础上,对部门整体进行考核,部门的绩效责任人为部门经理。对部门的考核,由考核小组完成,总经理为组长,人力资源部经理为副组长,各部门经理为成员。

3. 各岗位绩效考核内容依据部门目标及各岗位的职责来确定。对员工的考核,总体上依据上一级考核下一级的原则进行。

第4条 考核内容

1. 经营业务指标。经营业务指标是指公司年度经营计划确定的当年度通过改善活动实施而需达到的各类量化的财务指标和业务指标，主要包括：销售收入、利润、财务费用、制造费用、库存金额、一次交验合格率、准时交货率、退货率、劳动生产率等。

2. 管理改进指标。管理改进指标是指公司年度经营计划确定的当年度公司及分解到各职能部门、个人的管理改善活动及其应达到的阶段性成果指标。

3. 部门评议。有业务往来的部门间，由被服务部门对服务部门的服务质量进行评分。

4. 能力素质指标。在改善活动及业务实施过程中，对员工团队协作能力、解决问题的方法、创新能力等因素进行考评。

5. 人员培养指标。部门经理及以上管理人员，需制订每个考核期内对下属员工的培训活动计划及需达成的阶段目标，以此作为当期的考核指标。

第5条 考核频率

1. 对部门经理及以上人员的考核，每季度一次。

2. 对操作、执行层面员工的考核，每月一次。

第6条 考核比例管控

根据正态分布原理，原则要求考核结果限定在如下区间：优秀的员工（95分以上）不超过10%；良好的员工（80~94分）及合格等级的员工不低于80%；其他类不高于10%。

第7条 考核结果的管理与运用

1. 考核的结论应与被考评员工面谈，使其了解公司对他们的看法与评价，从而发扬优点，克服缺点，同时，还要针对考核中的问题，采取纠正措施，促进绩效改进。

2. 人力资源部将依据员工考核得分计算员工当期的绩效奖励。

3. 员工的考核结果除了与其绩效工资相连，还将其作为员工的职位调整、培训与开发等人事决策的重要依据。

第8条 附则

本制度由公司人力资源部负责制定并解释。

编制部门		审核部门		批准部门	
编制日期		审核日期		批准日期	

12.2.3 生产企业薪酬管理方案

生产企业薪酬管理方案

为规范企业的薪酬管理，创建公平合理的薪酬体系，充分发挥薪酬体系的激励作用，特制订本方案。

一、适用范围

本公司所有员工。

二、薪酬结构

公司员工工资总额总体包括如下4个组成部分。

1. 基本工资

基本工资包括当地最低工资标准（＿＿＿元，并依据当地公布的标准而调整）、学历职称工资和工龄工资三个子单元。其中最低工资标准参照当地学历工资、职称工资，具体数额如下表所示。

员工学历与职称工资标准

学历工资			
学历	博士	硕士	本科
学历工资	＿＿＿元	＿＿＿元	＿＿＿元
职称工资			
职称	高级职称	中级职称	初级职称
职称工资	＿＿＿元	＿＿＿元	＿＿＿元

2. 岗位工资

岗位工资从岗位价值和员工技能因素等方面体现了员工的贡献，下表给出了各类别岗位的岗位工资标准。

岗位工资标准

薪等	薪级	岗位工资
A（总经理级）	1	＿＿＿元
	2	＿＿＿元
B（副总经理级）	3	＿＿＿元
	4	＿＿＿元

续表

	5	____元
C（部门经理级）	6	____元
	7	____元
	8	____元
D（部门主管级）	9	____元
	10	____元
	9	____元
E（专业技能人员）	10	____元
	11	____元
F（班组长级）	11	____元
	12	____元
	12	____元
G（普通职能人员）	13	____元
	14	____元
H（操作员工级）	15	____元
	16	____元

3. 绩效工资

绩效工资体现员工在某一考核期内的工作成绩，以员工绩效考核评估确定的等级为依据，进而确定绩效工资。绩效工资计算标准如下表所示

绩效考核等级	A	B	C
计算比例	绩效工资额度×130%	绩效工资额度×100%	绩效工资额度×50%

4. 补贴与福利

员工的补贴与福利标准，具体详见公司《员工津贴补贴管理办法》与《员工福利管理规定》。

三、薪酬体系

公司薪酬体系包括4种类型：与年度经营业绩相关的年薪制；与日常管理、技术研发、服务支持等工作相关的结构工资制；与销售业绩相关的提成工资制；与完成工作量直接相关的计件工资制。

1. 年薪制

年薪制适用于公司高层管理人员，包括公司总经理、副总经理及公司董事会规定的其他中高层管理人员。年薪制的收入构成：

收入整体构成＝基础年薪＋绩效年薪

（1）基础年薪按照不同岗位分别对应不同的薪酬水平。

（2）绩效年薪是根据年度绩效考核结果而确定的薪酬。

（3）基础年薪按月发放，绩效年薪在年底考核结束后发放。

（4）具体薪酬标准及考核实施办法见各岗位目标责任书。

2. 结构工资制

结构工资制适用于除销售系列人员以外的管理者和职能人员。其工资收入由以下五个部分组成。

员工工资整体构成＝基本工资＋岗位工资＋绩效工资＋年终奖＋补贴与福利

3. 提成工资制

提成工资制适用于公司销售部员工。其工资由"基本工资＋岗位工资＋销售提成＋补贴与福利"四个部分组成。

4. 计件工资制

计件工资制适用于生产操作工人。其收入结构由"基本工资＋岗位工资＋计件工资＋奖金＋各项补贴与福利"五个部分组成。

四、薪酬调整

1. 调整依据

（1）公司业绩增长情况

（2）劳动力市场价格

（3）居民消费价格指数

（4）岗位目标考核结果

2. 薪酬调整实施办法

（1）公司根据每年同行业的薪酬调查情况及消费水平，会对员工薪酬进行普调。

（2）部门经理根据员工考核成绩，提出员工调薪建议并将其交至公司人力资源部，经人力资源部审核、公司总经理审批通过后给予员工调薪。

五、薪酬发放

公司的发薪日为每月的____日，遇节假日则提前至节前发放。

12.3 物业企业绩效考核与薪酬

12.3.1 指标体系设计

▶ 工程管理部KPI设计

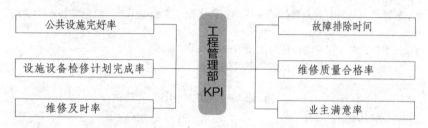

▶ 环境管理部KPI设计

▶ 秩序管理部KPI设计

12.3.2 物业企业绩效考核制度

制度名称	物业企业绩效考核制度	文件编号	
		执行部门	

第1章 总则

第1条 目的

为了规范本公司物业管理工作程序，提升物业服务质量，提高物业服务人员的工作效率，使公司能够长期可持续发展，实现公司的中长期战略规划，特制定本制度。

第2条 适用范围

本制度适用于公司所有正式员工。

第3条 考核的原则

1. 一致性：在一段连续时间之内，考核的内容和标准不能有大的变化，至少应保持1年之内考评的方法具有一致性。

2. 客观性：考评要客观地反映员工的实际情况，避免由于光环效应、新近性、偏见等带来的误差。

3. 公平性：对于同一岗位的员工使用相同的考核标准。

4. 公开性：员工要知道自己的详细考核结果。

第2章 绩效考核的内容

第4条 部门考核

对职能部门的考核主要包括如下四个方面的内容。

1. 月度计划重点工作（40分）

由公司考评小组对职能部门月度计划重点工作完成情况进行考核。

2. 日常工作（40分）

由公司考评小组将职能部门日常各项工作列成各项量化指标，每月对其进行抽查、评分。

3. 临时工作（10分）

当月公司领导或公司突发事件临时安排给部门的重要工作，如当月部门无临时工作，分值列入日常工作范围。

4. 月度计划及时性与编制质量（10分）

由公司考评小组对职能部门月度计划编制的时效性进行考核。

第5条 员工绩效考核内容

1. 管理人员绩效考核

（1）考评每季度进行一次。

（2）被考评人每季度末填写《管理人员绩效考评评价表》，对季度工作进行自我评价，并在____日前将表格和季度工作记录交公司人力资源部。

（3）每季度月末____日前，考评小组根据绩效考评标准和被考评人工作记录，对被考评人量化打分，评定等级。

2. 普通员工绩效考核

（1）考评每月进行一次。

（2）各直线主管依据制定的考核标准，对员工在服务礼仪、服务技能、服务质量以及劳动纪律这4个方面的表现进行评估。

第3章 考核结果管理

第6条 考评等级划分

物业公司将员工的考核结果划分为如下4个等级。

1. A（优91～100分）：快速高效、出色完成工作
2. B（良81～90分）：保质保量完成工作
3. C（一般71～80分）：基本完成工作
4. D（差70分以下）：工作完成状况离预期目标存在距离

第7条 考核结果运用

1. 考核得分为A等，得当期全额的考核工资。
2. 考核得分为B等，按85%的比例发放当期的考核工资。
3. 考核得分为C等，按75%的比例发放当期的考核工资。
4. 考核得分为D等，扣当期全额的考核工资。
5. 被考评人月度考核/季度考核连续两次的考核结果位于D级，人力资源部将提出警告，经警告后工作绩效仍未见改善者，将予以岗位调整。

第4章 附则

本办法解释权属于本公司，自＿＿＿＿年＿＿＿月＿＿＿日起实施，未涉及的考核事项参照公司的其他管理制度执行。

编制部门		审核部门		批准部门	
编制日期		审核日期		批准日期	

12.3.3 物业企业薪酬管理方案

物业企业薪酬管理方案

一、设计原则

为规范公司的薪酬管理工作，提高公司员工的工作积极性，公司依照下列原则制订本方案。

1. 公平性原则：按劳计酬，以体现外部公平、内部公平和个人公平，在确定员工薪酬时以职位特点、个人能力、工作业绩及行业薪酬水平为依据，同时适当拉开差距。

2．经济性原则：薪酬水平与整个公司的经营业绩紧密联系，将员工的部分工资随公司的当期效益情况浮动。

3．激励性原则：薪酬以增强工资的激励性为导向，通过工资晋级和奖金的设置激发员工工作积极性。

二、员工薪酬结构

员工的基本薪酬由岗位工资、绩效工资、工龄工资及奖金四部分组成。

1．岗位工资

（1）根据岗位工作性质，将公司的所有工作岗位进行分类，归入服务及操作工岗位、专业及技术职工岗位和经理岗位等3个职系。

（2）为反映不同岗位的价值区别和体现公平，每个职系中，根据每个岗位的工作职责、承担的责任、工作强度和复杂性、知识技能要求及工作环境等综合因素比较，将同一职系中不同的岗位归入不同的职等，代表岗位由高到低的价值区别。

（3）为体现相同岗位上不同能力和水平的员工个人价值差距和给员工提供合理的晋级空间，每个职系中的每个职等从低到高均分为四个档次，形成公司的岗位工资体系。具体内容见下表。

岗位工资档次表

岗位工资	职系职等									
	经理职系			专业及技术职系				服务及操作职系		
	1	2	3	4	5	6	7	8	9	10
＿元	＿元									
＿元	＿元									
＿元	＿元	＿元								
＿元	＿元	＿元	＿元							
＿元	＿元	＿元	＿元							
＿元		＿元	＿元	＿元						
＿元		＿元	＿元	＿元	＿元					
＿元			＿元	＿元	＿元					
＿元				＿元	＿元	＿元	＿元			

__元						__元	__元	__元	__元
__元							__元	__元	__元
__元								__元	__元
__元									__元
__元									__元

2．绩效工资

（1）员工绩效工资与岗位工资之间的关系如下表所示。

岗位工资与绩效工资的比例

员工类别	岗位工资	绩效工资
经理级及以上员工	60%	40%
主管级员工	50%	50%
普通员工	70%	30%

（2）公司每月会对员工的工作表现情况进行评分，在每月考核结束后，根据考核结果发放绩效工资。

（3）员工绩效工资发放标准如下。

考核得分	91～100分	81～90分	60～80分	60分以下
发放比例	100%	85%	70%	0

浮动工资发放标准

考核得分	91～100分	81～90分	60～80分	60分以下
发放比例	100%	85%	70%	0

3．工龄工资

员工工龄工资标准为____元/年，即员工在公司工作每满一年按月计发____元的工龄工资，____年便不再累计。

4．奖金

（1）全勤奖：为奖励员工出勤而设的奖励项目。具体办法为经理级当月满勤200元；其他员工100元。

（2）年终奖：当年度在公司工作10个月及以上可全额享受享有全额的年终奖，年终奖按照岗位工资＿＿＿％的标准计发。

（3）其他奖励：如优秀员工奖、合理化建议奖等，具体内容参见公司《员工奖惩管理办法》。

三、薪酬调整

1. 办公室将根据以下因素及时对员工的薪酬予以调整。

（1）绩效考核结果引起的调整。

（2）员工职位职责发生变动。

（3）经过总经理书面批准的特殊薪酬调整。

2. 按以下程序执行

（1）由员工所在部门拟写薪酬调整表（见下表）提交至人力资源部。

员工薪酬调整申请表

姓名		岗位		部门		申请日期	
调薪理由							
现薪酬水平			调整后的薪酬水平				
部门意见							
人力资源部意见							
总经理审核							

（2）报总经理审批后执行。

四、薪酬发放

公司薪酬发放时间为每的月＿＿＿日，如遇节假日应提前至节假日前的一个工作日发放。

12.4 物流企业绩效考核与薪酬

12.4.1 指标体系设计

▶运输部KPI设计

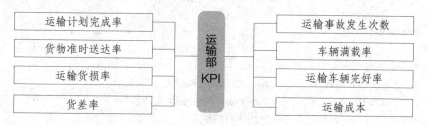

▶配送部KPI设计

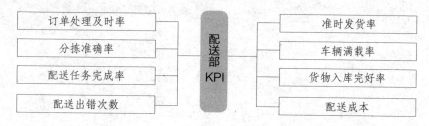

▶仓储部KPI设计

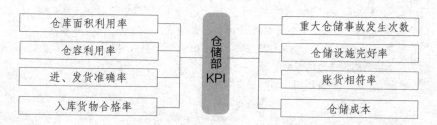

12.4.2 物流企业绩效考核制度

制度名称	物流企业绩效考核制度	文件编号	
		执行部门	

第1条 目的

为达成公司经营目标，提升公司业绩，充分调动员工积极性，提高工作效率，激发员工个人潜力，促进公司、员工共同发展，特制定本绩效考核管理制度。

第2条 适用范围

本绩效考核管理制度适用所有正式员工。

第3条 相关职责

1. 各部门负责人负责设定本部门各人员的绩效目标，实施绩效考评，向员工提供绩效反馈。

2. 人力资源部负责为设计绩效考核指标、为各部门提供绩效考核的方法和技巧的培训，监督指导各部门的考核工作。

第4条 考核内容

考核主要对员工的工作绩效、服务态度、规章制度执行、安全生产4个方面进行考核。

第5条 考核频率

1. 季度考核：考核季度内关键绩效指标的达成情况。

2. 年度考核：除了考核关键绩效指标的完成情况外，同时还将员工的能力与工作态度纳入考核体系中来。其他三类考核指标所占的权重如下表所示。

指标权重设置

员工类别	工作业绩	工作能力	工作态度
业务部门负责人	75%	15%	10%
职能部门负责人	70%	20%	10%
业务部门员工	70%	15%	15%
职能部门员工	60%	20%	20%

第6条 考核实施

在考核过程中，直接上级有责任与被考核者就被考核者的工作业绩、工作能力、工作态度的评价结果进行沟通、确认，并协商确定被考核者今后工作的改进方向与改进方法。

第7条 考核结果运用

绩效考核结果将主要运用于以下4个方面。

1. 作为岗位工资调整、绩效工资、奖金计算和分配的直接依据。

2. 作为进行岗位调整的依据。

3. 作为制订员工教育培训计划的主要依据。

4. 作为制定员工职业生涯发展规划的依据。

第8条 附则

本制度由公司人力资源部负责解释。

编制部门		审核部门		批准部门	
编制日期		审核日期		批准日期	

12.4.3 物流企业薪酬管理方案

物流企业薪酬管理方案

为适应公司发展的需要，建立合理、具有竞争力的薪酬体系，进一步提高员工的积极性，现根据国家相关法规和公司实际情况制订本薪酬方案。

一、适用范围

本方案适用于公司所有正式员工。

二、薪酬确定依据

员工薪酬确定的依据是岗位和所承担的责任，以及在履行职责过程中表现出来的业绩、贡献、才干与姿态。

三、中高层管理人员年薪制设计

本公司对中高层管理人员的薪酬管理采取年薪制的形式，其年薪标准如下表所示。

年薪标准设定

岗位	年薪			
	一档	二档	三档	四档
总经理	___元	___元		
副总经理	___元	___元	___元	
业务部门经理	___元	___元	___元	
职能部门经理	___元	___元	___元	___元

员工年薪收入＝基础年薪＋年度考核兑现

1. 基础年薪基数＝年薪×70%

2. 年度考核兑现＝年薪×30%×纯利润任务指标完成率A（50%≤A≤100%）

四、岗位等级绩效工资制设计

公司的基层管理者及普通员工的薪酬管理采取的是岗位等级绩效工资制的模式。具体说来，员工工资由岗位等级工资、绩效工资、工龄工资及各种补助、津贴构成。

1. 岗位等级工资

"岗位等级工资"的基础是"岗位等级"，即各岗位对公司战略目标实现的"相对价值"，岗位越高，相对价值越大；相同岗位，等级越高，相对价值也越大。

（1）根据职务高低、岗位责任繁简轻重、工作条件确定；

（2）岗位等级工资分为7等3级的等级序列，具体标准在此予以省略。

2. 绩效工资

（1）绩效工资是以绩效考评的结果作为发放的依据，公司根据绩效考评的周期按月、按季或按年进行发放。

（2）计算公式为：员工绩效工资＝当月绩效工资基数×员工的绩效工资系数。员工的绩效工资系数标准见下表。

绩效工资系数

考核得分	91～100分	81～90分	71～80分	60～70分	60分以下
发放比例	100%	90%	80%	70%	0

3. 工龄工资

（1）按员工为公司服务年限长短确定，鼓励员工长期、稳定地为公司工作。

（2）公司所有员工实行统一的工龄工资计算标准，工龄工资实行累进计算，满_____年不再增加。

（3）计算公式为：工龄工资＝本公司工龄×_____元。

4. 各种补贴、津贴

（1）补、津贴包括夜班补贴、加班补贴、驻外补贴等。

（2）各类补贴标准详见公司《员工津贴补贴管理办法》。

五、员工福利

公司根据国家和地区的政策法规为员工缴纳社会保险和公积金，除此之外，公司还为员工提供一些自主性的福利，具体内容见公司《员工福利管理办法》。

六、薪酬支付

1. 支付时间

员工薪酬实行月薪制。每月15日以法定货币（人民币）支付员工上月岗位工资、工龄工资和上月的绩效工资、单项奖惩，若遇支薪日为休假日时，则提前至最近工作日支付。

2. 扣除的款项

下列各款项须直接从工资中扣除。

（1）员工个人工资所得税。

（2）应由员工个人承担的住房公积金及社会保险费。

（3）与公司订有协议应从个人工资中扣除的款项。

（4）公司规章制度规定的应从工资中扣除的款项。

七、附则

本管理办法的拟定或者修改由人力资源部负责，报总经理批准后执行。

12.5 销售企业绩效考核与薪酬

12.5.1 指标体系设计

▶ 销售部KPI设计

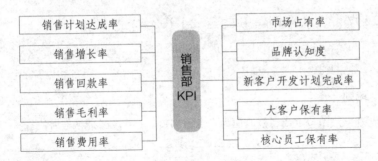

▶ 市场部KPI设计

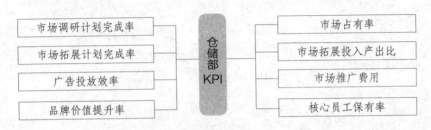

12.5.2 销售企业绩效考核制度

制度名称	销售企业绩效考核制度	文件编号	
		执行部门	

第1章 总则

第1条 目的

为激励销售人员工作的积极性，提高公司的销售业绩，及时、公正、准确地反映销售业绩，特制定此绩效考核办法。

第2条 适用范围

销售中心的销售类岗位以及销售支持岗位人员。

第3条 考核原则

1. 客观性原则：绩效考核必须以员工日常工作表现的事实为依据，进行准确而客观地评价，不得凭主观印象判断。

2. 公平、公正性原则：对从事同一类别工作的员工的考核，在其考核标准、考核程序、考核指标等方面都应该一致，绩效考核严格按照制度、原则和程序进行，公正地评价被考核者，排除个人好恶等人为因素的干扰，减少人为的考核偏差。

3. 指导性原则：绩效考核不能仅仅为利益分配而考核，而是通过考核指导帮助员工不断提高工作绩效。不仅侧重利益分配，更侧重于对其工作的指导。

第2章 销售人员考核

第4条 考核指标

公司对销售人员的考核指标有：销售计划完成率、销售额增长率、销售费用率、销售回款率、客户开发率、客户保有率。

第5条 考核频次

销售人员实行月度考核，即每月＿＿日前完成对员工上月的考核工作。

第6条 考核标准

销售人员业绩考核标准见附表1。

第3章 销售支持岗位考核

第7条 销售内勤人员的考核管理

1. 考核频次

月度考核，即每月＿＿日前完成对员工上月的考核工作。

2. 考核内容与标准

公司对销售内勤人员的考核，主要从销售合同管理、销售台账管理、客户信息管理等方面来实施评估，具体考核标准见附表2。

第8条 财务管理人员的考核管理（略）

第4章 附则

第9条 其他未尽事宜公布确认后补充于本制度后。

第10条 本制度从_____年____月____日执行。

附表1 销售人员业绩考核表

考核指标	考核评分标准	考核得分
销售计划完成率	每低于目标值_____个百分点，减_____分	
销售额增长率	每低于目标值_____个百分点，减_____分	
销售费用率	每超出预算_____个百分点，减_____分	
销售回款率	每低于目标值_____个百分点，减_____分	
客户开发率	每低于目标值_____个百分点，减_____分	
客户保有率	每低于目标值_____个百分点，减_____分	

附表2 销售内勤人员业绩考核表

考核内容	考核评分标准	考核得分
销售台账管理	对每笔销售业务以及新增客户的情况应及时做好台账的更新工作。未及时更新台账，减_____分/次	
销售合同管理	因管理不到位而发生合同缺损的现象，减_____分/次	
销售回款管理	对收到的销售回款做到及时登记，每有延误，减_____分/次	
客户档案管理	未及时对客户的信息进行更新，减_____分/次	
服务对象满意度评价	满意度评价低于_____分，减_____分	

编制部门		审核部门		批准部门	
编制日期		审核日期		批准日期	

12.5.3 销售企业薪酬管理方案

销售企业薪酬管理方案

为激励员工更好地工作，促进销售，提升企业的效益，特制订本方案。

一、薪酬制度的选择

员工按岗位及工作性质的不同，划分为管理类、技术类、业务类、事务类四大类别。相应地，在薪酬制度的选择上也有所不同，具体内容见下表。

员工薪酬制度的选择

人员类别	岗位类别	对应的岗位	薪酬制度
管理类	经营管理	企业高层管理等	年薪制
	营销管理	市场策划、客户管理等	岗位绩效工资制
	行政人事管理	行政事务管理、人力资源管理等	
专业技术类	技术支持、财务管理等		
事务类	销售内勤、仓管人员等		
营销业务类	营销系列员工		销售提成制

二、年薪制设计

1. 适用范围

对公司运营总监、客户服务部经理等人员实行年薪制管理。

2. 年薪标准

公司根据职务或岗位的不同，确定其年薪基数，其具体标准详见公司《年薪制实施办法》及各岗位责任书。

三、岗位绩效工资制设计

1. 工资构成

员工工资收入=岗位工资+绩效工资

2. 岗位工资

公司设定的岗位工资的标准如下：基层员工为＿＿元/月；一般管理人员为＿＿元/月；中层管理人员＿＿元/月。

3．绩效工资

（1）中高层管理人员岗位工资与绩效工资的比例为1：1。

（2）一般管理人员岗位工资与绩效工资的比例为0.7：0.3。

（3）基层员工岗位工资与绩效工资的比例为0.8：0.2。

四、销售提成制设计

销售分公司业务员实行月薪+销售回款提成+补贴的分配方案。

1．月薪

销售公司业务员按照每个人资历和以往的工作业绩采用分级制，每个级别对应一定的月薪标准。业务员职级及月薪对照如下表。

业务员月薪

销售职级	岗位固定工资
1	＿＿＿元
2	＿＿＿元
3	＿＿＿元
4	＿＿＿元

2．提成

销售分公司业务员除月薪外，按照所签订销售合同的回款额，给予一定比例的销售提成，提成款按月结算。销售提成比例暂定回款额为＿＿＿％。

3．补贴

业务员的补贴，主要包括通讯补贴、午餐补贴两项内容。

五、福利

福利是在基本工资和绩效工资以外，为解决员工后顾之忧所提供的一定的保障。

六、薪酬支付

每月＿＿＿日为员工支付上月工资，遇到节假日，则提前至休息日的前一个工作日发放。

第13章

绩效考核与薪酬管理实践

13.1 绩效考核管理实践

13.1.1 惠普公司的绩效管理

惠普的绩效管理是要让员工相信自己可以接受任何挑战、可以改变世界。惠普的组织绩效管理有两个关键点：一是绩效管理循环，二是关键绩效指标(KPI)。

惠普的绩效管理可以分作两个内容，一是组织绩效管理；二是员工绩效管理。

▶ 组织绩效管理

惠普的绩效管理循环包括五个步骤：企业战略的制定、关键绩效指标和目标的制定、绩效计划的制定与执行、监控与绩效评估、奖励与指导。整个惠普绩效管理循环以回路相连，以保证关键绩效指标和企业战略紧密连接。

惠普用四个关键绩效指标来衡量组织绩效管理，分别是财务指标、客户指标、流程指标和员工指标。

▶ 员工绩效管理

组织绩效管理和员工绩效管理二者在程序上大同小异，均要经过PDCA（计划、执行、评估和改进）四个周而复始的阶段。由于管理要素不同，组织绩效管理主要从财务、客户、流程和员工四个层面上定义绩效指标和目标，而员工绩效管理从价值观、能力和绩效三个层面上综合评定。

惠普将公司的业绩考核表分为三类：第一类是针对经理的，第二类针对销售，第三类是除了经理和销售人员的业绩考核表。业绩考核完成之后，就要奖优罚劣、按绩付酬。惠普评判员工的薪酬主要有如下两个依据，第一是工作的价值，第二是绩效。工作的价值是职位的市场价值，这是你左右不了的，是市场行情，每年惠普公司都会请咨询公司调查包括惠普在内的16家在中国的外企，来决定每一个工种的价值，当然你能够决定的是你的表现。

13.1.2 摩托罗拉公司的绩效管理

对于管理与绩效管理，摩托罗拉有一个观点，就是企业=产品+服务，企业管理=人力资源管理，人力资源管理=绩效管理，可见，绩效管理在摩托罗拉公司的地位是多么地重要。

摩托罗拉将绩效管理上升到了战略管理的层面，并给以高度重视。摩托罗拉给绩效管理下的定义是：绩效管理是一个不断进行的沟通过程，在这个过程中，员工和主管以合作伙伴的形式就下列问题达成一致。

（1）员工应该完成的工作。

（2）员工所做的工作如何为组织的目标实现作贡献。

（3）用具体的内容描述怎样才算把工作做好。

（4）员工和主管怎样共同努力才能帮助员工改进绩效。

（5）如何衡量绩效。

（6）确定影响绩效的障碍并将其克服。

从这个并不烦琐的定义里，绩效管理关注的是员工绩效的提高，而员工绩效的提高又是为组织目标的实现服务的，这就将员工和企业的发展绑在了一起，同时也将绩效管理的地位提升到了战略层面，战略性地看待绩效管理，战略性地制定绩效管理的策略并执行策略。

另外，这个定义还特别强调了员工和主管是合作伙伴的关系，这种改变不仅仅是观念的改变，而且是更深层次的观念创新，给了员工更大的自由和民主，也在一定程度上解放了管理者的思维。

同时，这个定义也强调了具体的可操作性，即工作内容的描述要具体，衡量的标准要具体，影响绩效的障碍要具体。只有具体的东西，才有解决问题的操作性，因此，"具体"两个字包含着极其深刻的内涵。

"沟通"也是一个被特别强调的用词，没有沟通的绩效管理无法想象，没有沟通的管理也不能给我们希望，因此，强调沟通、实施沟通在绩效管理中显得尤其重要。这些都是摩托罗拉给我们的一些启示。

13.1.3 苹果公司平衡计分卡的实践

苹果电脑公司设计的平衡计分法，使高级管理层的注意力集中到一个能使讨论范围不再局限于毛利、股权报酬率和市场份额的战略上。在财务方面，苹果公司强调股东价值；在顾客方面，强调市场份额和顾客满意度；在内部程度方面，强调核心能力；最后，在创新和提高方面，强调雇员态度。苹果公司的管理层按以下指标——分析了这些测评类型。

1. 顾客满意度：顾客满意度指标刚开始引入时，目的是使雇员适应公司向顾客推动型的转变。但是，苹果公司意识到自己的顾客基础不是同质的，因而觉得有必要独立进行自己的调查，以弄清全球范围内主要的细分市场。

2. 核心能力：公司经理人员希望雇员高度集中于少数几项关键能力上，如用户友好界面、强劲的软件构造，以及有效的销售系统等。

3. 员工的投入和协调程度：苹果公司每两年在公司的每个组织中进行一次全面的员工调查；随机抽取员工进行调查则更为频繁。调查的问题包括员工对公司战略的理解程度，以及是否要求员工能创造出该战略一致的结果。调查结果说明了员工反应的实际水平及其总体趋势。

4. 市场份额：达到最大能力的市场份额对高级管理层十分重要。这不仅是因为显而易见的销售额增长收益，而且是为了使苹果的平台能牢牢吸引和保住软件开发商。

5. 股东价值：股东价值也被视为一个业绩指标，虽然这一指标是业绩的结果，而不是驱动者。把这一指标包括在内，是为了消除以前对毛利和销售增长率的偏好，因为这两个指标忽视了为了未来取得增长今天必须进行的投资。股东价值指标量化了为促进业务增长而进行的投资可能产生的负面影响。

苹果电脑公司的5个绩效指标被用作基准，与行业中最优秀的组织进行比较。现在，它们还被用来制订经营计划，并被纳入了高级经理人员的报酬计划之中。

13.1.4 Dataflex公司考核标准的制定

Dataflex公司是美国最大的个人电脑经销商之一。该公司的总裁罗斯就经常制定一些富有挑战性的标准来激发员工的工作热情。在他的这一激励措施下，培养出了一大批优秀的业务人员。

他曾经和一个女业务员打赌：如果她能连续几个月都创下60万美元的业绩，就将赢得一部宝马车。于是，这个女业务员勤跑生意，创下了每个月150万美元的好成绩，不但赢得了这部车，而且还从罗斯那里打赌赢了一只劳力士手表和一对钻石耳环。

通用电气前总裁杰克·韦尔奇曾说过："要相信，员工的潜能绝对超乎你的想象，只要你肯挖掘，你就会得到一笔惊人的财富。"因此，在工作中他有这样一个习惯。当下属向他汇报下一年度工作指标的时候，他会告诉对方：把你的目标乘以2然后去做吧！

需要注意的是，考核标准并不是越高越好，需注意标准的适度性。所谓"适度"，简单讲就是制定的标准既不过高，也不过低。形象一点说，就是让员工"跳一跳，便能够摘得着树上的桃子"。否则便会出现与上述情况截然相反的一幕，以至于造成企业优秀人员流失及其他负面影响。

13.1.5 GE公司的绩效考核与反馈

GE（通用电气公司）的考核工作是一个系统的工程，其包括：目标与计划的制订，良好的沟通，开放的氛围，过程考核与年终考核的结合，信息的及时反馈，考核与员工的利益紧密联系等方面的内容。

每年初，包括总经理在内的每个人都要制订目标工作计划，确定工作任务和具体工作步骤。这个计划经主管审批并与本人协商确定后方可执行。

在考核内容的设置上，以通用（中国）公司为例进行说明，通用（中国）公司对员工设置的考核内容包括"红"和"专"两部分，"专"是工作业绩，指其硬性考核部分；"红"是考核软性的东西，主要是考核价值观。这两个方面可以用二维坐标来表示，综合的结果就是考核的最终结果。

通用电气公司对每个员工的考核都是经常性的、制度性的。实行全年考核与年终考核结合，考核贯穿在工作的全年。在绩效评价工作中，"360°评价"也是通用电气的一大特色。通用电气公司的每个员工都要接受上司、同事、部下及顾客的全方位评价，一般是在考核领导和员工为了自我发展、自我提高时使用。对考核结果，由外部的专业机构来分析，以此保证结果的客观性和科学性。

另外，在通用电气公司，管理者与员工之间的绩效沟通贯穿于绩效管理的全过程，它不仅包括绩效计划、评估标准制订时的沟通，也包括工作实施后评估结果的共识等。

其中，在绩效结果沟通环节中，通用电气公司特别做出了如下规定。

（1）如果是经理填写的鉴定，那么必须与员工沟通，与员工之间取得一致的意见。如果经理和员工有不同的意见，必须有足够的理由来说服对方；如果员工对经理的评价有不同的意见，员工可以与经理沟通，但必须用事实说话；如果员工能够说服经理，经理可以修正其以前的评价意见；如果双方不能取得一致意见，则由上一级经理来处理。

（2）员工的评价报告要经本人复阅签字，然后再由上一级经理批准。

（3）中层以上报告和使用，要由上一级人事部门经理和总裁批准。

GE会在绩效管理双方在达成共识的基础上，根据员工的考核结果，来确定是否为员工提高工资、晋升职务、发放奖金；并且，还会根据员工个人职业生涯计划与企业战略的结合点，为业绩优秀的员工提供培训机会，使员工带着高昂的工作热情，进入下一个绩效管理周期。

13.2 员工薪酬管理实践

13.2.1 IBM公司的薪酬激励制度

IBM，即国际商业机器公司，创立于1911年，是全球最大的信息技术和业务解决方案公司。在IBM有一句拗口的话："加薪非必然！"IBM的工资水平在外企中不是最高的，也不是最低的，但IBM有一个让所有员工坚信不疑的游戏规则：干得好加薪是必然的。

在IBM，你的学历是一块很好的敲门砖，但绝不会是你获得更好待遇的凭证。IBM员工的薪金跟员工的岗位、职务、工作表现和工作业绩有直接关系，工作时间长短和学历高低与薪金没有必然关系。

在IBM，每一个员工工资的涨幅，会有一个关键的参考指标，这就是PBC（个人业务承诺计划）。只要你是IBM的员工，就会有针对个人的业务承诺计划。它通过员工个人与直属主管和经理不断地沟通而制定。直属经理当然也有个人业务承诺计划，上头的经理会给他打分，大家谁也不特殊，都按这个规则走。IBM的每一个经理掌握了一定范围的打分权力，他可以分配他领导的那个Team（组）的工资增长额度，他有权力将额度如何分给这些人，具体到每一个人给多少。

PBC的评估标准分为四级：A等员工（PBC1）将会拿到金额最多的奖金和下一年度大幅度的工资调整；B等（PBC2）是顺利完成任务，按正常标准获得奖金和调整工资者；C等（PBC3）被认为是需要努力的；D等（PBC4）则是因各种原因达不到标准的。

为了保持薪资的竞争力，IBM还专门委托咨询公司对整个人力资源市场的薪酬进行调查，再根据市场情况对公司员工的收入进行调整。

可见，IBM的薪酬与员工个人的绩效表现有着密切的联系。在IBM公司，已经形成了一种高绩效的文化，而在薪酬内部分配方面也体现出了薪酬激励制度的公平性与公正性。

13.2.2 微软公司的股权激励

微软公司创建于1975年，是世界个人和商用计算机软件行业的领袖。

在股权激励方面，微软是第一家用股票期权来奖励普通员工的企业。公司为董事、管理人员和雇员订立了股票期权计划。微软公司员工可以拥有公司的股份，一个员工工作18个月后，可以获得认股权中25%的股票；此后每6个月可以获得其中12.5%的股票，10年内的任何时间兑现全部认购权；每2年配发新的认购权。

此外，员工还可以用不超过10%的工资，以8.5折优惠价格购买公司股票；公司高级专业人员可享受巨大幅度的优惠；公司还可给任职一年的正式雇员一定的股票买卖特权。

微软公司员工的主要经济来源并非薪水，股票升值部分被作为一项主要的收益补偿。事实上，微软公司故意把员工薪水压得比竞争对手低，由此创立一个"低工资高股份"的环境。

但在2003年7月，微软宣布结束长期以来实行的股票期权制度，代以实施限制性股票奖励为主的长期激励方式。这些股票的所有权将在5年内逐步转移到微软员工手中。这一举措将进一步使员工和股东的利益趋于一致。对员工而言，可以使微软员工即使在公司股价下跌的情况下依然可以获得收入，因而它得到了员工的普遍认可。可以说，微软公司结束股票期权是对自身发展和环境变化所做出的适应性选择。

这种激励制使得公司的员工的主要经济来源是股票的升值，而不是以往的那种单一的薪水。它不向员工保证提供某种固定收入或福利待遇，而是将员工的收益与其对企业的股权投资相连的方法，使得员工个人利益同企业的效益、管理和员工自身的努力等素质紧密结合在一起，具有明显的激励作用。

13.2.3 沃尔玛公司的员工持股计划

美国500强、世界零售企业的巨头沃尔玛有条成功的经验："和你的员工们共同分享利益。"沃尔玛这条成功秘诀,在他们自己看来是"我们企业所做出的最成功决定"。在沃尔玛看来,企业是大家的,大家的事,需要大家去做,大家的利益应该大家同分享。企业的成果多让大家分享,让大家多得实惠,才能形成强有力的凝聚力和战斗力。管理实践也证明,学会和员工分享企业的资源和成果,是一种能最大程度上调动员工积极性的方式。

在与员工分享企业成果方面,沃尔玛才能够采取了如下两项极具代表性的措施。

(1)沃尔玛规定:每一个在沃尔玛公司从业达一年以上,以及每年至少工作1000小时的员工,都有资格参与分享公司利润。

(2)沃尔玛实施员工购股计划。本着自愿的原则,员工可以购买公司的股票,并享有比市价低15%的折扣。购买时,可以交现金,也可以用工资抵扣。目前,沃尔玛80%的员工都享有公司的股票,真正成为了公司的股东。其中,有些员工已经成为百万富翁、千万富翁。

通过利润分享计划和员工购股计划,沃尔玛建立起了员工和企业的合伙关系,使员工感到"公司是自己的,收入多少取决于自己的努力",因此他们也会更加关心企业的发展,更加努力地工作。

13.2.4 上海贝尔公司的弹性福利计划

上海贝尔公司设置的福利项目繁多,下面列举了其弹性福利计划中的其中5项内容。

(1)法定福利:国家规定的各类福利。如养老金、公积金、医疗保险、失业保险和各类法定有薪假期。

（2）衣食住行津贴：每年发服装费，免费提供工作餐，丰厚的住房津贴，公司免费提供上下班交通工具。管理骨干提供商务专车。

（3）员工培训：完备的培训内容，包括入职培训、上岗培训、在职培训、各类技术培训、管理技能培训、工作态度培训、海外培训、海外派驻、由公司支付费用的学历教育。

（4）专项无息贷款：主要有购房贷款和购车贷款。考虑到员工队伍的大部分成员正值成家立业之年，购房置业是他们生活中的首选事项。因此，公司及时推出了无息购房贷款的福利项目，惠及有购房需求的员工。而且，在员工工作满规定期限后，此项贷款可以减半偿还。如此一来，既替年轻员工解了燃眉之急，也使为企业服务多年的资深员工得到回报。当公司了解到部分员工通过其他手段已经解决了住房，有意于消费升级、购置私家轿车时，又为这部分员工推出购车的无息专项贷款。

（5）补充性保险福利：主要是商业补充养老保险。按员工在公司工作年限，在退休时可一次性领取相当于数年工资额的商业养老金。

以上所列不一而足，仅是上海贝尔公司众多福利项目的主要部分。就是凭借优厚的福利，上海贝尔吸引了大批人才，留住了大批人才，建立了一支一流的员工队伍，造就了一个内部富有良性竞争的上海贝尔大家庭。